白话四书

全注·全译 国学

黄朴民·来可泓·俞忠鑫
祝鸿杰·叶斌 ◎ 注译

陕西新华出版传媒集团·三秦出版社

图书在版编目（CIP）数据

白话四书 / 黄朴民等注译. —2 版. —西安：三秦出版社，2003.07
（2022.5 重印）
（传统文化经典读本）
ISBN 978-7-80546-287-5

Ⅰ．白… Ⅱ．黄… Ⅲ．①四书 – 译文 ②四书 – 注释 Ⅳ．B222.14

中国版本图书馆 CIP 数据核字（2003）第 042826 号

传统文化经典读本
白 话 四 书

黄朴民　来可泓　俞忠鑫
祝鸿杰　叶　斌　注　译

出版发行	陕西新华出版传媒集团　三秦出版社
社　　址	西安市雁塔区曲江新区登高路 1388 号
电　　话	（029）81205236
邮政编码	710061
印　　刷	北京华强印刷有限公司
开　　本	710mm×1000mm　1/16
印　　张	29.75
字　　数	314 千字
版　　次	2003 年 7 月第 2 版 2022 年 5 月第 2 次印刷
标准书号	ISBN 978-7-80546-287-5
定　　价	78.00 元

朱熹像

(朱熹最早提出"四书"之名)

总　序

　　中国是举世闻名的文明古国，其光辉灿烂的传统文化，已成为整个人类共同的精神财富。随着时代的进步，随着探索自然、认知社会的触角不断深入，人们比以往任何时候都迫切需要发掘传统文化宝藏，汲取更多的智慧和精神力量，来进行自我完善、自我提高，从而获取成功。于是许多人都不约而同地把目光投向那些历尽风雨淘洗的传世经典，吟之诵之，含英咀华。他们意识到，不了解唐诗宋词，没读过孔孟老庄，其麻烦不仅仅是难以达到辩才无碍的境地或获得博学多识的美誉，而且会在工作、学习及社会生活的许多方面遭遇尴尬。反之，熟知经典，以古为镜，以古为师，必定会在全新意义上的修身、齐家、治国平天下方面收到奇效。这方面例子很多，如国内某名牌高校从《易经》中提取"厚德载物"做为校训，培养了无数英才；日本企业家运用《孙子兵法》和《菜根谭》进行经营管理，屡创经济奇迹；某自然科学家要求弟子背诵《道德经》，作为攻克难关前的心理演练；某诺贝尔奖得主坦言，其所以能够历经磨难取得突破，全得益于《孟子》中的一句名言。近年来我国中小学实验教材不断加大古诗文比重以及高考试题频频"考古"，也是为了促进素质教育，培养一代新人。

　　传统文化经典很多，就存在一个轻重缓急和选择的问题，我们不赞成搞什么"百种必读"或"50种必读"，武断地制造一个封闭系统。我们认为中国传统文化经典宝库应当是开放的，其中异彩纷呈，玉蕴珠藏。所以我们推出这套《传统文化经典读本》丛书，第一批20种，只能说是向广大读者奉献的最基本的、应当最先了解的经典作品，包括《易经》、《论语》、《孟子》、《道德经》、《庄子》、《孙子兵法》、《幼学琼林》、《唐诗三百首》、《宋词三百首》、《元曲三百首》等。我们还将根据情况陆续推出第二辑、第三辑。值得说明的是，我社自上个世纪80年代就开始致力于传统文化经典的整理普及，是最早出版白话类经典读本的出版社之一。此次推出的这批图书都是精选版本、精选作者，付出了艰苦努力完成的，内在质量上乘，曾作为我社品牌图书，经受了市场的检验，受到读者的广泛好评。为适应新的形势，更好满足读者的需求，我们对其进行了重新改造整合，使之在版式、装帧等方面更趋考究精美。同时也希望读者多提批评意见，以便进一步改进。

魏全瑞

2003年7月

出版说明

自汉代起,就有以《春秋》诸经为"大经",以《礼记》中的《大学》《中庸》与《论语》《孟子》合称为"小经"的提法。宋代大学者朱熹对"小经"进行集注并合编在一起,称为《四书集注》。从此以后,《四书》之名遂定,并成为儒家传道、授业的基本教材,不少封建朝代并以"四书"、"五经"开科取士。几千年来,《四书》在我国广泛流传,其中许多语句已成为脍炙人口的格言警句。如今,它仍是学习中华传统文化的必读书。

但是,由于《四书》的语言古奥艰深,大多数读者理解不了,故我社约请几位专家学者将《四书》译成白话,并对疑难词语作了精当的注释,以便读者阅读《四书》,领会内容,汲取中华传统文化的菁华。但是《四书》中还有许多封建糟粕,希读者能注意弃除。

本书的《大学》由黄朴民执笔,《中庸》由来可泓执笔,《论语》由俞忠鑫执笔,《孟子》由祝鸿杰、叶斌执笔。署名以篇章编次为序。

三秦出版社

2003 年 6 月

目 录

大　学 ……………………………………………………	（ 1 ）
中　庸 ……………………………………………………	（ 17 ）
论　语 ……………………………………………………	（ 49 ）
学而第一 ……………………………………………	（ 49 ）
为政第二 ……………………………………………	（ 55 ）
八佾第三 ……………………………………………	（ 64 ）
里仁第四 ……………………………………………	（ 74 ）
公冶长第五 …………………………………………	（ 82 ）
雍也第六 ……………………………………………	（ 94 ）
述而第七 ……………………………………………	（105）
泰伯第八 ……………………………………………	（117）
子罕第九 ……………………………………………	（125）
乡党第十 ……………………………………………	（135）
先进第十一 …………………………………………	（144）
颜渊第十二 …………………………………………	（154）
子路第十三 …………………………………………	（163）
宪问第十四 …………………………………………	（174）
卫灵公第十五 ………………………………………	（190）
季氏第十六 …………………………………………	（202）
阳货第十七 …………………………………………	（209）

微子第十八……………………………………（219）
子张第十九……………………………………（225）
尧曰第二十……………………………………（234）

孟　子……………………………………………（237）
　梁惠王（上）…………………………………（237）
　梁惠王（下）…………………………………（251）
　公孙丑（上）…………………………………（270）
　公孙丑（下）…………………………………（285）
　滕文公（上）…………………………………（301）
　滕文公（下）…………………………………（315）
　离　娄（上）…………………………………（331）
　离　娄（下）…………………………………（348）
　万　章（上）…………………………………（365）
　万　章（下）…………………………………（380）
　告　子（上）…………………………………（394）
　告　子（下）…………………………………（409）
　尽　心（上）…………………………………（426）
　尽　心（下）…………………………………（446）

大 学

【原文】

大学之道，在明明德①，在亲民②，在止于至善。

【注释】

①明明德：昭彰、显明、完美的德性。
②亲民：新民，即造就符合封建道德要求的"新人"。

【译文】

大学的根本宗旨，在于阐明完美、光明的德性；在于使人民受到感化，成为新人；在于达到道德上完美无缺的理想境界。

【原文】

知止而后有定，定而后能静，静而后能安，安而后能虑，虑而后能得。物有本末，事有终始，知所先后①，则近道矣。

【注释】

①知所先后：意指能够知道和把握道德修养程序的主次缓急。

【译文】

知道自己追求的目标，就能确定志向；志向确定后，内心就会宁静；内心宁静，遇事即可坦然自安；遇事安和，就能够思虑详审；思虑精详，就可得到道德的升华。天下万物都有本有末，世间万事皆有始有终。知道什么该先做，什么该后做，那么，就接近于理想的道德境界了。

【原文】

古之欲明明德于天下者，先治其国；欲治其国者，先齐其家；欲齐其家者，先修其身；欲修其身者，先正其心；欲正其心者，先诚其意；欲诚其意者，先致其知；致知在格物①。

【注释】

①格物：接触事物以获取知识，进而印证内心固存之天理。

【译文】

古代想要把完美的德性昭示、阐明于天下的人，就先要治理好自己的国家。想要治理好国家，就先要整齐、整顿好自己的家族，想要整齐家族，就先要修养自己本身。想要进行自身修养，就先要端正自己的内心。想要端正自己内心，就先要使自己的意志诚实。想要意志老实真诚，就先要丰富和充实知识。而要丰富充实知识，关键在于接触事物，从而领悟无所不在的万物本源。

【原文】

物格而后知至，知至而后意诚，意诚而后心正，心正而后身修，身修而后家齐，家齐而后国治，国治而后天下平。自天子以至于庶人，壹是①皆以修身为本。

【注释】

①壹是：一律；一概、一切。

【译文】

接触事物，领悟万物本源，然后就会拥有知识。拥有了知识，意志就会诚实。意志诚实，内心自然就会端正。内心端正了，自身的修养就能进行。自身修养搞好了，家族就会得到整齐。家族整齐了，国家也就能获得治理。国家治理好了，推广开去，就能使天下进入太平。从天子开始，一直到普通百姓，一律都要把搞好自身的修养作为根本。

【原文】

其本乱而末治者否矣，其所厚者薄，而其所薄者厚，未之有也。

【译文】

根本问题未解决而枝节问题处理好的情况并不存在。具体地说，如果对第一位的事情（修身）予以轻视，而能使第二位的事情（齐家、治国、平天下等）圆满成功，这样的事情从来没有过。

【原文】

《康诰》①曰："克②明德。"《大（tài 泰）甲》③曰："顾諟（shì 是）天之明命。"④《帝典》⑤曰："克明峻德。"皆自明也。

【注释】

①《康诰》：《尚书》中《周书》的一节。
②克：能够。
③《大甲》：传称商书，伪《尚书》篇名之一。大，音读作泰。
④顾諟天之明命：顾，时常注意。諟，古"是"字，此，这的意思。天之明命，上天所赋予的明德使命。
⑤《帝典》：即《尧典》，《尚书》中《虞书》的篇目。

【译文】

《康诰》说："能阐明发扬德性。"《大甲》上讲："时常注意这个上天赋予的阐明德性的使命。"《帝典》也说："能显明崇高伟大的德性。"所有这一切，讲的都是自己弄明白和弘扬德性的意思。

【原文】

汤之《盘铭》曰:"苟日新,日日新,又日新。"《康诰》曰:"作新民。"《诗》①曰:"周虽旧邦,其命维新。"是故君子无所不用其极。

【注释】

①《诗》:指《诗经·大雅·生民》。

【译文】

商汤时的铜器"盘"上铭文说:"假如能一日自新,就要始终如一,永远保持,做到每天新,天天新。"《康诰》讲:"造就一代新人。"《诗经》上说:"周虽然是一个古老的邦国,但终能自我更新秉承天命。"所以君子总是时时处处为达到至善至美的境界而不懈努力。

【原文】

《诗》云:"邦畿千里,惟民所止。"《诗》云:"缗(mín民)蛮黄鸟,止于丘隅。"子曰:"于止,知其所止,可以人而不如鸟乎?"《诗》云:"穆穆文王,於(wū乌)缉熙敬止①。"为人君,止于仁;为人臣,止于敬;为人子,止于孝;为人父,止于慈,与国人交,止于信。

【注释】

①於缉熙敬止:於(wū乌),叹词;缉,继续;熙,光明、美好;敬止,朱熹说是"言其无不敬而安所止也。"

【译文】

《诗经》上讲:"国土幅员广阔千里,人民居住在这上面。"《诗经》又说:"叽叽喳喳啼叫的黄鸟,栖息在平静的山隅。"孔子解释说:"重要的是进退居处,(黄鸟)都知道它该栖息何处,难道人在这方面反而不如黄鸟吗?"《诗经》中还说:"端庄恭敬的周文王,他正大光明举措谨慎。"作为君主,他的言行要归于仁义;作为臣子,他的言行要归于恭敬;作为儿子,他的言行要符合孝道;做父亲的,他的言行要体现慈爱,与人们交往,就要做到坚守信义。

【原文】

《诗》云:"瞻彼淇澳①,绿竹猗猗。有斐②君子,如切如磋,如琢如磨③。瑟兮僩兮④,赫兮喧兮。有斐君子,终不可諠兮。""如切如磋"者,道学也。"如琢如磨"者,自修也。"瑟兮僩兮"者,恂栗也。"赫兮喧兮"者,威仪也。"有斐君子,终不可諠兮"者,道盛德至善,民之不能忘也。

【注释】

①瞻彼淇澳:瞻,看,视。淇,淇水。澳,即隩,崖岸弯曲之处。
②有斐:有,虚词,无义。斐,斐然成章,才华卓绝之意。
③切、磋、琢、磨:古代治玉石器、骨器的不同工艺方法。《尔雅·释趋》说:"骨谓之切,象谓之磋,玉谓之琢,石谓之磨。"
④瑟兮僩兮:瑟,璱的假借字,意谓矜持庄严。僩:威武的样子。

【译文】

《诗经》说:"眺望那淇水的崖岸弯曲之处,绿竹郁郁葱葱婀娜多姿。这个文采风流的君子,就像那经过切磋的象牙,就像那经过琢磨的美玉。他态度庄重模样威武,他光明磊落襟怀坦荡。这个文采风流的君子,教人始终难以忘怀。"所谓的"如切如磋",讲的是如何学习求知。所谓"如琢如磨",是指怎样自我修养。所谓"瑟兮僩兮",就是要做到心存惧怕,不敢有丝毫懈怠。所谓"赫兮喧兮",就是要树立威仪,为民作则。所谓"有斐君子,终不可諠兮",说的是弘扬至善至美的懿德嘉行,使得普通民众有所敬慕,无从忘怀。

【原文】

《诗》云："於戏（wū hū 呜呼）前王不忘。"君子贤其贤而亲其亲，小人乐其乐而利其利，此以没世不忘也。

【译文】

《诗经》上讲："呵，文、武的功德永志不忘。"后世的君子，敬重仰慕文、武等先王的贤德，同时热爱亲近先王的好恶准则。后世的民众，则从文、武等先王的功业中，享受到快乐，获得实际的利益。这就是先王之所以去世日久而不被遗忘的原因。

【原文】

子曰："听讼，吾犹人也。必也使无讼乎！"无情者不得尽其辞。大畏民志，此谓知本。

【译文】

孔子说："审理诉讼，我同别人并无差异。但一定要使诉讼这类事件绝迹才好。"要使那些矫饰无实之人不敢随随便便大放厥词。要搞好自身修养，从而使民众内心畏服。这才算是懂得处事的本末轻重。

【原文】

此谓知本①，此谓知之至也②。

【注释】

①程子曰："衍文也。"
②朱熹认为此句之上"别有阙文"。这阙文，按朱熹的意见，就是释"格物"、"致知"之义的文字。为此，他特意作"格物致知"章文字，系统发挥其"格物致知"哲学认识论思想，补入《大学》本文。我们认为，朱熹的"格物致知"章，并非《大学》原文，这里即予以删去。

【译文】

这就叫做知道本末、先后。这就是进入"知"的最高境界。

【原文】

所谓诚其意者,毋自欺也,如恶恶臭,如好好色。此之谓自谦。故君子必慎其独也。

【译文】

所谓使自己的意念诚实,指的是要做到不自欺欺人,有如厌恶难闻的气味,有如喜爱美丽的容貌。这个就称作为自我满足,毫不亏心。所以君子必须谨慎地对待独处的时候。

【原文】

小人闲居①为不善,无所不至,见君子而后厌然拚(yǎn 掩)其不善而著其善②。人之视己,如见其肺肝然,则何益矣?此谓诚于中,形于外③。故君子必慎其独也。

【注释】

①闲居:独居;独处。
②厌然:掩藏矫饰之意。拚:掩。著:显示。
③诚于中、形于外:里边有实在的东西。这里指心中藏着恶念。形,用如动词,暴露的意思。

【译文】

品质低下的人,在独居时做起不善之事情来,真是无所顾忌,什么都做得出来。但是在有道德的君子跟前,他们却乔妆打扮,掩饰自己的恶行而设法显示自己的美德。其实,人家看我们,就像是洞察我们的五脏六腑一样,那么隐恶扬善的做法又有什么用处呢。这就叫做内心深处藏着恶念,总是会在外表上暴露痕迹。所以君子必定要谨慎对待独居这桩事情。

【原文】

曾子曰①:"十目所视,十手所指,其严乎!"富润屋,德润身,心广体胖(pán 盘)。故君子必诚其意。

【注释】

①曾子:曾参,孔子的弟子。

【译文】

曾子说过:"有许多双眼睛盯着你,有许多只手指着你,这难道不严肃可畏吗!"富足能使屋子焕发光彩,美德则能使人格高尚。心中毫不惭愧,那么,内心就会宽广自若,外貌也必定是舒泰坦然。所以君子必定要使自己的意念诚实。

【原文】

所谓修身在正其心者:身有所忿懥,则不得其正;有所恐惧,则不得其正;有所好乐,则不得其正;有所忧患,则不得其正。心不在焉,视而不见,听而不闻,食而不知其味。此谓修身在正其心。

【译文】

之所以说修身的关键在于端正自己的内心,这是因为,身有所愤懑,乃由于内心不端正;有所恐惧,乃由于内心不曾端正;沉溺于感官的享受,乃是内心不曾端正的缘故;为忧患所困扰,也是由于内心不曾端正的缘故。内心如果未能端正,那么必定是眼睛看不见东西,耳朵听不到声音,吃东西辨不出滋味。这就是说修身的关键在于端正自己的内心。

【原文】

所谓齐其家在修其身者:人之其所亲爱而辟焉,之其所贱恶而辟焉,之其所畏敬而辟焉,之其所哀矜而辟焉,之其所敖惰而辟焉。故好而知其恶，恶而知其美者，天下鲜矣。故谚有之曰："人莫知其子之恶，莫知其苗之硕。"此谓身不修不可以齐其家。

【译文】
所谓整齐家族的关键在于修养自身的缘由是：人们对于他们亲近相爱的人多有偏爱；对于他们鄙视厌恶的人多存偏见；对于他们畏怯敬重的人多有偏颇；对于他们哀矜怜悯的人多所偏私；对于他们所认为的骄傲懒惰之人多持偏见。所以，在喜爱某个人的同时，能知道他的不足；在厌恶某个人的同时，能够了解他的长处，这种情况普天之下实在少见！所以有句谚语这么说："人们都不知道自己子女的欠缺，也不会满足于自己庄稼的丰收。"这叫做自身的修养不搞好，就无从整齐约束自己的家族。

【原文】
所谓治国必先齐其家者，其家不可教而能教人者，无之。故君子不出家而成教于国：孝者，所以事君也。弟者，所以事长也。慈者，所以使众也。《康诰》曰："如保赤子。"心诚求之，虽不中不远矣。未有学养子而后嫁者也。

【译文】
至于治理国家，定得先整齐好自己家族的原因，在于未能教育好自己家人，而能教化他人的事情不曾有过。所以，君子不必越出自己的家族，就可以推广教化于全国。孝，用来奉事君主；悌，用来服侍尊长；慈，用来安排使用普通民众。《康诰》说："应当像保护小孩一样。"内心真诚地向这方面努力，虽然不能完全符合标准，然而差距也就不会太远了。生活中没有那种先学习抚养孩子，然后再出嫁的事情。

【原文】

一家仁,一国兴仁;一家让,一国兴让;一人贪戾,一国作乱;其机如此。此谓一言偾事,一人定国。尧、舜率天下以仁,而民从之。桀、纣率天下以暴,而民从之。其所令反其所好,而民不从。是故君子有诸己而后求诸人,无诸己而后非诸人。所藏乎身不恕,而能喻诸人者,未之有也。故治国在齐其家。

【译文】

一家讲究仁义,整个国家都会崇尚仁义。一家提倡谦让,整个国家都会推崇谦让。(统治者)一人贪婪暴戾,全国都会群起作乱。两者之间的密切联系就是这样。这就叫做一句话毁坏整个事情,一个人安定整个国家。尧、舜用仁义来引导天下,民众就跟从他们追求仁义。桀、纣用暴虐来号令天下,民众依从他们。如果他们形式上的命令与他们实际的嗜好相反,那么民众是不会听从这种命令的。因此,君子首先要使自己身上具备了美德,然后再向他人提同样的要求;首先要去掉自己身上的不足,然后再去批评责备他人。假如自己不能做到有善无恶推己及人,而想使其他人明白善恶的道理,这是完全不可能的事情。所以讲,治国的前提在于整齐好自己的家族。

【原文】

《诗》云:"桃之夭夭,其叶蓁蓁。之子于归,宜其家人。"宜其家人,而后可以教国人。《诗》云:"宜兄宜弟。"宜兄宜弟,而后可以教国人。《诗》云:"其仪不忒(tè 特),正是四国。"其为父子兄弟足法,而后民法之也。此谓治国在齐其家。

【译文】

《诗经》讲:"茂盛桃树嫩枝摇曳,叶儿浓密富有光华,这位姑娘要出嫁,她会使夫家和顺吉祥。"举家上下和顺吉祥,然后才能够教化国内民众。《诗经》说："兄弟之间情意融洽。"兄弟间情意融洽，然后方可以教化国内民众。《诗经》说："言行一致不变模样，四方各国引以为榜样。"自己能够成为做父做子做兄做弟方面的道德楷模，普通民众就会效法自己。

【原文】

所谓平天下在治其国者，上老老而民兴孝，上长长而民兴弟，上恤孤而民不倍①。是以君子有絜（xié）矩②之道也。

【注释】

①倍：背，悖。
②絜矩：絜，测量，计度；矩，方，规矩。

【译文】

所说的使天下归于太平的根本在于治理好自己国家，缘由是：上面君臣官吏尊奉老人，下面民众就重视孝道。上面君臣官吏敬重长辈，下面的民众就注重尊敬兄弟。上面统治者关怀体恤失怙的孤儿，下面的民众就不会背理作恶。所以君子拥有测量方正的法则。

【原文】

所恶于上，毋以使下；所恶于下，毋以事上；所恶于前，毋以先后；所恶于后，毋以从前；所恶于右，毋以交于左；所恶于左，毋以交于右。此之谓絜矩之道。

【译文】

厌恶上面某种东西，就不要照样去对待下面；厌恶下面某种东西，就不要照样去对待上面；厌恶前面的某种东西，就不要照样去对待后面；厌恶后面的某种东西，就不要照样去对待前面；厌恶右边的某种东西，不要照样去对待左边；厌恶左边的某种东西，不要照样去对待右边。这就是所谓计度测量方式的原则和方法。

【原文】

《诗》云:"乐只君子,民之父母。"民之所好好之,民之所恶恶之,此之谓民之父母。《诗》云:"节彼南山,维石岩岩。赫赫师尹,民具尔瞻。"有国者不可以不慎,辟则为天下僇①矣。《诗》云:"殷之未丧师,克配上帝。仪监于殷,峻命不易②。"道得众则得国,失众则失国。

【注释】

①僇:即戮。
②峻命不易:《诗经》峻作"骏",大的意思。易,容易。

【译文】

《诗经》上说:"欣悦欢乐的君子,是天下民众的父母。"民众所喜爱的东西你也喜爱,民众所厌恶的东西你也厌恶。这就叫做是天下民众的父母。《诗经》上说:"那高峻巍峨的终南山,崖石层层高高耸立。名气赫赫的太师尹氏,人们都在注视着你。"作为国家的统治者不可以不谨慎,倘若肆意妄为,就会身弑国灭,为天下之大戮。《诗经》上还说:"殷商尚未丧失政权之时,能够顺应天命享有统治。应当以殷商兴亡为鉴戒,认识到国家存亡大命永保之不易。"这些说的是,统治者获得民众拥护就能取得政权,失掉民心就会丧失政权。

【原文】

是故君子先慎乎德。有德此有人,有人此有土,有土此有财,有财此有用。德者本也,财者末也。外本内末,争民施夺,是故财聚则民散,财散则民聚。是故言悖而出者,亦悖而入;货悖而入者,亦悖而出。

【译文】

因此君子首先要慎修德性,有了美德这就拥有了民众;拥有民众这就拥有了土地；有了土地这就有了财富；有了财富这就可以支付各种用途。美德是本，财富是末。如果表面讲德而实际重财，那么民众就会争利，劫夺便会发生。因此，财富屯聚于上民众就会离散，财富散布于下，民众就会聚合。因此，言语不合道德规矩说出来，必将遭到下面民众的同样回报。财货不依据道德而悍然搜刮进来，最终也将为他人强横地劫夺出去。

【原文】

《康诰》曰："惟命不于常。"道善则得之，不善则失之矣。《楚书》曰："楚国无以为宝，惟善以为宝"舅犯①曰："亡人②无以为宝，仁亲以为宝。"

【注释】

① 舅犯：狐偃，字子犯，为晋文公之舅，故称舅犯。
② 亡人：指晋文公。晋国内乱，晋文公当时为公子，为避难而流亡于外。

【译文】

《康诰》说："上天赋予的大命不是一成不变的。"这是说行善积德就得天命，不行善不积德就失天命。《楚书》上说："楚国没有什么可作为宝物的，只把善作为宝物。"晋文公的舅父子犯说："流亡者没有什么可作为宝物的，只把仁慈亲爱当作宝物。"

【原文】

《秦誓》曰："若有一个臣①，断断②兮无他技，其心休休焉，其如有容焉。人之有技，若己有之；人之彦圣，其心好之，不啻若自其口出，实能容之，以能保我子孙黎民，尚亦③有利哉！人之有技，媢④嫉以恶之；人之彦圣，而违之俾不通，实不能容，以不能保我子孙黎民，亦曰殆哉！"

【注释】

①一个臣：《尚书》作"一介臣。"
②断断：诚恳的样子。
③尚：《尚书》作"职"，差不多。
④媢：《尚书》作"冒"，嫉妒。

【译文】

秦誓说："如果有这样一位臣子，忠实诚恳而无别的本领。他品德高尚，心地宽厚，能够容纳他人。人家有本事，就好像他自己的本事一样，别人品德高尚，本领高强，不但口中经常称道，而且内心确实也很喜欢。这种宽洪大量的人，是可以保全我的子孙和臣民的幸福的。是实在有利于国家的。反之，人家有了本领，便嫉妒厌恶他；人家有了好的品德，便故意压制他，使得他的美德不能为君主所了解。这种人心胸狭窄，是不能够保全我子孙臣民的幸福的。这样的人，实在太危险了。"

【原文】

唯仁人放流之，迸诸四夷，不与同中国。此谓唯仁人为能爱人，能恶人。见贤而不能举，举而不能先，命也。见不善而不能退，退而不能远，过也。好人之所恶，恶人之所好，是谓拂人之性，菑（zāi 灾）必逮夫身。是故君子有大道，必忠信以得之，骄泰以失之。

【译文】

对于这种危险人物，只有仁德的国君能够流放他们，把他们驱逐到四夷蛮荒之地，不同他们共处于中原地区。这就是说，只有仁人能够做到爱护好人，厌恶坏人，见到贤人不能举用，即便举用而未能加以重视，这是怠慢松懈。见到坏人不能够屏退，虽然屏退而未能远离他们，这是过失错误。爱好人家所憎恶的东西，憎恶人家所爱好的事情，这就叫做是违反人的本性，灾祸一定会落到自己的身上。所以，仁人君子有着为政的基本原则可遵循，这就是：必定要依靠忠、信获得天下，必定是由于骄横、高傲失掉天下。

【原文】

生财有大道。生之者众，食之者寡，为之者疾，用之者舒，则财恒足矣。仁者以财发身，不仁者以身发财。未有上好仁而下不好义者也，未有好义其事不终者也，未有府库财非其财者也。

【译文】

生产财富有基本途径，这就是：生产财富的人众多，享受财富的人寡少，创造财富的人积极努力，动用财富的人舒缓有节。那么，财富就能够时常充足了。仁义之人通过财富来争取民众，不仁不义之辈则依靠丧失民心的做法来增殖财富。没有上面统治者乐仁好义而下边民众不喜欢道义的事情，没有爱好道义而事业不获成功的事情，这样就不会有自己府库中的财产为他人所劫夺的忧患了。

【原文】

孟献子曰："畜马乘不察于鸡豚，伐冰之家不畜牛羊，百乘之家不畜聚敛之臣，与其有聚敛之臣，宁有盗臣。"此谓国不以利为利，以义为利也。长国家而务财用者，必自小人矣。彼为善之，小人之使为国家，菑害并至。虽有善者，亦无如之何矣！此谓国不以利为利，以义为利也。

【译文】

孟献子说："拥有马乘的士大夫，不应当再料理关心鸡猪之类的琐事。拥有丧祭用冰特权的卿大夫，不应该再畜养牛羊。采邑实力达到置备百乘兵车标准的卿大夫，则不应当保留那些热衷于聚敛搜刮钱财的家臣。与其有聚敛搜刮的家臣，宁可有盗窃府库之财的家臣。"这是说治理国家不能以捞取私利为追求，而应当以仁义为宗旨。治理国家时汲汲于搜刮聚敛财富，这必定是重用奸佞小人的缘故。统治者个人即使心存善良，但如果任用奸佞小人处理国家事务，那么灾难祸患就一定会接踵而来。那时候虽然有善良贤能的人出来收拾残局，也必定是力不从心，无可奈何了。由此可见，治理国家不应以追逐私利为目标，而应该以崇尚仁义为理想。

◇ 中 庸 ◇

【原文】

天命之谓性①，率（shuài 帅）性之谓道，修道之谓教②。

【注释】

①性：人的本性，这里指理。
②教：这里有省察自己，教育他人的意思。

【译文】

人们禀受天赋的理叫做性，遵循各自的性行事叫做道，圣人用道来制约和教育人们叫做教。

【原文】

道也者①，不可须臾（yú 渔）离也，可离非道也。是故君子戒慎乎其所不睹（dǔ 笃）②，恐惧乎其所不闻。

【注释】

①道：指日常事物当行的理，蕴藏在内心。
②君子：《中庸》中的君子，有时指有德行的人，有时指有地位的人。这里指有德行的人。

【译文】

道，是时刻不能离开的，如果可以离开，就不是道了。所以君子即使在大家看不到的地方也谨慎检点，不敢疏忽。在大家听不到的地方，也恐慌惧怕，不敢怠惰。

【原文】
莫见（xiàn 现）乎隐，莫显乎微，故君子慎其独也。

【译文】
在幽暗的地方，大家不曾见到隐藏着的事端，我的心里已显著地体察到了。当细微的事情，大家不曾察觉的时候，我的心中已显现出来了。所以君子独处的时候更加谨慎小心（不使不正当的欲望潜滋暗长）。

【原文】
喜怒哀乐之未发，谓之中；发而皆中节，谓之和。中也者，天下之大本也；和也者，天下之达道也。

【译文】
喜怒哀乐各种感情还没有向外表露的时候（是不偏不倚的），叫做中；向外表露的时候（没有太过和不及）都能合着自然的理叫做和。中，是天下人们的大根本；和，是天下人们共同要走的路。

【原文】
致中和①，天地位焉，万物育焉。

【注释】
①中和：这里指达到不偏不倚、无所乖戾、体用结合的境界。

【译文】
（君子的省察功夫）达到尽善尽美的中和境界，那么，天地由此而运行不息，万物由此而生生不已。

【原文】

仲尼曰①:"君子中庸②,小人反中庸。君子之中庸也,君子而时中;小人之中庸也,小人而无忌(jì纪)惮(dàn但)也。"

【注释】

①仲尼:孔丘的字。
②中庸:是儒家的最高道德标准。"中",就是不偏不倚,折中,无过,无不及,调和;"庸",平常。

【译文】

仲尼说:"君子做事能够符合中庸的道理,小人的所作所为完全违背中庸的道理。(为什么这样呢?)君子对于中庸的理能时时省察,做到随时而异,适中不偏。小人对于中庸的理,任性妄为、肆无忌惮。"

【原文】

子曰:"中庸其至矣乎!民鲜(xiǎn显)能久矣。"

【译文】

孔子说:"中庸的道理该是最高最好的了!可惜人们已经长久不能做到它了。"

【原文】

子曰:"道之不行也①,我知之矣,知者过之,愚者不及也;道之不明也,我知之矣,贤者过之,不肖者不及也,人莫不饮食也,鲜(xiǎn显)能知味也。"

【注释】

①"道之不行也,道之不明也"句中"行"、"明"两字在理解时应互换,由明而行,由不明,故不行。

【译文】

孔子说:"中庸的道理不能流行于世,我知道原因了。聪明的人常常超过中道,愚昧的人常常达不到中道。中庸的道理不能著明于世,我知道原因了。贤能的人常常超过中道,不贤的人常常达不到中道。譬如人没有不吃饭喝水的,(由于习以为常)所以很少能辨别饮食的滋味了。"

【原文】

子曰:"道其不行矣夫!"

【译文】

孔子说:"中庸的道理恐怕不能在世上实行啊!"

【原文】

子曰:"舜其大知也与①!舜好问而好察迩(er耳)言,隐恶而扬善,执其两端②,用其中于民。其斯以为舜乎!"

【注释】

①舜:传说中父系氏族社会后期部落联盟领袖,姓姚,有虞氏,名重华,史称虞舜。
②执其两端:把握事物的两个极端。

【译文】

孔子说:"舜大概算得上是大智的人了!他能虚心地向人请教,即使浅近的话也必认真体察。听到不合理的恶言便隐藏起来,听到合理的善言便加以宣扬。他能把握事物的两个极端,而用中道施与老百姓。(由于舜能吸收天下人的智慧变成自己的智慧)所以舜就能成其为舜了。"

【原文】

子曰:"人皆曰予知①,驱而纳诸罟(gǔ古)擭(huò获)

陷阱之中②，而莫之知辟（bì避）也。人皆曰予知，择乎中庸，而不能期（jī基）月守也③。"

【注释】

①予知：予，我。知，明智。
②罟擭陷阱：罟，网的总称。擭，装有机关的捕兽木笼。陷阱，捕捉野兽的地坑。这里比喻祸害所伏。
③期月：一整月。这里指时间短暂。

【译文】

孔子说："人们都说自己明智。但是如果将他驱赶到祸机四伏的罗网、木笼或陷阱中去，而不知道如何躲避。人们都说自己明智，择取中庸的道理，但却不能谨守一个月的时间。"

【原文】

子曰："回之为人也①，择乎中庸，得一善，则拳拳服膺（yīng英），而弗失之矣。"

【注释】

①回：颜回，字子渊，孔子学生，最有德行。

【译文】

孔子说："颜回做人处事，能审察选择中庸，如果领悟到中庸的一个道理，就牢记在心，不让它失去了。"

【原文】

子曰："天下国家可均也，爵禄可辞也，白刃可蹈也，中庸不可能也。"

【译文】

孔子说："天下国家是可以平定治理的，爵位和俸禄是可以推辞的，利刃是可以踩踏的，但中庸是很难做到的。"

【原文】

子路问强①。子曰："南方之强与？北方之强与？抑而强与②？宽柔以教，不报无道，南方之强也，君子居之，衽金革，死而不厌，北方之强也，而强者居之。故君子和而不流，强哉矫③！中立而不倚，强哉矫！国有道，不变塞焉，强哉矫！国无道，至死不变，强哉矫！"

【注释】

①子路：名仲由，孔子学生。子路好勇，故问强。
②而：你。
③强哉矫：赞许的话。矫，强的样子。

【译文】

子路问孔子："怎样才算是强呢？"孔子回答说："你问的是南方的强呢？还是北方的强呢？或者是你自己的强呢？用宽容柔顺的方法教化人，不报复对自己蛮横无理的人，这是南方的强。君子拿这种忠厚、容忍的道来指导自己的行动。用武器甲胄当卧席，即使战死也毫不惧怕，这是北方的强。北方的强者拿这种强力胜人的道来指导自己的行动。所以君子对大家和蔼可亲而又不失之于流俗，岂不可算是矫强吗？中立而不偏倚，岂不可算是矫强吗？处在国家有道的时候，不改变显达以前的操守，岂不可算是矫强吗？处在国家无道的时候，至死不变平生的志愿，岂不可算是矫强吗？"

【原文】

子曰："素隐行怪，后世有述焉，吾弗为之矣。君子遵道而行，半途而废，吾弗能已矣。君子依乎中庸，遯（dùn 遁）世①不见知而不悔，唯圣者能之。"

【注释】

①遯世：遯，遁的异体字。遯世，这里作终身讲。

【译文】

孔子说："现在有一种人，喜欢追求隐僻不正的理，好做奇异怪诞的事，（由于能欺世盗名）后代还有赞许这种言行的人。我是不做这种事的。君子遵照中庸的大道行事，有的人却做到半途竟然废止，我是绝不肯在半途停止的。君子依照中庸的道理去做，假使终身不被世人所了解，也绝不懊悔，只有圣人才能够这样做。"

【原文】

君子之道，费而隐①。

【注释】

①费而隐：费，道之用，指广大无涯。隐，道之体，指体的微妙。

【译文】

君子中庸的道理，其效用广大无涯，无穷无尽，其本体却极其微小，无处不有。

【原文】

夫妇之愚，可以与知焉，及其至也，虽圣人亦有所不知焉；夫妇之不肖，可以能行焉，及其至也，虽圣人亦有所不能焉。天地之大也，人犹有所憾。故君子语大，天下莫能载焉；语小，天下莫能破焉。《诗》云："鸢（yuān 冤）飞戾（lì 丽）天，鱼跃于渊。"言其上下察也。

【译文】

夫妇中愚笨的人，一般也可以知道中庸的一些浅近的道理。但推究中庸之道到达深奥处，即使圣人也有不知道的地方。夫妇中不贤的人，一般也可以实行中庸的一些浅近的道理，但推究中庸之道到达深奥处，即使圣人也有做不到的地方。天地是如此的广大，但人们对天地还有不满意的地方。所以君子对于中庸的道理，说到它的大处，天下不能载得起它；说到它的小处，天下不能看破它。《诗经·大雅·旱麓篇》说："鸢冲翅飞翔到天的最高处，鱼跳跃到水的最深处。"这句诗主要说明中庸之道上达于高天，下及于深渊，显明昭著，弥漫充塞，无处不在，无所不包。

【原文】

君子之道，造端乎夫妇，及其至也，察乎天地。

【译文】

君子中庸的道理，从夫妇之间的浅近道理开始的，但推究到深奥处，就能明察天地上下一切事物了。

【原文】

子曰："道不远人。人之为道而远人，不可以为道。《诗》云：'伐柯伐柯，其则不远'。执柯以伐柯，睨（nì 逆）而视之，犹以为远。故君子以人治人，改而止。忠恕违道不远，施诸己而不愿，亦勿施于人。

【译文】

孔子说："道存在于人们之间，并不远离大家。但有人修道却故作高深，使中庸之道日益与大家远离，那就不可说是修道了。《诗经·豳风·伐柯篇》说："有一个人拿着斧头去砍树干来做斧柄，照那旧斧柄做新斧柄的方法就在眼前。"但是拿着旧斧柄去砍树干做新斧柄，由于没有用旧斧柄的尺寸，所以斜着眼睛看去，觉得两者相差甚远。（这个比喻说明）君子治人的方法，就是用人的良知良能，去启发人的思想，如果提高认识，痛改前非，就停止进行。如果用忠心去行恕道，那么离中庸之道就不远了。如果加在自己身上是自己所不愿意接受的事,(推想到别人),也就不能强加在别人身上。

【原文】

"君子之道四,丘未能一焉:所求乎子,以事父未能也;所求乎臣,以事君未能也;所求乎弟,以事兄未能也;所求乎朋友,先施之未能也。庸德之行,庸言之谨,有所不足,不敢不勉,有余,不敢尽。言顾行,行顾言,君子胡不慥慥(zào噪)尔!"

【译文】

"君子的道理有四条,我孔丘一条也不能做到。第一,我要求做儿子的应该尽孝道,但反求我自己侍奉父母却不能尽孝道。第二,我要求做臣子的应该尽忠心,但反求我自己奉事君主却没有尽忠心。第三,我要求做弟弟的应该恭敬,但反求我自己服侍兄长却没有做到恭敬。第四,我要求做朋友的应该要有信实,但反求我自己却没有能先对朋友做到信实不欺。平常的道德,要着力实行。平常的语言,要谨慎地说。所言所行或有力量不足,不敢不尽力奋勉。所言所行或尚有余,不敢说尽做绝。口里讲的话,要顾到身体所行的事;身体所行的事,要顾到口里讲的话,如果言行一致,岂不可称是忠厚诚实的君子吗!"

【原文】

君子素其位而行,不愿乎其外。素富贵,行乎富贵;素贫贱,行乎贫贱;素夷狄,行乎夷狄;素患难,行乎患难。君子无入而不自得焉。

【译文】

君子安心于现在的地位,做本分的事,不存分外之想。向来身处富贵的地位,就行富贵的道理;向来身处贫贱的地位,就行贫贱的道理;向来身处夷狄的地位,就行夷狄的道理;向来身处患难的地位，就行患难的道理。君子没有一处不悠然自得、自乐而安于其位的。

【原文】

在上位，不陵下，在下位，不援上，正己而不求于人，则无怨。上不怨天，下不尤人。故君子居易以俟命①，小人行险以徼（jiǎo侥）幸。

【注释】

①易：平地。这里指安于现状。

【译文】

君子身处上位的时候，不作威作福，欺凌下面的人；身处下位的时候，不钻营攀附，乞求上面的人，只求端正自身而不有求于人，那么心中泰然而无怨恨。上不怨恨苍天，下不责怪别人。所以君子安分守己，等待天命，而小人专做冒险的事情，想侥幸得到不应得的好处。

【原文】

子曰："射有似乎君子，失诸正鹄（hú胡）①，反求诸其身。"

【注释】

①正鹄：箭靶中心。

【译文】

孔子说："射箭的事情，好像同君子修道一样。箭没有射到箭靶的中心，应该反责自己用心不专，立身不正，不能怨恨别人。"

【原文】

君子之道，辟（pì譬）如行远，必自迩；辟如登高，必自卑。《诗》曰："妻子好合，如鼓瑟琴。兄弟既翕（xì戏），和乐且耽（dān丹）。宜尔室家，乐尔妻孥（nú奴）。"子曰："父母其顺矣乎！"

【译文】

君子修道由浅入深，譬如到远方去，一定先从近处启程；譬如登到高处去，一定先从低处起步。《诗经·小雅·棠棣篇》说："和妻子儿女感情融洽，好像弹琴鼓瑟一样节奏和美。与兄弟友爱和合，浸沉在快乐之中。全家非常和睦，妻子儿女都非常欢乐。"孔子说："一家人如此欢乐，做父母的就自然舒心了。"

【原文】

子曰："鬼神之为德，其盛矣乎！视之而弗见，听之而弗闻，体物而不可遗。使天下之人齐（zhāi斋）明盛服①，以承祭祀。洋洋乎！如在其上，如在其左右。《诗》曰：'神之格思，不可度思！矧（shěn审）可射（yì亦）思。'夫微之显，诚之不可揜（yǎn掩），如此夫！"

【注释】

①齐：斋戒。

【译文】

孔子说："鬼神行德，可说是极盛的了。（鬼神的德）看它没有形迹，听它没有声音，（但世间万物没有一物不是鬼神所生），所以体察天下万物是不能遗弃鬼神的。鬼神使天下的人悚然敬畏，他们虔诚斋戒，洗净身体，穿着隆重而华丽的祭服来奉承祭祀。（祭祀的时候），这些鬼神的灵气流动充满，盛大地好像在上面，又好像在左右。《诗经·大雅·抑篇》说：'鬼神来享受（祭祀牲醴），在上、在下是不可揣度的，十分诚敬还恐怕有疏忽，何况可以厌倦呢？'鬼神既看不见又听不到，十分隐微，而善赐福、恶降祸却很显著。鬼神赐福降祸的诚信不可遮掩，竟是如此啊。"

【原文】

子曰："舜其大孝也与！德为圣人，尊为天子，富有四海之内。宗庙飨之，子孙保之。故大德必得其位，必得其禄，必得其名，必得其寿。故天之生物，必因其材而笃焉。故栽者培之，倾者覆之。《诗》曰：'嘉乐君子，宪宪令德！宜民宜人①，受禄于天。保佑命之，自天申之！'故大德者必受命。"

【注释】

①民、人：民，指没有地位的平民。人，指有地位的贵族。

【译文】

孔子说："虞舜可算是大孝的人了。从德行看，成为圣人；从地位看，尊为天子；从财富看，掌握全国的财富。（不仅如此），上而享受宗庙的祭祀，下而子孙继承他的事业。所以具有大德（大孝）的人，一定会得到天子的职位，一定会得到丰厚的俸禄，一定会得到美好的名声，一定会得到健康和长寿。所以上天化生万物，必因它的本质而加厚，假使这物体根本坚固，可以栽培，天就加意培养它。假使这物体根本动摇，不免倾覆，天就将它倾覆了。《诗经·大雅·嘉乐篇》说：'嘉美喜乐的君子，有这样显著的美德，既适合于在下的民，又适合于在位的人，所以能够从上天接受福禄，保佑他们代代做天子，这是出自上天的意志啊！'因此，有大德的人，一定受命于天。"

【原文】

子曰："无忧者其惟文王乎！以王季为父①，以武王为子②，父作之，子述之。"

【注释】

①王季：名季历，周太王古公亶父第三子。
②武王：名发，周文王太子。

【译文】

孔子说:"古代帝王中境遇最好,无忧无虑的,恐怕只有周文王了。贤德的王季是他的父亲,圣哲的武王是他的儿子。父亲开创基业,儿子继承王业。"(还有什么忧愁呢?)

【原文】

武王缵(zuǎn纂)大王①,王季,文王之绪。壹戎衣而有天下,身不失天下之显名。尊为天子,富有四海之内。宗庙飨之,子孙保之。

【注释】

①大王:即古公亶父。

【译文】

武王继承太王、王季、文王开创的基业,穿上战袍,征讨纣王,竟能夺取天下。由于武王诛戮的是独夫纣王,所以没有失去忠孝的好名声,而成为尊贵的天子,掌握天下的财富。享受宗庙的祭祀,子孙永葆周朝的王业。

【原文】

武王末受命①,周公成文武之德,追王大王、王季,上祀先公以天子之礼。斯礼也,达乎诸侯、大夫及士、庶人。父为大夫,子为士,葬以大夫,祭以士。父为士,子为大夫,葬以士,祭以大夫。期之丧,达乎大夫。三年之丧,达乎天子。父母之丧,无贵贱一也。

【注释】

①末:老、晚年。

【译文】

武王接受天命做天子的时候,年纪已经老了。周公继承和发展文王、武王的大德。近则追封古公亶父、季历为王,远则尊组绀以上至后稷为先公,用天子的礼来祭祀他们。这种礼制,通达到诸侯、大夫以及士和庶人,都可以用来表达孝思。譬如父亲是大夫,儿子是士,父亲死时葬用大夫礼,祭祀用士礼。如果父亲是士,儿子是大夫,父亲死时葬用士礼,祭祀用大夫礼。(周公又定丧服的礼制),一年的丧服,从庶人达到大夫为止。三年的丧服,从庶人达到天子。父母的丧服,没有贵贱的分别,都是一样的。

【原文】

子曰:"武王、周公,其达孝矣乎!"

【译文】

孔子说:"武王、周公,大概是最孝顺的啊!"

【原文】

夫孝者,善继人之志,善述人之事者也。春秋修其祖庙,陈其宗器,设其裳衣,荐其时食。宗庙之礼,所以序昭穆也;序爵,所以辨贵贱也;序事,所以辨贤也;旅酬下为上,所以逮贱也;燕毛,所以序齿也。践其位,行其礼,奏其乐,敬其所尊,爱其所亲,事死如事生,事亡如事存,孝之至也。

【译文】

孝,就是要善于继承前人的志向,善于发展前人的事业。每当春秋祭祀时节,修葺、洒扫祖庙,把祖宗所藏的重器陈列出来,把祖宗遗留下来的衣服摆设出来,奉献应时的食品供祖宗享用。宗庙祭祀的礼仪,是用来区分先后顺序的;排列等级,是用来区别贵贱地位的;排列职事,是用来分辨才能的;晚辈们都举杯为自己的长辈敬酒,是用来使低贱的人因行旅酬之礼而感到光荣的;饮酒时按照头发的颜色排座位，这是用来区分长幼次序的。升起先祖的牌位，奉行祭祀的礼节，奏祭祀的音乐。敬先王所尊的祖宗，爱先王所亲的子孙臣民。先王已死，奉事他好像活着的一样；先王虽亡，奉事他好像存在的一样，真可说是尽孝到极点了。

【原文】

郊社之礼，所以事上帝也。宗庙之礼，所以祀乎其先也。明乎郊社之礼，禘（dì帝）尝之义①，治国其如示（zhì置）诸掌乎。

【注释】

①禘尝：禘是天子宗庙五年举行一次的大祭。尝是四时里的秋祭。

【译文】

祀天的郊礼和祭地的社礼，是用来奉祀皇天和后土的，（报答他们生成的恩惠）。宗庙的礼，是用来奉祀祖先的，（报答他们的功德）。明白郊社祭上帝的礼和宗庙祀祖宗的义，那么治理国家好像放在自己手掌上的东西那样容易掌握了。

【原文】

哀公问政①。

子曰："文武之政，布在方策②。其人存，则其政举；其人亡，则其政息。人道敏政，地道敏树。夫政也者，蒲卢也③。故为政在人，取人以身，修身以道，修道以仁。仁者人也，亲亲为大；义者宜也，尊贤为大。亲亲之杀，尊贤之等，礼所生也。"

【注释】

①哀公：鲁国国君，名蒋。
②方策：木版、竹简，古代的政策、法令写在木版、竹简上。
③蒲卢：即蒲苇，很容易生长。这里借喻为政容易。

【译文】

鲁哀公向孔子请教处理政务的问题。

孔子说:"文王、武王所推行的政治,都陈列(记录)在木版和竹简上(现在仍明明白白可以稽考)。圣君贤臣存在着,那么政治就顺利推行;圣君贤臣没有了,那么政治就会停息。用君臣协德的人道推行政治就会立即见效,正像树木种在地上就会迅速成长一样。文王、武王时的政治,(由于圣君贤臣相配合,立即产生治国平天下的效果,)好像蒲苇生长一样迅速。所以要想处理好国家政务,关键在于人才,而获得人才在于修身,修身就要用中庸之道来修,而修中庸之道必须用仁。仁就是爱人,博爱众生,其中亲爱自己的父母是仁中最大的要事。(有仁必有义)义能分别事理,各尽所宜,其中尊重贤人是义中最大的要事。爱亲人有程度之分,有主有次;尊贤人有等级之分,有厚有薄。这些都是礼所以产生的缘由。"

【原文】

在下位不获乎上,民不可得而治矣!故君子不可以不修身;思修身,不可以不事亲;思事亲,不可以不知人;思知人,不可以不知天。

【译文】

在下位的人臣,如果不先得到君主的信任,就不能得民心,就不能治理人民。所以君子不可以不着意修身。要想修身,就不能不奉侍父母、亲人。要想奉侍父母、亲人,就不能不了解人。要想了解人,不能不了解天(因为理是从天而出,知天才能知人)。

【原文】

天下之达道五①,所以行之者三。曰:君臣也,父子也,夫妇也,昆弟也,朋友之交也。五者,天下之达道也。知、仁、勇三者,天下之达德也②。所以行之者一也。或生而知之,或学而知之,或困而知之,及其知之一也。或安而行之,或利而行之,或勉强而行之,及其成功一也。子曰:"好学近乎知,力行近乎仁,知耻近乎勇。知斯三者,则知所以修身;知所以修身,则知所以治人;知所以治人,则知所以治天下国家矣。"

【注释】

①达道:天下古今所共同必经的路,靠知、仁、勇三者实行。
②达德:天下古今所同德之理,落实到一个诚字上,依靠诚而实行。

【译文】

天下古今共同必经的路有五条,用来实践这五条路的方法有三种。就是君臣、父子、夫妻、昆弟以及朋友之间的交往。处理好这五种关系,就是天下古今所共同必经的路。知、仁、勇三种,就是天下古今实行达道的达德。但是实行起来只落实在一个诚字上。(用达德去行达道,从知的情况看),有的人天性聪明,生来就明白这达道。有的人通过用心学习,才明白这达道。有的人遇事有困,然后通过学习,才了解这达道。这三种人明白达道虽有难易先后的不同,但他们了解以后明白的程度完全是一样的。有的人从容安适实行达道,有的人贪求利益实行达道,有的人力量不足勉强实行达道,这三种人行道虽有难易不同,等到成功的时候却是一样的。孔子说:"好学不倦就接近于明智了。勉力行善,就接近于仁义了。懂得耻辱,就接近于刚勇了。知道好学、力行、知耻三件事,那么就知道怎样修身的道理了。既知道怎样修身,就知道怎样治人的道理了。既知道怎样治人,就知道怎样治天下国家的道理了。"

【原文】

凡为天下国家有九经,曰:修身也,尊贤也,亲亲也,敬大臣也,体群臣也,子庶民也,来百工也,柔远人也,怀诸侯也。修身则道立,尊贤则不惑,亲亲则诸父昆弟不怨,敬大臣则不眩(xuàn 炫),体群臣则士之报礼重,子庶民则百姓劝,来百工则财用足，柔远人则四方归之，怀诸侯则天下畏之。齐（zhāi斋）明盛服，非礼不动，所以修身也。去谗远色，贱货而贵德，所以劝贤也。尊其位，重其禄，同其好恶，所以劝亲亲也。官盛任使，所以劝大臣也。忠信重禄，所以劝士也；时使薄敛，所以劝百姓也。日省月试，既（xì饩）廪（lǐn凛）称事，所以劝百工也。送往迎来，嘉善而矜不能，所以柔远人也。继绝世，举废国，治乱持危，朝聘以时，厚往而薄来，所以怀诸侯也。凡为天下国家有九经，所以行之者一也。

【译文】

凡国君治理天下国家有九条经常不变的定理。这就是说，第一要修身，第二要尊重贤能，第三要亲九族亲属，第四要敬重在朝辅政的大臣，第五要体恤在朝的文武百官，第六要慈爱在野的广大老百姓，第七要招徕市肆的各种工匠，第八要安抚远方的蕃国，第九要怀服分封的诸侯。能修身，便能确立中道。能尊贤，做事就不至于迷惑。能亲睦九族，父母、叔伯、兄弟都能和睦相处。能敬重大臣，就能遇事不慌张，不受小人蛊惑。能体恤群臣，受恩惠的士臣都会重重地报效我。能像对儿子一样来爱护老百姓，受我恩惠的老百姓就会服从我而不致反抗。能招徕各种工匠，就会百货充足，财源茂盛。能安抚远方的蕃国，就能使天下的人都来归顺。能怀服诸侯，就能四海一家，天下畏服。洁净心境，服装整齐，不合于礼的事，不敢妄动，这样用来修身。驱逐谗邪小人，疏远映丽女色，轻贱货财，尊重道德，用来勉励贤人。尊崇他的地位，增厚他的俸禄，用同一好恶标准以示大公，用来劝勉亲人。多置小官供给大臣指挥，使大臣考虑国家大事，用来慰抚大臣。待他们有忠信，养他们有重禄，用来慰勉士人。征役有定时，税收有定制，轻徭薄赋，用来慈爱老百姓。每日考其勤惰，每月察其成就，结合做事的勤惰，颁发肉米的多少，用来劝勉百工。护送他们去，欢迎他们来，奖励有才能的人，容纳才能不足的人，用来安抚远方蕃国的人，有绝代的诸侯，取旁支的人继续宗嗣，有灭亡的国家，帮助他们恢复起来，整饬腐败乱政，尽力支持弱小，五年一朝，一年一小聘，三年一大聘，按时进行。诸侯回国，从厚赠送，诸侯来朝，薄收贡赋，用来安抚诸侯，使天下畏服。总之，治理天下国家有上面所讲的九条定理，但实行的方法归结起来只有一个诚字。

【原文】

凡事豫则立，不豫则废。言前定则不跲（jiá 颊）①；事前定则不困；行前定则不疚（jiù 臼）；道前定则不穷。在下位不获乎上，民不可得而治矣，获乎上有道，不信乎朋友，不获乎上矣。信乎朋友有道，不顺乎亲，不信乎朋友矣。顺乎亲有道，反诸身不诚，不顺乎亲矣。诚身有道，不明乎善，不诚乎身矣。

【注释】

①跲：绊倒。这里指停顿。

【译文】

凡事预先做好准备就能成功，不预先做准备，就会失败。譬如发言，事先想定，就不会说不下去；要做一件事，事先计划好，就不会发生困惑；要有行动，事先筹措好，就不会做不下去而抱愧了；要实行中庸的大道，也须事先用功奋勉，然后实行，道就无穷无尽了。在下位的人臣如果得不到君王的信任，就不能得民心，也就不能治理人民。要想得到君王的信任是有方法的，应预先得到朋友的信任。如果不能得着朋友的信任，（就声誉不立），不能得到君王的信任了。要想得到朋友的信任也是有方法的，应预先得到父母的欢心，如果不能得到父母的欢心，就不能得着朋友的信任了。要想得到父母的欢心也是有方法的，应反求自身的诚实，如果不能诚身，（外有事父母的虚心，内无爱父母的实效，）就不能得着父母的欢心。要想诚实自身也是有方法的，应预先明白至善。如果不能明善（善恶不分，）就不能诚身了。（所以用达德、行达道、行九经，推行文武事业的人一定要先诚身。）

【原文】

诚者①，天之道也；诚之者②，人之道也。诚者，不勉而中，不思而得，从容中道，圣人也。诚之者，择善而固执之者也。博学之，审问之，慎思之，明辨之，笃行之。有弗学，学之弗能弗措也；有弗问，问之弗知弗措也；有弗思，思之弗得弗措也；有弗辨，辨之弗明弗措也；有弗行，行之弗笃弗措也。人一能之，己百之；人十能之，己千之。果能此道矣，虽愚必明，虽柔必强。

【注释】

①诚者：真实无妄，是天赋之理，属于天道。
②诚之者：未能真实无妄而欲求真实无妄，必须下修道功夫，属于人道。

【译文】

诚，是上天本然的道理。诚之，是用功择善、明善的人的道理。诚的人是不用勉力下功夫而符合于中，不用思虑而有所得，从容达到中道，这样的人就是圣人。求诚的人，择众理而明善，固执坚守，用力追求，以达到诚的目的。（求诚的功夫，须经过五个层次），广博地学习，审慎地询问，慎重地思索，明晰地辨识，笃实地履行。有一种学问，没有学过，就尽力去学，不到融会贯通，不肯停止学习。有一件事情，没有去问过，就虚心审问，不到疑虑尽释，不肯停止审问。有一件事情，没有去思考过，就凝神静思，不到彻底明白，不肯停止思索。有一件事情，没有去辨析过，就悉心辨析，不到毫厘不爽，不肯停止辨析。有一件事情，没有去实行过，不到践履笃实，不肯停止实践。有人用一倍功夫就能掌握，我用百倍的功夫同样可以掌握；有人用十倍的功夫就能掌握，我用千倍的功夫同样可以掌握。如果有这样的毅力追求中庸之道，那么即使愚昧的人必能变成聪明的人，即使柔弱的人必能变成刚强的人。

【原文】

自诚明，谓之性。自明诚，谓之教。诚则明矣，明则诚矣。

【译文】

由至诚而后有明德，是圣人的自然天性，所以叫做性。由明德而后有至诚，是贤人经过学习而达到至诚，所以叫做教。有了诚就无不明，有了明就可以算作诚了。

【原文】

唯天下至诚，为能尽其性。能尽其性，则能尽人之性。能尽人之性，则能尽物之性。能尽物之性，则可以赞天地之化育。可以赞天地之化育，则可以与天地参矣。

【译文】

只有天下至诚的圣人，能够极尽天赋的本性。既然能够极尽天赋的本性，就能够兴养立教极尽众人的本性。既然能够极尽众人的本性，就能够樽节爱养极尽万物的本性。既然能够极尽万物的本性，就可以赞助天地生成万物。既然可以赞助天地生成万物，那么至诚的功用就可以同天地并列成三了。

【原文】

其次致曲①。曲能有诚，诚则形，形而著，著则明，明则动，动则变，变则化。唯天下至诚为能化。

【注释】

①其次致曲：其次，指次于至诚的人，通过学习达到至诚。致曲：致，推致；曲，达到至诚的一个方面。致曲，次于至诚的人，抓住善的一个方面努力做去，达到全体的至诚。

【译文】

次于至诚的人，就尽力推致一个方面的功夫而达到诚。果能一件件推致，没有遗漏，就能得到全体的诚了。有了诚，就能积中发外，形于四体。形于四体，就能日新月异，容止显著。容止显著，就能光辉四照，灿烂光明。灿烂光明，就能动好善之心。动好善之心，就能改过自新，改变气质。改变气质，就能日积月累，相化于善。（要做到化，很不容易），只有天上至诚的圣人，能够达到这个化的境界。

【原文】

至诚之道，可以前知。国家将兴，必有祯祥①；国家将亡，必有妖孽。见（xiàn 现）乎蓍（shī 诗）龟②，动乎四体。祸福将至，善，必先知之；不善，必先知之，故至诚如神。

【注释】

①祯祥：吉祥的预兆。
②蓍龟：古代占卜用的蓍草和龟甲。

【译文】

只有至诚的道，可以用来知道未来的事。当国家将要兴盛的时候，一定有吉祥的预兆。当国家将要灭亡的时候，一定有妖孽出现。（远取诸物），吉凶发现在蓍龟占卜之中，（近取诸身）得失在四体上发生。祸福将要降临的时候，善，必定能够事先知道；不善，也必定能够事先知道。所以至诚的人能预先见到祸福的理，灵验如神。

【原文】

诚者，自成也；而道，自道也。

【译文】

诚（就是天命的性），是实心自成的；而道（就是率性的理），是应当自己去实行的。

【原文】

诚者,物之终始。不诚无物,是故君子诚之为贵。

【译文】

诚(天赋的本然的理),贯穿在万物的始终。没有诚,就没有万物了,所以君子把诚奉为最宝贵的东西。

【原文】

诚者,非自成己而已也,所以成物也。成己,仁也;成物,知也。性之德也,合外内之道也。故时措之宜也。

【译文】

至诚的人,并非自己取得成就就算完事,还要及于万物,(行于他人)。成己的人,(毫无私意)这是仁;成物的人,(随物施教)这是知。天性的仁德,(体用一致)符合外内一致的规律。所以随时施行,没有不适宜的了。

【原文】

故至诚无息。不息则久,久则徵,徵则悠远,悠远则博厚,博厚则高明。博厚所以载物也;高明所以覆物也;悠久所以成物也。博厚配地,高明配天,悠久无疆。如此者,不见而章,不动而变,无为而成。天地之道,可一言而尽也,其为物不贰,则其生物不测。天地之道,博也、厚也、高也、明也、悠也、久也。

【译文】

所以,追求至诚的盛德,永远没有止息啊!追求不息,就历时长久;历时长久,就有效验,有了效验,就能悠远无穷。悠远无穷，（它的积德）就能广博而深厚。广博而深厚，（发为事业）就能高大而光明。博大而深厚就可以用来承载万物；高大而光明，就可以用来覆盖万物；悠长而久远，就可以用来使万物各按本性茁壮成长。博大而深厚，可以与承载万物的地相匹配；高大而光明，可以与覆盖万物的天相匹配；悠长而久远，可以与生成万物的天地一样无边无际了。如此说来，（至诚功业，这样高大），从配地来说，它的彰著不是自己有意表露，而是自然昭明的。从配天来说，它的变化也不是自己有意鼓动，而是自然变化的。从无疆来说，它的无为并不是劳心去做，而是自然成功的。天地的道理，可以用一句话说尽，那就是一个诚字罢了。天和地的物体纯于一而不二，这是因为诚的缘故。能够诚，当然不息，并且能够生成万物，不可测度。天地的道，正由于纯一不二，所以能够各极其盛，达到广博、深厚、高大、光明、悠远、久长。

【原文】

今夫天，斯昭昭之多；及其无穷也，日月星辰系焉。万物覆焉。今夫地，一撮土之多；及其广厚，载华岳而不重，振河海而不泄，万物载焉。今夫山，一卷（quán 拳）石之多。及其广大，草木生之，禽兽居之，宝藏兴焉。今夫水，一勺之多；及其不测，鼋鼍蛟龙鱼鳖生焉，货财殖焉。《诗》云："维天之命，於穆不已。"盖曰：天之所以为天也。"於乎不显，文王之德之纯！"盖曰：文王之所以为文也，纯亦不已。

【译文】

现在拿天来说，就偏僻一隅讲，不过是明明朗朗的多罢了；从全体而言，这是无穷无尽的，那太阳、月亮、星星都在它上面悬挂着，世界上的万物都被它覆盖着。现在拿地来看，就局部讲，不过是一撮土之多罢了；从全体而言，它是极其深广而博厚的，载着西岳华山也不感到沉重，河海在它上面奔腾流荡也不见渗漏，世界上的万物它都承载得起。今天拿山来讲，就一处说，不过一拳石的多罢了；从全体而言，推想到它的广大，所有草木都生在山上，珍禽异兽都住在山上，还蕴藏着宝贵的矿藏，开发出来，造福于人民。现在拿水来说，就一处讲，不过一勺水的多罢了。从全体而言，推想到它的不可测度。鼋呀，鼍呀，蛟呀，龙呀，鱼呀，鳖呀，都生长在这片汪洋的水里，为人们增殖财富。《诗经·周颂·维天之命篇》说："只有苍天之理深远得很，经历万古不会停息。"这就是苍天之所以做苍天的道理呀！《诗经·周颂·维天之命篇》又说："呜呼，岂不显著吗？文王的圣德多么纯粹啊！"这就是文王之所以做文王的道理啊！纯粹不二的至诚功夫，同天命一样，是不会停息的。

【原文】

大哉圣人之道！洋洋乎！发育万物，峻极于天。优优大哉！礼仪三百①，威仪三千②。待其人然后行。

【注释】

①礼仪：典礼制度，如冠、婚、丧、祭之礼。
②威仪：古时典礼中的动作仪文及待人接物的仪节，如升、降、揖、退之类。

【译文】

伟大啊，圣人的道理！像汪洋大海一样浩浩荡荡地流动着充满宇内，它产生和养育万物，高峻广大而通达于天。充足而有余啊！礼的大纲有三百，礼的细目有三千。等待贤人来行这样的大道。

【原文】

故曰："苟不至德，至道不凝焉。故君子尊德性而道问学①，致广大而尽精微，极高明而道中庸，温故而知新，敦厚以崇礼。是故居上不骄，为下不倍。国有道，其言足以兴；国无道，其默足以容。"《诗》曰："既明且哲，以保其身。"其此之谓与？

【注释】

①尊德性而道问学：尊敬崇拜圣人自然至诚的德性，通过勤学好问，不懈努力达到至诚。

【译文】

所以说："假使没有大德的圣人，至诚的道绝不能形成的。所以君子敬谨尊奉天赋的德性，勤学好问不敢懈怠。在宏观上，排除私意的蒙蔽，追求广大的德性；在微观上，审察道体的细微，尽力问学以掌握精微的理。达到极高明的境界而实行中庸之道，温习已经学过的知识而追求未知的新道理，敦笃已能的事，积累未谨的礼。所以君子居上位而不骄傲，身居下位，而不背道。国家处于政治清明的治世，就宣扬德言，足以使国家兴盛；国家处于政治昏暗的乱世，就缄默不语，足以免祸而保全自身。"《诗经·大雅·烝民篇》说："既能明白事理，又能洞察事机，用来保全自身。"就是这个意思啊！

【原文】

子曰："愚而好自用，贱而好自专，生乎今之世，反古之道。如此者，灾及其身者也。非天子，不议礼，不制度，不考文。今天下车同轨，书同文，行同伦。虽有其位，苟无其德，不敢作礼乐焉；虽有其德，苟无其位，亦不敢作礼乐焉。"子曰："吾说夏礼，杞（qǐ 起）不足徵也；吾学殷礼，有宋存焉；吾学周礼，今用之，吾从周。"

【译文】

孔子说："愚蠢而没有德性的人，喜欢自作聪明，自以为是。卑贱的人，喜欢僭越、专断。生在现在的世界上，反而推行古代的道理，这样的人，灾祸一定会降临到他的身上。不是有德位的天子，不敢议论亲疏贵贱相接的礼；不敢制订宫室、车骑、服饰等制度；不敢考订文字。今天的天下，车行的辙迹相同，文字也统一，行为符合伦理的规范。虽有天子的职位,假使没有圣人的德性,是不敢制礼作乐的。虽有圣人的德性,假使没有天子的职位,也是不敢制礼作乐的。"孔子说:"我喜欢夏朝的礼制,其后代杞国的文献不足征考。我学习殷朝的礼制,还有殷国的后代宋国存在(有文献可以征考),我学习周朝的礼制,现在天下人民都用周礼,我遵从周礼。"

【原文】

王(wàng 旺)天下有三重焉,其寡过矣乎!

【译文】

称王于天下,有议礼仪、订制度、考文字三件重要的事摆在面前(用这三件事去教育人民),人们就很少有过失了。

【原文】

上焉者,虽善无征,无征不信,不信民弗从。下焉者,虽善不尊,不尊不信,不信民弗从。故君子之道,本诸身,征诸庶民,考诸三王而不缪,建诸天地而不悖(bèi 倍),质诸鬼神而无疑,百世以俟圣人而不惑。质诸鬼神而无疑,知天也;百世以俟圣人而不惑,知人也。是故君子动而世为天下道,行而世为天下法,言而世为天下则。远之则有望,近之则不厌。

【译文】

在上做天子的人,虽然有善行,但却没有明显的征验。没有征验就不能使人民相信。人民不相信,就不愿遵从。在下做臣子的人,虽然有善行,但没有天子的尊贵地位。不尊贵就不能使人民相信。人民不相信,就不愿遵从。所以君子行道,先从自己本身修德凝道做起,在老百姓身上加以验证,往上考察禹、汤、文武的因革损益而没有谬误,放到天地之间都符合天地自然的理而不相违背,问于鬼神幽深的理而没有疑惑。等到百代以后的圣人出来也不会有什么怀疑。问幽深的鬼神而没有疑惑,这是晓得天理的缘故。百代以后的圣人也不怀疑,这是晓得人道的缘故。所以君子的言行能够使世世代代的人民遵行;施于政治,能够使世世代代的人民效法;发为号令,能够使世世代代的人民奉为法则。远方的人民景仰他的言行,近处的人民学习他的言行而不生厌倦。

【原文】

《诗》曰:"在彼无恶(wù悟),在此无射(dù妒);庶几夙(sù肃)夜,以永终誉!"君子未有不如此而蚤(zǎo早)有誉于天下者也。

【译文】

《诗经·周颂·振鹭篇》说:"夏、殷二王的后代(现在是我周朝的客人),他们在自己国家里没有人厌恶他,在我周朝也没有一个人厌恶他。差不多朝朝夜夜,可以永远保全这个名誉了!"君子没有不这样,才能在天下很早享有名誉呀。

【原文】

仲尼祖述尧舜,宪章文武,上律天时,下袭水土。辟如天地之无不持载,无不覆帱(dào到),辟如四时之错行,如日月之代明。万物并育而不相害,道并行而不相悖,小德川流,大德敦化,此天地之所以为大也。

【译文】

仲尼能奉尧舜为宗,传述他们最高明的道德,效法文王、武王,彰明他们最完备的法制。随时应变,上而取法天时自然的变化,下而严守范围,遵从水土自然发展之理。譬如地,没有一物不承载在它上面;譬如天,没有一物不覆盖在它下面。譬如春、夏、秋、冬交替运行,犹如日月往来,交互照明。万物竞相繁育而不相妨害,大道如日月互相照明而不相违背。从小德看,像河川一样脉络分明而流动不息;从大德看,源深本厚,化育无穷。由此可以体察到天地的大了。

【原文】

唯天下至圣，为能聪明睿（ruì 锐）知，足以有临也；宽裕温柔，足以有容也；发强刚毅，足以有执也；齐（zhāi 斋）庄中正，足以有敬也；文理密察，足以有别也。

【译文】

只有天下最伟大的圣人，才能聪无不闻，明无不见，睿无不通，知无不达，自然完全能够做君主统治天下了。（有了仁），宽宏舒裕，温和柔顺，完全能够包容天下。（有了义），奋扬强壮，刚健峻毅，完全能够固守正理。（有了礼），齐肃庄严，执中守正，完全能够恭敬处事。（有了智），文章条理周密，精审详察，完全能够明辨事理了。

【原文】

溥（pǐ 普）博渊泉，而时出之。溥博如天，渊泉如渊。见而民莫不敬，言而民莫不信，行而民莫不说（yuè 阅）。是以声名洋溢乎中国，施及蛮貊（mò 墨）。舟车所至，人力所通，天之所覆，地之所载，日月所照，霜露所队（zhuì 坠），凡有血气者，莫不尊亲，故曰配天。

【译文】

（至圣的德）广阔博大像深不可测的泉水，时时发出，无穷无尽。（圣人）周遍广阔好像昊天一样，静深有本，好像泉水一样。人们见到他的仪容，没有一个不尊敬；听到他的命令，没有一个不信从；看到他的政事，没有一个不欢悦。所以他的名声充满华夏，逐渐传到南蛮北貊等少数民族地区。凡是车船可到的地方，凡是人力可通的地方，凡是天所覆盖的地方，凡是地所承载的地方，凡是日月照临的地方，凡是霜露所坠落的地方，这些地方凡是有血气的人，没有一个不尊他为君主，亲他如父母。所以说至圣的德与天相匹配。

【原文】

唯天下至诚，为能经纶天下之大经①，立天下之大本，知天地之化育。夫焉有所倚！

【注释】

①经纶：整理丝缕，引申为处理国家大事。

【译文】

只有天下至诚的圣人，才能掌握治理国家大事的法则，建立天下的大根本，知道天地的变化生育。除了诚，还有什么可依傍呢？

【原文】

肫（zhūn谆）肫其仁，渊渊其渊，浩浩其天。苟不固聪明圣知达天德者，其孰能知之？

【译文】

（从经纶来说）至诚有肫肫然恳至的样子，这是他心里的仁德；（从立本来说）至诚有渊渊然静深的样子，这是他心里的本源；（从知化来说）至诚有浩浩然广大的样子，这是他心里的昊天。如果不是实有聪明圣哲的资质，能通天赋的仁义礼智信大德，那么，有谁能知道是他（孔子）呢？

【原文】

《诗》曰："衣锦尚絅（jiǒng炯）。"恶其文之著也。故君子之道，闇（àn暗）然而日章；小人之道，的然而日亡。君子之道，谈而不厌，简而文，温而理。知远之近，知风之自，知微之显，可与入德矣。

【译文】

《诗经·国风·卫风·硕人》和《诗经·国风·郑风·丰》说："妇女穿锦绣衣服，外加粗麻单衣罩着。"这是厌恶锦绣的纹彩太显眼的缘故。所以君子的道（也同穿锦衣罩粗麻单衣一样），暗地里用功，不被别人知道，然而用功既久，学问自然一天天明显地表露出来。小人的道，与此相反，喜欢表露自己，但没有实际功力，不等日久，便一天天消亡了。君子的道，平淡而有实理，不被人所讨厌；简约而有文采；温和而有条理。要知道远的事物，就要用近的事物推测。知道风就知道风的方向和风源；知道事物微小的开端，便推知将来显著的后果，（能够这样用功），就可称得上是进入道德的高尚境界了。

【原文】

《诗》云："潜虽伏矣，亦孔之昭！"故君子内省不疚，无恶于志。君子所不可及者，其唯人之所不见乎？

【译文】

《诗经·小雅·正月之篇》说："鱼潜藏在很深的水中，但仍然是明白可见的。"所以君子从内心审察、反省，不感到惭愧，没有妨害自己的心志。君子的修身慎独功夫别人赶不上的地方，也在于他能小心谨慎，在别人看不到的地方着力用功罢了。

【原文】

《诗》云："相在尔室，尚不愧于屋漏。"故君子不动而敬，不言而信。

【译文】

《诗经·大雅·抑之篇》说："仿佛在冥冥中有许多人在注视着你的居室，你差不多没有惭愧之心，对得起西北隅屋漏的神明。"所以君子没有行动，就先存恭敬之心；没有开口，就先存诚敬之心。

【原文】

《诗》曰:"奏假无言,时靡有争。"是故君子不赏而民劝,不怒而民威于铁(fū肤)钺(yuè越)。

【译文】

《诗经·商颂·烈祖篇》说:"进行盛大的宗庙祭祀时,人人肃立无言,这是由于天下太平而无争讼的缘故。"所以君子虽然不用奖赏而能达到老百姓劝化从善的目的;虽不发怒,而老百姓怕他比刀斧还要厉害。

【原文】

《诗》曰:"不显惟德,百辟其刑之。"是故君子笃恭而天下平。

【译文】

《诗经·周颂·烈文篇》说:"天子的德性岂不明显呀,四方诸侯都要效法他呢!"所以君子笃实、恭敬,(感化百姓)而天下也就太平了。

【原文】

《诗》云:"予怀明德,不大声以色。"子曰:"声色之于以化民,末也。"《诗》曰:"德輶(yóu游)如毛。"毛犹有伦。"上天之载,无声无臭。"至矣!

【译文】

《诗经·大雅·皇矣篇》说:"我(上天)赋予你(文王)明显的大德,不必张大有声音的号令和严厉的脸色,(来治理人民)。"孔子说:"用声色来感化人民,这是无足轻重的细微末节。"《诗经·大雅·烝民篇》说:"德的轻,像毛一样。"但是既称为毛,还是有形迹可以比拟的。不如《诗经·大雅·文王篇》说得好,"上天做事,没有声音,没有气味。"可以说好到极点了。

◇ 论 语 ◇

学而第一

【原文】

子曰:"学而时习之,不亦说乎?有朋自远方来,不亦乐乎?人不知而不愠(yùn 运),不亦君子乎?"

【译文】

孔子说:"学了的东西按时复习它,不也是很高兴的吗?有学友从远处来,不也是很快乐的吗?人家不了解我,我却不生气,不也是君子吗?"

【原文】

有子①曰:"其为人也,孝弟②(tì 替)而好犯上者,鲜矣;不好犯上而好作乱者,未之有也。君子务本,本立而道生。孝弟也者,其为仁之本与③!"

【注释】

①有子:孔子的学生,姓有,名若。
②弟:同"悌"。敬爱兄长。
③与:同"欤"。

【译文】

有子说:"作为一个人,能孝顺父母,敬爱兄长,却喜欢顶撞上级，这样的人是很少有的；不喜欢顶撞上级，却喜欢造反叛乱的人，从来也没有啊。君子致力于根基，根基建立了，做人的准则就会产生。孝顺父母，敬爱兄长，这大概就是仁爱的根基吧！"

【原文】

子曰："巧言令色，鲜矣仁。"

【译文】

孔子说："花言巧语，相貌伪善的人，很少有仁德。"

【原文】

曾子①曰："吾日三省（xǐng 醒）吾身：为人谋而不忠乎？与朋友交而不信乎？传（chuán 船）不习乎？"

【注释】

①曾子：孔子的学生，名参（shēn 申）。

【译文】

曾子说："我每天再三反省自己：替人谋划而没有忠心耿耿吗？和朋友交往而没有诚实待人吗？老师教我的，我没有好好复习吗？"

【原文】

子曰："道①千乘（shèng 剩）之国，敬事而信，节用而爱人，使民以时。"

【注释】

①道：同"导"。指导、管理的意思。

【译文】

孔子说："治理拥有一千辆兵车的国家，应该毕恭毕敬地办事，并且讲究信誉;节制用度,并且爱护人民;征用劳动力要在农闲的时候。"

【原文】

子曰:"弟子入则孝,出则弟,谨而信,泛爱众,而亲仁;行有余力,则以学文。"

【译文】

孔子说:"为人子弟,在家里要孝顺父母;离开父母,要像敬爱兄长那样与人相处;处事谨慎诚实,对大家友爱相处,亲近有仁德的人。这些都做到了之后,还有剩余精力的话,就去学习文化。"

【原文】

子夏①曰:"贤②贤易③色;事父母,能竭其力;事君,能致其身;与朋友交,言而有信。虽曰未学,吾必谓之学矣。"

【注释】

①子夏:孔子的学生,姓卜,名商。
②贤:把……当成贤人。
③易:看轻。

【译文】

子夏说:"爱重才德,不重容貌;侍候父母,能尽心竭力;为君主效力,能奉献生命;跟朋友交往,说话诚实而讲信用。(这样的人),即使没有学习(过做人的道理),我也一定说他学习过了。"

【原文】

子曰:"君子不重则不威,学则不固;主忠信,无友不如己者,过则勿惮改。"

【译文】

孔子说:"君子不庄重就不威严,所学的东西也不牢固;做人以忠心诚实为主,不要跟不如自己的人交朋友,有了过错不要怕改正。"

【原文】

曾子曰:"慎终①追远②,民德归厚矣。"

【注释】

①终:指刚死不久的人。
②追远:追念死了很久的人。

【译文】

曾子说:"认真办理丧事,祭奠亡故的先人,人民就会归化于忠厚了。"

【原文】

子禽①问于子贡②曰:"夫子至于是邦也,必闻其政。求之与③,抑与④之与?"子贡曰:"夫子温、良、恭、俭、让以得之。夫子之求之也,其诸⑤异乎人之求之与!"

【注释】

①子禽:姓陈,名亢。
②子贡:孔子学生,姓端木,名赐。
③与:同"欤"。下三处同。
④与:给。
⑤其诸:表示推测,不确定。

【译文】

子禽问子贡说:"老师到了这个国家,就一定听到这个国家的政事。那是求人家告诉他的呢,还是人家自己说给他的呢?"子贡说:

"他老人家靠温和、善良、恭敬、节俭和谦让得来的。他老人家的那种求得的方式，恐怕是不同于别人的吧。"

【原文】

子曰："父在，观其志；父没，观其行。三年无改于父之道，可谓孝矣。"

【译文】

孔子说："他父亲活着时，观察他的志向；他父亲去世之后，观察他的行为。三年当中不改变他父亲所奉行的准则，就可算得上孝了。"

【原文】

有子曰："礼之用，和为贵。先王之道斯为美，小大由之。有所不行，知和而和，不以礼节之，亦不可行也。"

【译文】

有子说："礼的功用，以和合为可贵。古代的英明君主治理国家的方法中这一点最好，无论大事小事，都从这一点出发去做。遇到行不通的，乃是因为知道和合可贵而一味地追求和合，却并不用礼法去节制它，那样也就行不通了。"

【原文】

有子曰："信近于义，言可复也；恭近于礼，远耻辱也；因不失其亲，亦可宗也。"

【译文】

有子说："信约合乎义理，言辞才可实现；谦恭合乎礼数，才可免去羞辱；所依赖的不外乎关系密切的人，也就可靠了。"

【原文】

子曰:"君子食无求饱,居无求安,敏于事而慎于言,就有道而正焉,可谓好学也已。"

【译文】

孔子说:"君子吃东西不要求饱足,居住不要求安逸,干工作很聪敏,说话却很谨慎,接近有道德学问的人并向他学习,纠正自己,这样就可以说是好学了。"

【原文】

子贡曰:"贫而无谄,富而无骄,何如?"子曰:"可也。未若贫而乐、富而好礼者也。"子贡曰:"《诗》云:'如切如磋,如琢如磨。'其斯之谓与?"

子曰:"赐也,始可与言《诗》已矣,告诸往而知来者。"

【译文】

子贡说:"贫穷却不去巴结逢迎,富有却不骄傲自大,这样的人怎么样呢?"孔子说:"可以了。但还不如贫穷而仍然快乐,富有而爱好礼节的人。"子贡说:"《诗经》上说:'像切磋兽骨象牙,像琢磨美玉宝石。'(夫子对我的启发)不就是《诗经》所说的意思吗?"

孔子说:"赐呀,现在可以和你谈《诗经》了,告诉你已往的事,你就能悟知未来的事了。"

【原文】

子曰:"不患人之不己知,患不知人也。"

【译文】

孔子说:"不担心人家不了解我,担心我不了解人家。"

为政第二

【原文】

子曰:"为政以德。譬如北辰,居其所而众星共①之。"

【注释】

①共:同"拱",围绕的意思。

【译文】

孔子说:"治理国家要用道德。就像北极星一样,停留在自己的位置上,其他的星星都围绕着它。"

【原文】

子曰:"《诗》三百,一言以蔽之,曰:'思无邪。'"

【译文】

孔子说:"《诗经》三百篇,可以用一句话来概括它,即思想纯正而不邪恶。"

【原文】

子曰:"道之以政,齐之以刑,民免而无耻。道之以德,齐之以礼,有耻且格①。"

【注释】

①格:纠正。

【译文】

孔子说:"用政令治理百姓,用刑法统制他们,则人们只能克制自己免于违令犯罪而没有廉耻之心。用道德来治理百姓，用礼义来约束他们，则人们不但有廉耻之心，而且能纠正自己的错误。"

【原文】

子曰："吾十有五而志于学，三十而立，四十而不惑，五十而知天命，六十而耳顺，七十而从心所欲，不逾矩。"

【译文】

孔子说："我十五岁立志学习，三十岁在人生道路上站稳脚跟，四十岁对各种事情有见解而不致迷惘，五十岁知道上天给我安排的命运，六十岁听到别人说话就能分辨是非真假，七十岁能按照心里想的去做，不会超越规矩。"

【原文】

孟懿子①问孝，子曰："无违。"樊迟②御，子告之曰："孟孙③问孝于我，我对曰：'无违。'"樊迟曰："何谓也？"子曰："生，事之以礼；死，葬之以礼，祭之以礼。"

【注释】

①孟懿子：鲁国大夫，姓仲孙，名何忌。懿：谥号。
②樊迟：孔子的学生。姓樊，名须，字子迟。
③孟孙：指孟懿子。

【译文】

孟懿子问什么是孝，孔子说："不要违背礼节。"樊迟为孔子赶车，孔子告诉他说："孟孙向我问孝道，我回答说：'不要违背礼节。'"樊迟说："这是什么意思呢？"孔子说："父母活着的时候，按照礼节侍候他们；死了，按照礼节埋葬他们，按照礼节祭奠他们。"

【原文】

孟武伯①问孝，子曰："父母唯其疾之忧。"

【注释】

①孟武伯：上文孟懿子的儿子，名彘（zhì 志），"武"是谥号。

【译文】

孟武伯问什么是孝，孔子说："父母只为孩子的疾病担忧，（而不必担忧他会为非作歹）。"

【原文】

子游①问孝，子曰："今之孝者，是谓能养。至于犬马，皆能有养。不敬，何以别乎？"

【注释】

①子游：孔子的学生，姓言，名偃，字子游。

【译文】

子游问什么是孝，孔子说："现在的孝子，是指能养活父母。直到狗马，都有人养活；如果对父母不孝敬，怎么区别养活父母和饲养狗马呢？"

【原文】

子夏问孝，子曰："色难。有事，弟子服其劳；有酒食，先生馔。曾①是以为孝乎？"

【注释】

①曾：竟然。

【译文】

子夏问什么是孝，孔子说："伺候父母时经常有和悦的脸色最难。有事情,做子女的出力效劳;有酒菜,做父母的去吃喝。仅仅这样,就竟算得是孝了吗?"

【原文】

子曰:"吾与回①言终日,不违,如愚。退而省(xǐng 醒)其私,亦足以发。回也,不愚。"

【注释】

①回:颜回,字子渊,孔子最得意的学生。

【译文】

孔子说:"我与颜回整天谈论学问,他从不提出反对意见,像个笨人。等他退回去后察看他的言行,却又能发挥我的意思。颜回呀,他并不愚蠢。"

【原文】

子曰:"视其所以①,观其所由,察其所安。人焉廋②(sōu 搜)哉,人焉廋哉?"

【注释】

①所以:所为。
②廋:隐藏。

【译文】

孔子说:"考察他的所作所为,了解他的经历,观察他所安心从事的事业。他的一切都很清楚了,那么,这个人怎能隐藏真相,这个人怎能隐藏真相呢?"

【原文】

子曰:"温故而知新,可以为师矣。"

【译文】
孔子说:"温习旧知识,从而获得新的理解,这样的人可以做老师了。"

【原文】
子曰:"君子不器。"

【译文】
孔子说:"君子不要像器皿那样,只有一种用途。"

【原文】
子贡问君子,子曰:"先行其言而后从之。"

【译文】
子贡问什么样的人算是君子。孔子说:"君子总是把想说的话先实行了,然后再说出来。"

【原文】
子曰:"君子周①而不比②,小人比而不周。"

【注释】
①周:团结多数人。
②比:勾结。

【译文】
孔子说:"君子讲团结不搞勾结,小人搞勾结不讲团结。"

【原文】
子曰:"学而不思则罔①,思而不学则殆②。"

【注释】

①罔：诬罔。
②殆：疑惑。

【译文】

孔子说："只学习不思考，就会上当受骗，只思考不学习，疑问仍然解决不了。"

【原文】

子曰："攻①乎异端，斯害也已。"

【注释】

①攻：攻读。

【译文】

孔子说："钻研异端邪说，这是祸害啊。"

【原文】

子曰："由①！诲女知之乎！知之为知之，不知为不知，是知也。"

【注释】

①由：孔子的学生。姓仲，名由，字子路。

【译文】

孔子说："由啊，告诉你什么叫知道吧！知道就是知道，不知道就是不知道，这是真正的知道啊！"

【原文】

子张①学干禄②。子曰："多闻阙疑，慎言其余，则寡尤；多见阙殆，慎行其余，则寡悔。言寡尤，行寡悔，禄在其中矣。"

【注释】

①子张：孔子的学生，姓颛（zhuān）孙，名师，字子张。
②干禄：谋求禄位。

【译文】

子张要学求得官职俸禄的办法。孔子说："多听，保留疑问，小心地说出足以自信的部分，可以少招致责怪；多看，保留疑惑，小心地实行足以自信的部分，可以减少后悔。说话少引人责怪，做事很少后悔，官职俸禄就在里面了。"

【原文】

哀公①问曰："何为则民服？"孔子对曰："举直错②诸枉，则民服；举枉错诸直，则民不服。"

【注释】

①哀公：鲁国国君，姓姬，名蒋。"哀"是谥号。
②错：同"措"，安置。

【译文】

鲁哀公问道："怎样做才能让百姓服从呢？"孔子回答说："提拔正直的人，放在奸邪的人之上，百姓就服从；提拔奸邪的人，放在正直的人之上，百姓就不服从。"

【原文】

季康子①问："使民敬忠以劝，如之何？"子曰："临之以庄，则敬；孝慈，则忠；举善而教不能，则劝。"

【注释】

①季康子：鲁国大夫，姓季孙，名肥。"康"是谥号。

【译文】

季康子问:"要使百姓恭敬、忠诚和互相勉励,应该怎么办?"孔子说:"用庄重的态度治理他们,他们就会恭敬;孝顺父母、慈爱幼弱,他们就会忠诚;提拔好人、教育能力差的人,他们就会互相勉励。"

【原文】

或谓孔子曰:"子奚(xī 希)不为政?"子曰:"《书》云:'孝乎,惟孝友于兄弟,施于有政。'是亦为政,奚其为为政?"

【译文】

有人对孔子说:"您为什么不做官参与政治呢?"孔子说:"《尚书》里说:'孝啊,只有孝父母、爱兄弟,并且推广到政治上去。'这也是参与政治,为什么要做官去参与政治呢?"

【原文】

子曰:"人而无信,不知其可也。大车无輗(ní 泥)①,小车无軏(yuè 月)②,其何以行之哉?"

【注释】

①大车:牛车。輗:牛车辕前横木两端的木销。
②小车:马车。軏:马车辕前横木两端的木销。

【译文】

孔子说:"一个人不讲信用,不知道他怎么可以立身处世。就像牛车没有了輗,马车没有了軏,怎么能行走呢?"

【原文】

子张问:"十世可知也?"子曰:"殷因于夏礼,所损益可知也;周因于殷礼,所损益可知也;其或继周者,虽百世,可知也。"

【译文】

子张问:"今后十个朝代的礼制可以知道吗?"孔子说:"殷代继承夏代的礼制,其中废除和增加的内容是可以知道的,周代继承殷代的礼制,其中废除和增加的内容也是可以知道的。那么以后如果有继承周朝的朝代,即使在一百代以后,也是可以知道的。"

【原文】

子曰:"非其鬼而祭之,谄也。见义不为,无勇也。"

【译文】

孔子说:"不是应该祭祀的鬼神而去祭祀,这是巴结讨好。看到正义的事情而不去做,这是没有勇气。"

八佾第三

【原文】

孔子谓季氏①:"八佾②(yì 意)舞于庭,是可忍③也,孰不可忍也?"

【注释】

①季氏:季孙氏,鲁国大夫。
②八佾:古代奏乐舞蹈,每行八人,称为一佾。天子可用八佾,即六十四人;诸侯六佾,四十八人;大夫四佾,三十二人。季氏应该用四佾。当时鲁国国君出走,国政由季氏把持。
③忍:忍心,狠心。

【译文】

孔子谈论到季氏,说:"他用天子才能用的八佾在庭院中奏乐舞蹈,这样的事都能忍心干出来,还有什么事不能忍心干出来呢?"

【原文】

三家①者以《雍》彻。子曰:"'相维辟公②,天子穆穆。'奚取于三家之堂?"

【注释】

①三家:指孟孙、叔孙、季孙,是鲁国当政的卿大夫。
②相:助祭的人。维,语助词,无义。辟公,诸侯。"相维辟公"两句,《雍》诗中的句子。

【译文】

仲孙、叔孙、季孙三家,在祭祀祖先时,用天子的礼仪唱着

《雍》诗撤去祭品。孔子说:"'助祭的是诸侯,天子庄严肃穆地主祭。'这诗句怎么用到三家祭祖的庙堂上了呢?"

【原文】

子曰:"人而不仁,如礼何?人而不仁,如乐何?"

【译文】

孔子说:"一个人没有仁爱心,还谈得上礼仪吗?一个人没有仁爱心,还谈得上音乐吗?"

【原文】

林放①问礼之本,子曰:"大哉问!礼,与其奢也,宁俭;丧,与其易②也,宁戚。"

【注释】

①林放:鲁国人。
②易:治理,办妥。

【译文】

林放问礼的根本,孔子说:"你的问题意义真大啊!一般礼仪,与其奢侈,宁可俭朴;至于丧礼,与其办得面面俱到,宁可真心悲痛。"

【原文】

子曰:"夷狄①之有君,不如诸夏之亡也。"

【注释】

①夷:古代住在东方的少数民族。狄,古代住在北方的少数民族。

【译文】

孔子说:"文化落后的夷狄国家虽然有君主,还不如中原国家没有君主。"

【原文】

季氏①旅②于泰山。子谓冉有③曰:"女弗能救与?"对曰:"不能。"子曰:"呜呼!曾谓泰山不如林放乎?"

【注释】

①季氏:季孙氏,鲁国大夫。
②旅:祭祀山川的祭名。只有天子和诸侯可以祭祀山川。
③冉有:孔子的学生,姓冉,名求,字子有。他当时是季氏的家臣。

【译文】

季氏要去祭祀泰山,孔子对冉有说:"你不能阻止吗?"冉有回答说:"不能。"孔子说:"哎呀!难道说泰山之神还不如林放懂得礼数(竟会接受不合礼仪的祭祀)吗?"

【原文】

子曰:"君子无所争。必也射乎!揖让而升,下而饮。其争也君子。"

【译文】

孔子说:"君子没有什么要争夺的。(如果有所争,)那一定是比射箭吧!互相作揖然后上堂,(射完了)走下堂来,一起喝酒。这种竞争是君子之争。"

【原文】

子夏问曰:"'巧笑倩(qiàn欠)兮,美目盼兮,素以为绚①(xuàn眩)兮。'何谓也?"子曰:"绘事后素。"曰:"礼后乎?"子曰:"起予者商也!始可与言《诗》已矣。"

【注释】

①绚：有文采。

【译文】

子夏问道："'漂亮的脸蛋笑得美呀，黑白分明的眼珠闪光辉呀，好像白底子上画彩绘呀。'这几句诗说的是什么意思呢？"孔子说："先有白底子，然后画彩绘。"子夏说："那么，礼仪的产生在仁义之后吧？"孔子说："能够阐发我的意思的是商啊！现在我可以同你讨论《诗经》了。"

【原文】

子曰："夏礼，吾能言之，杞不足征也；殷礼，吾能言之，宋不足征也。文献不足故也。足，则吾能征之矣。"

【译文】

孔子说："夏朝的礼，我能说出来，但它的后代杞国不足以作证明；殷朝的礼，我能说出来，但它的后代宋国不足以作证明。这是因为历史文件和熟悉掌故的贤人不够多的缘故。如果够多的话，我就能用来作证明了。"

【原文】

子曰："禘①（dì帝）自既灌②而往者，吾不欲观之矣③。"

【注释】

①禘：一种极为隆重的祭礼，只有天子才能举行。
②灌：禘祭开始时，向代表受祭者献酒的仪式。
③不欲观：鲁国国君举行禘祭时有越礼行为，所以孔子不想看。

【译文】

孔子说："禘祭的仪式，从第一次献酒以后，我就不想看了。"

【原文】

或问禘之说，子曰："不知也。知其说者之于天下也，其如示诸斯乎！"指其掌。

【译文】

有人问禘祭的道理，孔子说："不知道。知道的人治理天下，可能像把东西放在这里一样容易吧！"说的时候，指着他的手掌。

【原文】

祭如在，祭神如神在。子曰："吾不与祭，如不祭。"

【译文】

孔子祭祖先，就像祖先在现场；祭神，就像神在现场。他说："我如果不亲自参与祭祀（而请别人代祭），祭了就跟不祭一样。"

【原文】

王孙贾①问曰："'与其媚于奥②，宁媚于灶③，'何谓也？"子曰："不然。获罪于天，无所祷也。"

【注释】

①王孙贾：卫国大臣。
②奥：屋内西南角。这里指奥神。
③灶：这里指灶神。

【译文】

王孙贾问道："'与其巴结奥神，不如巴结灶神，'这说的是什么意思？"孔子说："不对。如果得罪了上天，那是没有地方可以祈祷求情的。"

【原文】

子曰："周监①于二代，郁郁乎文哉！吾从周。"

【注释】

①监：同"鉴"，借鉴。
②郁郁：丰富，茂盛。

【译文】

孔子说："周朝的礼乐制度是借鉴夏、商二代而建立的，多么丰富多彩呀！我遵从周朝的礼制。"

【原文】

子入大庙①，每事问。或曰："孰谓鄹（zōu邹）人之子②知礼乎？入大庙，每事问。"子闻之，曰："是礼也。"

【注释】

①大庙：即太庙，祭祀开国国君的庙，这里指周公庙。
②鄹：鲁国地名，在今山东省曲阜县东南。孔子的父亲做过鄹大夫，所以这里称为鄹人。

【译文】

孔子走进太庙，每件事都要问。有人说："谁说鄹大夫的儿子懂礼呢？进到太庙里，每件事都要问。"孔子听到这话，说："这就是礼呀。"

【原文】

子曰："射不主皮①，为力不同科②，古之道也。"

【注释】

①皮：兽皮做的箭靶。
②科：等级。

【译文】

孔子说："比射箭不在于射穿箭靶，因为各人力气大小不同，这是古时候的规矩。"

【原文】

子贡欲去告朔之饩（xì 戏）羊①。子曰："赐也！尔爱其羊，我爱其礼。"

【注释】

①饩羊：祭祀用的活羊。

【译文】

子贡想把每月初一祭祖庙的那只活羊取掉不用。孔子说："赐呀！你爱惜那只羊，我爱惜那个礼数。"

【原文】

子曰："事君尽礼，人以为谄也。"

【译文】

孔子说："侍奉君主完全按照礼制规定去做，人家却以为是巴结讨好。"

【原文】

定公①问："君使臣，臣事君，如之何？"孔子对曰："君使臣以礼，臣事君以忠。"

【注释】

①定公：鲁国国君，姓姬，名宋。

【译文】

鲁定公问："国君使用臣下，臣下事奉国君，应该怎么样？"孔子回答说："国君使用臣下应该按照礼数，臣下事奉国君应该凭着忠心。"

【原文】

子曰："《关雎（jū居）》乐而不淫，哀而不伤。"

【译文】

孔子说："《关雎》这首诗快乐而不放荡，悲哀而不伤恸。"

【原文】

哀公问社①于宰我②。宰我对曰："夏后氏以松，殷人以柏，周人以栗，曰使民战栗。"子闻之，曰："成事不说，遂事不谏，既往不咎。"

【注释】

①社：土地神。这里指土地神的神主，即木制的牌位。
②宰我：孔子的学生，名予，字宰我。

【译文】

鲁哀公问宰我，做土地神的神主用什么木料。宰我回答说："夏代人用松木，殷代人用柏木，周代人用栗木，意思是说，要让人民害怕得战栗。"孔子听到这些话，说："做过的事不要解释，完成了的事不要劝谏，已经过去的事不要再追究了。"

【原文】

子曰："管仲①之器小哉！"或曰："管仲俭乎？"曰："管氏有三归②，官事不摄③，焉得俭？""然则管仲知礼乎？"曰："邦君树塞门④，管氏亦树塞门。邦君为两君之好，有反坫（diàn店）⑤，管氏亦有反坫。管氏而知礼，孰不知礼？"

【注释】

①管仲：齐国人，名夷吾，齐桓公时为宰相，帮助齐桓公成为诸侯霸主。
②三归：藏钱币的府库。

③摄：兼职。
④邦君：国君。塞门，在大门外筑的短墙，用来阻隔内外的视线。
⑤反坫：土台名，上面可放东西。

【译文】

孔子说："管仲的器量真小啊！"有人问："管仲节俭吗？"孔子说："管仲有专门用来藏钱币的仓库，他手下的官员又都不兼职（人数很多），哪里算得上节俭呢？"那人又问："那么，管仲懂得礼数吗？"孔子说："国君在大门外修筑一道塞门，管仲也筑了一道。国君为了跟别国国君的友好，招待外国君主，并设有放空酒杯的反坫，管仲也设有反坫。连管仲这种人也算懂礼节，还有谁不懂礼节呢？"

【原文】

子语（yù 玉）鲁大师乐，曰："乐其可知也：始作，翕①（xī 西）如也；从（zòng 纵）之，纯如也，皦②（jiǎo 绞）如也，绎③（yì 义）如也，以成。"

【注释】

①翕：和顺。
②皦：清晰。
③绎：连续。

【译文】

孔子对鲁国的太师讲奏乐，他说："奏乐是可以知道的：开始的时候，各种乐器合奏，声音洪亮而和顺；接下去各自展开，声调和谐，音节分明，连续不断，直到全曲结束。"

【原文】

仪封人①请见，曰："君子之至于斯也，吾未尝不得见也。"从者见之。出曰："二三子何患于丧②乎？天下之无道也久矣，天将以夫子为木铎③。"

【注释】

①仪：地名。封人：镇守边界的官员。

②丧：丧失，这里指丧失官职。

③木铎：以木为舌的铜铃。古代用来召集人民，宣布政令。

【译文】

仪地的边防官请求孔子接见他，说："凡是有道德学问的君子到这里来，我没有见不上面的。"孔子的随行学生让他见了孔子。他出来后说："你们何用担心没有官做呢？天下道德沦丧已经很久了，上天将要把你们的老师作为警醒人民的木铎。"

【原文】

子谓《韶》①："尽美矣，又尽善也。"谓《武》②："尽美矣，未尽善也③。"

【注释】

①韶：相传是舜时的乐曲名。

②武：相传是周武王时的乐曲名。

③《韶》是歌颂舜的乐曲，舜的帝位是由尧"禅让"而来，所以说"尽善。"而《武》是歌颂周武王的乐曲，武王的王位是用武力从商纣王那里夺取的，所以孔子说"未尽善。"

【译文】

孔子谈论到《韶》乐时说："音乐优美极了，也非常完善。"谈论到《武》乐时说："音乐优美极了，还不够完善。"

【原文】

子曰："居上不宽，为礼不敬，临丧不哀，吾何以观之哉！"

【译文】

孔子说："处于上级地位而不宽容，举行礼典仪式时不恭敬，参加丧礼时不哀痛，这种样子我怎么看得下去啊！"

里仁第四

【原文】

子曰:"里①仁为美。择不处仁,焉得知②?"

【注释】

①里:住处。这里用作动词,意为居住。
②知:同"智"。

【译文】

孔子说:"要居住在讲仁爱的地方才好。选择住处,不居住在讲仁爱的地方,哪里算得上是明智呢?"

【原文】

子曰:"不仁者不可以久处约①,不可以长处乐。仁者安仁,知者利仁。"

【注释】

①约:贫困。

【译文】

孔子说:"没有仁爱之心的人不能够长期处于贫困当中,也不能够长期处于安乐当中。讲仁爱的人安心实行仁爱,聪明的人认识到实行仁爱对自己有好处(而实行仁爱)。"

【原文】

子曰:"唯仁者能好(hào 耗)人,能恶(wù 悟)人。"

【译文】

孔子说:"只有讲仁爱的人能够喜爱人,能够厌恶人。"

【原文】

子曰:"苟志于仁矣,无恶也。"

【译文】

孔子说:"如果立志实行仁爱,就不会有不好的行为了。"

【原文】

子曰:"富与贵,是人之所欲也;不以其道得之,不处也。贫与贱,是人之所恶也;不以其道得之,不去也。君子去仁,恶(wū 乌)乎成名?君子无终食之间违仁,造次必于是,颠沛必于是。"

【译文】

孔子说:"金钱和地位,这是每个人都想要的,不通过正当的途径而获得它们,君子不接受。贫穷和低贱,这是每个人都讨厌的,不通过正当的途径而获得摆脱,君子不摆脱。君子离开了仁爱,怎么能造就名声?君子在吃一餐饭的时间里也不会离开仁爱,再匆忙紧张也跟它在一起,再颠沛流离也跟它在一起。"

【原文】

子曰:"我未见好仁者、恶不仁者。好仁者,无以尚①之;恶不仁者,其为仁矣,不使不仁者加乎其身。有能一日用其力于仁矣乎?我未见力不足者。盖有之矣,我未之见也。"

【注释】

①尚:超越。

【译文】

孔子说:"我没有见过喜爱仁德的人和讨厌不讲仁德的人。喜爱仁德的人没有人能超过他;讨厌不讲仁德的人,他的实行仁德,只是不让不讲仁德的人把不好的东西加到自己身上。有谁能在一天里致力于实行仁德吗?我没有见过力量不够的人。有大概是有的,只是我没有见过他。"

【原文】

子曰:"人之过也,各于其党①。观过,斯知仁②矣。"

【注释】

①党:集团。这里指人的类型。
②仁:同"人"。

【译文】

孔子说:"人的过错,跟他所属的社会层次相对应。看他的过错,就知道他是属于哪一类的人了。"

【原文】

子曰:"朝闻道,夕死可矣。"

【译文】

孔子说:"早晨听到了真理,即使晚上死了也可以。"

【原文】

子曰:"士志于道,而耻恶衣恶食者,未足与议也!"

【译文】

孔子说:"读书人有志于真理,却以穿破旧衣服,吃劣质食物为耻辱。这种人不值得跟他谈论真理啊!"

【原文】

子曰："君子之于天下也，无适①（dí 笛）也，无莫②也，义之与比③。"

【注释】

①适：专主。
②莫：不肯。
③比：并排，靠拢。

【译文】

孔子说："君子对于天下的事，没有规定要怎样做，也没有规定不要怎样做，而只考虑怎样干才合适。"

【原文】

子曰："君子怀德，小人怀土；君子怀刑，小人怀惠。"

【译文】

孔子说："君子思念保持美好的道德，小人思念安乐之地；君子思念遵守法刑，小人思念恩惠私利。"

【原文】

子曰："放（fǎng 仿）于利而行，多怨。"

【译文】

孔子说："依照个人私利去做，会招来许多怨恨。"

【原文】

子曰："能以礼让为国乎？何有？不能以礼让为国，如礼何？"

【译文】

孔子说:"能用礼节谦让来治理国家吗?这又有什么困难呢?不能用礼节谦让来治理国家,怎么对待礼制呢?"

【原文】

子曰:"不患无位,患所以立。不患莫己知,求为可知也。"

【译文】

孔子说:"不愁没有职位,只愁没有任职的本领。不愁没有人了解自己,只求自己有值得人家知道的东西。"

【原文】

子曰:"参乎!吾道一以贯之。"曾子曰:"唯。"子出,门人问曰:"何谓也?"曾子曰:"夫子之道,忠恕而已矣。"

【注释】

①忠:忠诚。恕:宽容。

【译文】

孔子说:"曾参啊!我的学说可以用一个原则贯通。"曾子说:"是的。"孔子走了之后,别的学生问道:"说的是什么意思呀?"曾子说:"老师的学说,就是不过'忠诚与宽容'罢了。"

【原文】

子曰:"君子喻于义,小人喻于利。"

【译文】

孔子说:"君子懂得大义,小人懂得私利。"

【原文】

子曰:"见贤思齐焉,见不贤而内自省(xǐng 醒)也。"

【译文】

孔子说:"看见贤人就想向他看齐,看见不贤的人就在内心反省(自己有没有同样的缺点)。"

【原文】

子曰:"事父母几①谏。见志不从,又敬不违,劳②而不怨。"

【注释】

①几:轻微,婉转。
②劳:担忧。

【译文】

孔子说:"事奉父母,(如果他们有不对的地方),要婉转地劝说。看到自己的意见没被听从,仍然恭恭敬敬,不触犯他们,心里担忧而不怨恨。"

【原文】

子曰:"父母在,不远游;游必有方。"

【译文】

孔子说:"父母在世,不远离家乡;如果外出,一定要有常去之处。"

【原文】

子曰:"三年无改于父之道,可谓孝矣。"

【译文】

孔子说:"三年内不改变父亲所奉行的准则,就可算得上孝了。"

【原文】

子曰:"父母之年,不可不知也。一则以喜,一则以惧。"

【译文】

孔子说:"父母的年龄,不可以不知道。一方面(因为他们长寿而)高兴,另一方面又(因他们年老而)担忧。"

【原文】

子曰:"古者言之不出,耻躬①之不逮也。"

【注释】

①躬:自身。

【译文】

孔子说:"古时候人们言语不轻易说出口,他们怕因为行动做不到而感到羞耻。"

【原文】

子曰:"以约失之者鲜矣。"

【译文】

孔子说:"因为约束自己而犯错误,是很少的。"

【原文】

子曰:"君子欲讷①(nè'呢'去声)于言而敏于行。"

【注释】

①讷:不善于说话。

【译文】

孔子说:"君子要说话谨慎,行动敏捷。"

【原文】

子曰:"德不孤,必有邻。"

【译文】

孔子说:"有道德的人不会孤独,一定有仰慕的人来做伙伴。"

【原文】

子游曰:"事君数(shuò 朔),斯辱矣;朋友数,斯疏矣。"

【译文】

子游说:"事奉君主,进谏过多,就会遭受耻辱;对朋友劝告过多,就会造成疏远。"

公冶长第五

【原文】

子谓公冶长①:"可妻(qì气)也。虽在缧绁②(léi xiè 雷卸)之中,非其罪也。"以其子妻之。

【注释】

①公冶长:孔子的学生,姓公冶,名长,齐国人。
②缧绁:捆绑犯罪的绳子,这里指监狱。

【译文】

孔子谈到公冶长说:"可以把女儿嫁给他。他虽然坐牢,但那不是他的罪过啊。"就把自己的女儿嫁给他。

【原文】

子谓南容①:"邦有道,不废;邦无道,免于刑戮。"以其兄之子妻之。

【注释】

①南容:孔子的学生,姓南宫,名适(kuò 扩),字子容。

【译文】

孔子谈到南容时说:"国家治理得好时,他没有被废置不用(总在做官);国家治理得不好,政治黑暗时,他没有受到刑罚。"就把哥哥的女儿嫁给他。

【原文】

子谓子贱①:"君子哉若②人!鲁无君子者,斯焉取斯?"

【注释】

①子贱：孔子的学生，姓宓（fú伏），名不齐，字子贱。
②若：这，这个。

【译文】

孔子谈到子贱时说："这个人真是君子啊！鲁国要是没有君子的话，这个人从哪里学得这种品德呢？"

【原文】

子贡问曰："赐也何如？"子曰："女，器也。"曰："何器也？"曰："瑚琏①（hú liǎn 胡脸）也。"

【注释】

①瑚琏：古代祭祀时盛粮食的器具，很尊贵。

【译文】

子贡问道："我这个人怎么样？"孔子说："你呀，是一个器皿。"子贡说："什么器皿呢？"孔子说："是宗庙里盛粮食的瑚琏啊。"

【原文】

或曰："雍①也，仁而不佞②（nìng泞）。"子曰："焉用佞？御人以口给③（jǐ己），屡憎于人。不知其仁，焉用佞？"

【注释】

①雍：孔子的学生，姓冉，名雍，字仲弓。
②佞：能说会道。
③御：防御，这时指争辩。给：充足。口给：能言善辩，滔滔不绝。

【译文】

有人说："雍这个人啊，有仁德却不善辩。"孔子说："哪里用得着善辩呢？唇枪舌剑与人争辩，常常被人憎恨。我不知道雍是不是有仁德，但是哪里用得着善辩呢？"

【原文】

子使漆雕开①仕，对曰："吾斯之未能信。"子说。

【注释】

①漆雕开：孔子的学生，姓漆雕，名开，字子若。

【译文】

孔子让漆雕开去做官，漆雕开说："我对应该出去做官这件事还没有信心。"孔子听了很高兴。

【原文】

子曰："道不行，乘桴①（fú扶）浮于海，从我者，其由与！"子路闻之喜。子曰："由也，好勇过我，无所取材②。"

【注释】

①桴：小木筏。
②材：通"裁"。

【译文】

孔子说："我的主张行不通，就乘小木筏到海外去，跟我同去的，大概是仲由吧！"子路听到这话很高兴。孔子说："由啊，喜爱勇武的精神超过了我，只是没有很好地取舍。"

【原文】

孟武伯问："子路仁乎？"子曰："不知也。"又问。子曰："由也，千乘之国，可使治其赋①也，不知其仁也。""求也何如？"子曰："求也，千室之邑②，百乘之家③，可使为之宰④也，不知其仁也。""赤⑤也何如?"子曰:"赤也,束带立于朝,可使与宾客言也,不知其仁也。"

【注释】

①赋:兵赋,这里指军政工作。

②邑:古代居民聚居的地方,相当于后来的城镇,但包括周围的土地。分为公邑、采邑两种。这里指公邑。

③家:采邑。

④宰:古代县、邑一级的行政长官。卿大夫的家臣也叫宰。

⑤赤:公西赤,字子华,孔子的学生。

【译文】

孟武伯问道:"子路有仁德吗?"孔子说:"不知道。"他又问,孔子说:"由这个人啊,在一个有一千辆兵车的国家里,可以叫他主管军政工作,但不知道他有没有仁德。"孟武伯问:"冉求怎么样呢?"孔子说:"求这个人啊,可以让他在一千户人家居住的地方当行政长官,也可以在拥有一百辆兵车的采邑里当总管,但不知道他有没有仁德。"孟武伯又问:"公西赤这个人怎么样呢?"孔子说:"赤呀,让他穿上礼服,站在朝廷里接待宾客使臣,但不知道他有没有仁德。"

【原文】

子谓子贡曰:"女与回也孰愈?"对曰:"赐也何敢望回?回也闻一以知十,赐也闻一以知二。"子曰:"弗如也,吾与女弗如也。"

【译文】

孔子对子贡说:"你和颜回谁更好一些?"子贡说:"我怎么敢和颜回比呢?他听到一件事就能推知十件事,我听到一件事只能推知两件事。"孔子说:"比不上。我赞同你说的话,是比不上。"

【原文】

宰予昼寝。子曰:"朽木不可雕也,粪土之墙不可杇(wū乌)也。于予与何诛①?"子曰:"始吾于人也,听其言而信其行;今吾于人也,听其言而观其行。于予与改是。"

【注释】

①与:同"欤"。诛:责备。

【译文】

宰予白天睡觉。孔子说:"朽烂的木头不可雕刻,粪土做的墙不能粉刷啊。对宰予这个人,还能责备什么呢?"又说:"原来我对一个人,听了他的话就相信他的行动;现在我对人啊,听了他的话还要观察他的行为。在对待宰予这件事情上,我改变了看人的方法。"

【原文】

子曰:"吾未见刚者。"或对曰:"申枨①(chéng成)。"子曰:"枨也欲,焉得刚?"

【注释】

①申枨:孔子的学生,姓申,名枨,字周。

【译文】

孔子说:"我没见过刚强的人。"有人回答说:"申枨。"孔子说:"枨这个人私欲重,怎么能刚强?"

【原文】

子贡曰:"我不欲人之加诸我也,吾亦欲无加诸人。"子曰:"赐也,非尔所及也。"

【译文】

子贡说:"我不愿意别人欺侮我,我也不愿意欺侮别人。"孔子说："赐呀，这不是你所能做得到的。"

【原文】

子贡曰："夫子之文章①，可得而闻也；夫子之言性与天道②，不可得而闻也。"

【注释】

①文章：对于诗、书、礼、乐等的学说。
②性：人的本性。天道：指自然现象及其规律。

【译文】

子贡说："老师关于文化知识的学说，我们听得到；老师关于人性和自然规律的言论，我们听不到。"

【原文】

子路有闻，未之能行，唯恐有闻。

【译文】

子路听到一种说法，还没有去做，就担心又听到新的说法。

【原文】

子贡问曰："孔文子①何以谓之'文'也？"子曰："敏而好学，不耻下问，是以谓之'文'也。"

【注释】

①孔文子：卫国大夫，姓孔，名圉（yǔ宇），"文"是谥号。

【译文】

子贡问道："孔文子为什么谥为'文'呢？"孔子说："他聪敏而爱学习，向地位低下的人请教，并不认为是羞耻，所以称他为'文'。"

【原文】

子谓子产①有君子之道四焉：其行己也恭，其事上也敬，其养民也惠，其使民也义。

【注释】

①子产：郑国的贤相。姓公孙，名侨，字子产。

【译文】

孔子说子产有四个方面符合君子的行为准则：他要求自己谦恭有礼，他侍奉上级严肃谨慎，他教养人民施以恩惠，他使用人民合乎道义。

【原文】

子曰："晏平仲①善与人交，久而敬之。"

【注释】

①晏平仲：齐国的贤大夫，姓晏，名婴，字仲，"平"是谥号。

【译文】

孔子说："晏平仲善于跟人交朋友，时间又长久，人家又敬重他。"

【原文】

子曰："臧文仲①居蔡②，山节藻棁③（zhuō 浊），何如其知也？"

【注释】

①臧文仲：鲁国大夫，姓臧孙，名辰。"文"是谥号。
②居：使……居住。蔡：蔡国出产的大乌龟。居蔡，畜养大乌龟（用来占卜凶吉）。

③节：柱子上的斗拱。棁，大梁上的短柱。

【译文】

孔子说："臧文仲私养一只大乌龟，又把柱上的斗拱雕刻成山形、在大梁的短柱上画了水草那样的图案，他怎么那样聪明呢？"

【原文】

子张问曰："令尹子文①，三仕为令尹，无喜色；三已②之，无愠色。旧令尹之政，必以告新令尹，何如？"子曰："忠矣。"曰："仁矣乎？"曰："未知焉得仁。""崔子弑（shì示）齐君③，陈文子④有马十乘，弃而违之，至于他邦，则曰：'犹吾大夫崔子也。'违之。之一邦，则又曰：'犹吾大夫崔子也。'违之。何如？"子曰："清矣。"曰："仁矣乎？"曰："未知，焉得仁。"

【注释】

①令尹：楚国官名，相当于宰相。子文，姓鬭（dòu豆），名縠於菟（gòu wū tú 构乌图），字子文。楚国贤相。
②已：停止，这里指免职。
③崔子：崔杼（zhù住），齐国大夫。齐君，齐庄公，名光。
④陈文子：齐国大夫，名须无。

【译文】

子张问道："令尹子文多次当令尹，没有（显出）喜悦的脸色；多次被免职，又没有（显出）怨恨的脸色。新令尹接任时，他都把自己当令尹时的政令等告诉新令尹。这个人怎么样？"孔子说："可说是忠于职守。"子张说："算得上仁了吗？"孔子说："不知道怎么能算仁。"子张又问："崔杼谋杀了齐庄公，陈文子有四十匹马，丢弃不要，就离开了。到了别国，就说：'（这里的执政者）跟我们那里的大夫崔杼差不多。'又离开了。到了另一个国家，又说：'就跟我们那里的大夫崔杼差不多。'又离开了。陈文子这个人怎么样呢？"

孔子说："可算是清高了。"子张说："算得上仁了吗?"孔子说："不知道怎么能算仁。"

【原文】
季文子①三思而后行。子闻之,曰:"再,斯可矣。"

【注释】
①季文子:鲁国的大夫,姓季孙,名行父,'文'是谥号。

【译文】
季文子办事,反复多次考虑后才行动,孔子听到了,说:"考虑两次,就可以了。"

【原文】
子曰:"宁武子①,邦有道则知,邦无道则愚。其知可及也,其愚不可及也。"

【注释】
①宁武子:卫国大夫,姓宁,名俞,"武"是谥号。

【译文】
孔子说:"宁武子呀,国家治理得好时,他就聪明;国家治理得不好时,他就装傻。他的聪明,别人做得到;他的装傻,别人做不到。"

【原文】
子在陈①,曰:"归与,归与!吾党之小子狂简,斐(fěi匪)然成章,不知所以裁之。"

【注释】
①陈:国名,约在今河南东部和安徽北部一带。

【译文】

孔子在陈国,说:"回去吧,回去吧!我家乡的小伙子们志向远大而行为粗放,文采也很可观,但他们不知道怎样节制自己。"

【原文】

子曰:"伯夷、叔齐①不念旧恶,怨是用希。"

【注释】

①伯夷,叔齐:商朝末年孤竹君的两个儿子。父亲死后,二人互让君位而出逃。周灭商,他们以吃周朝的粮食为可耻,饿死在首阳山。

【译文】

孔子说:"伯夷、叔齐不记旧仇,别人对他们的怨恨也就少了。"

【原文】

子曰:"孰谓微生高①直?或乞醯(xī 西)焉,乞诸其邻而与之。"

【注释】

①微生高:鲁国人,姓微生,名高。

【译文】

孔子说:"谁说微生高直率?有人向他讨点醋,(他不说自己没有)却向邻居家讨了来给那个人。"

【原文】

子曰:"巧言、令色、足恭,左丘明①耻之,丘亦耻之。匿怨而友其人,左丘明耻之,丘亦耻之。"

【注释】

①左丘明:鲁国史官,姓左丘,名明;一说姓左,名丘明。

【译文】

孔子说:"花言巧语、伪善的容貌、过分的恭顺,左丘明觉得可耻,我也觉得可耻。隐藏着对人的怨恨而去跟他交朋友,左丘明觉得可耻,我也觉得可耻。"

【原文】

颜渊、季路①侍。子曰:"盍各言尔志?"子路曰:"愿车马衣轻②裘与朋友共,敝之而无憾。"颜渊曰:"愿无伐善,无施劳。"子路曰:"愿闻子之志。"子曰:"老者安之,朋友信之,少者怀之。"

【注释】

①季路:即子路。
②轻:经前人考证,"轻"字不当有。

【译文】

颜渊和子路陪从孔子,立在他身旁。孔子说:"何不各人谈谈自己的志向?"子路说:"我愿拿自己的车、马、衣服、皮袄跟朋友一起使用,用坏了也没有什么不满。"颜渊说:"我愿不夸耀优点,不表白功劳。"子路说:"希望听听您的志向。"孔子说:"我愿老人们都能受到尊敬,安享清福,对朋友守信用使他信任我,少年人受到恩惠而怀念我。"

【原文】

子曰:"已矣乎!吾未见能见其过而内自讼者也。"

【译文】

孔子说:"算了吧!我没见过能看到自己的过错而内心责备自己的人。"

【原文】

子曰:"十室之邑,必有忠信如丘者焉,不如丘之好学也。"

【译文】

孔子说:"即使是十户人家居住的地方,也一定有像我这样忠心诚实的人,只是不如我那样爱好学习啊。"

雍也第六

【原文】

子曰:"雍也可使南面①。"

【注释】

①南面:面朝南,这里指尊贵的地位。

【译文】

孔子说:"雍这个人啊,可以让他做大官。"

【原文】

仲弓问子桑伯子①,子曰:"可也,简。"仲弓曰:"居敬而行简,以临其民,不亦可乎?居简而行简,无乃大②简乎?"子曰:"雍之言然。"

【注释】

①子桑伯子:人名,事迹不详。
②大:同"太"。

【译文】

仲弓问桑伯子这个人怎么样,孔子说:"还可以,他比较简练。"仲弓说:"平时认真,办事简练,用这种作风治理人民,不也是可以的吗?平时简单,办事也简单,恐怕太简单了吧?"孔子说:"你的话说得对。"

【原文】

哀公问:"弟子孰为好学?"孔子对曰:"有颜回者好学,不迁怒，不贰过。不幸短命死矣。今也则亡，未闻好学者也。"

【译文】

鲁哀公问道："你的学生中哪个最爱学习？"孔子回答说："有个叫颜回的爱学习，不把怒气发泄到别人身上，不犯重复的错误。不幸短命死了。现在没有了，再没有听到爱学习的人了。"

【原文】

子华①使于齐，冉子②为其母请粟，子曰："与之釜③。"请益，曰："与之庾④。"冉子与之粟五秉⑤。子曰："赤之适齐也，乘肥马，衣轻裘。吾闻之也：君子周急不继富。"

【注释】

①子华：孔子的学生，即公西赤，字子华。
②冉子：即冉有。
③釜：古代六斗四升为一釜。
④庾：古代二斗四升为一庾。
⑤秉：古代十六斛为一秉，十斗为一斛。

【译文】

子华出使去齐国，冉有替他的母亲请求给点小米，孔子说："给她六斗四升。"冉有请求增加，孔子说："给她二斗四升。"冉有给了她八百斗。孔子说："公西赤到齐国去，乘着肥壮的马拉的车，穿着轻软的皮袍。我听说过：君子周济有急难的穷人而不去帮助富人更富。"

【原文】

原思①为之宰，与之粟九百，辞。子曰："毋！以与尔邻里乡党乎！"

【注释】

①原思：孔子的学生，姓原，名思。

【译文】

原思给孔子家当总管，孔子给他小米九百斗。他不肯要。孔子说："别这样，拿去送给你的邻居、老乡嘛！"

【原文】

子谓仲弓，曰："犁牛①之子骍（xīng 星）且角②，虽欲勿用③，山川其舍诸？"

【注释】

①犁牛：耕牛。
②骍：红色。古代祭祀用红色牲畜。角：用如动词，角长得好。
③用：用来祭祀。古代祭祀不用耕牛。仲弓的父亲是贱人，但仲弓却是"可使南面"的人才，所以用犁牛之子比喻仲弓。

【译文】

孔子谈到仲弓时说："耕牛的犊子长着红色的毛皮，两角整齐，虽然不想用来祭祀，山川之神难道会舍弃他吗？"

【原文】

子曰："回也，其心三月①不违仁，其余则日月②至焉而已矣。"

【注释】

①三月：指较长时间。
②日月：指较短时间。

【译文】

孔子说："颜回呀，他的心长久地不离开仁德，其他学生只是暂时做到而已。"

【原文】

季康子问:"仲由可使从政也与?"子曰:"由也果,于从政乎何有?"曰:"赐也可使从政也与?"曰:"赐也达,于从政乎何有?"曰:"求也可使从政也与?"曰:"求也艺,于从政乎何有?"

【译文】

季康子问道:"仲由可以让他从事政务吗?"孔子说:"仲由果敢决断,从事政务又有什么呢?"康子又问:"端木赐可以让他从事政务吗?"孔子说:"端木赐通达事理,从事政务又有什么呢?"康子又问:"冉求可以让他从事政务吗?"孔子说:"冉求多才多艺,从事政务又有什么呢?"

【原文】

季氏使闵子骞①(qiān 千)为费②宰。闵子骞曰:"善为我辞焉!如有复我者,则吾必在汶上③矣。"

【注释】

①闵子骞:孔子的学生,姓闵,名损,字子骞。
②费:季氏的封邑,在今山东省费县西北。
③汶:汶水,即山东大汶河。汶上,暗指齐国。

【译文】

季氏让闵子骞当费城的县长,闵子骞说:"好好地为我辞掉吧!如果再有人来找我,我一定逃到汶水那边去了。"

【原文】

伯牛①有疾,子问之,自牖(yǒu 友)执其手,曰:"亡之,命矣夫！斯人也而有斯疾也！斯人也而有斯疾也。"

【注释】

①伯牛：孔子的学生，姓冉，名耕，字伯牛。

【译文】

伯牛得了病，孔子去探望他，从窗户里握住他的手，说："要是失去你，那真是命里注定的啊！这样的人竟有这样的病，这样的人竟有这样的病！"

【原文】

子曰："贤哉，回也！一箪（dān 丹）食，一瓢饮，在陋巷，人不堪其忧，回也不改其乐。贤哉，回也！"

【译文】

孔子说："多好啊，颜回这个人！一筐饭，一瓢水，住在简陋的小巷，别人受不了这种穷苦的忧愁，颜回呀却不改变他的快乐。多好啊，颜回这个人！"

【原文】

冉求曰："非不说子之道，力不足也。"子曰："力不足者，中道而废，今女画。"

【译文】

冉求说："不是不喜欢您的学说，是能力不够。"孔子说："能力不够的人是走到中途而放弃，现在你是划定界限，停止不前。"

【原文】

子谓子夏曰："女为君子儒，无为小人儒。"

【译文】

孔子对子夏说:"你要做个君子式的儒者,不要做小人式的儒者。"

【原文】

子游为武城①宰。子曰:"女得人焉尔乎?"曰:"有澹(dàn 旦)台灭明②者,行不由径,非公事,未尝至于偃之室也。"

【注释】

①武城:鲁国小邑,在今山东省费县境内。
②澹台灭明:姓澹台,名灭明,字子羽,后为孔子学生。

【译文】

子游当了武城的县长。孔子说:"你得到人才了吗?"子游说:"有一个叫澹台灭明的人,办事不走歪门邪道,不是为了公事,从来没有到过我的屋里。"

【原文】

子曰:"孟之反①不伐,奔而殿,将入门,策其马,曰:'非敢后也,马不进也。'"

【注释】

①孟之反:鲁国的大夫。

【译文】

孔子说:"孟之反不夸耀自己,他在打败仗撤退时留在最后掩护,快到城门口时,鞭打着他的马,说:'不是我敢于殿后,是马跑不快啊。'"

【原文】

子曰:"不有祝鮀(tuó 驮)①之佞,而有宋朝②之美,难乎免于今之世矣。"

【注释】
①祝鮀：卫国大夫，字子鱼。
②宋朝：宋国的公子，名朝。

【译文】
孔子说："如果没有祝鮀那样的口才，而有宋朝那样的美貌，在今天的社会里就难以避免祸害了。"

【原文】
子曰："谁能出不由户？何莫由斯道也？"

【译文】
孔子说："谁能够走出房间而不从房门经过？为什么没有人从我这条路走呢？"

【原文】
子曰："质胜文则野，文胜质则史。文质彬彬，然后君子。"

【译文】
孔子说："质朴胜过文采就显得粗野，文采胜过质朴就变得像史官一样，只注重外表。文采和质朴搭配得当，这才是君子。"

【原文】
子曰："人之生也直，罔之生也幸而免。"

【译文】
孔子说："人在世上生存是因为正直，欺罔的人在世上也能生存，那是侥幸而避免了惩罚。"

【原文】

子曰:"知之者不如好之者,好之者不如乐之者。"

【译文】

孔子说:"(对于任何学问或事业)懂得它不如喜爱它;喜爱它,又不如以它为快乐。"

【原文】

子曰:"中人以上,可以语上也;中人以下,不可以语上也。"

【译文】

孔子说:"中等水平以上的人,可以告诉他高深的道理;中等水平以下的人,不可以告诉他高深的道理。"

【原文】

樊迟[①]问知,子曰:"务民之义,敬鬼神而远之,可谓知矣。"问仁,曰:"仁者先难而后获,可谓仁矣。"

【注释】

①樊迟:孔子的学生,姓樊,名须,字子迟。

【译文】

樊迟问怎样才算聪明,孔子说:"从事人民认为正确的工作,对鬼神敬而远之,可算是聪明了。"又问怎样才算仁,孔子说:"有仁德的人吃苦在先,享乐在后,这就算是有仁德了。"

【原文】

子曰:"知者乐(yào 要)水,仁者乐(yào 要)山。知者动,仁者静。知者乐,仁者寿。"

【译文】

孔子说:"聪明的人喜爱水,仁爱的人喜爱山。聪明的人活动,仁爱的人恬静。聪明的人快乐,仁爱的人长寿。"

【原文】

子曰:"齐一变,至于鲁;鲁一变,至于道。"

【译文】

孔子说:"齐国的管理一改革,就达到鲁国的水平;鲁国的管理一改革,就达到先王施行仁政的境界了。"

【原文】

子曰:"觚①(gū 姑)不觚,觚哉,觚哉!"

【注释】

①觚:古代盛酒的器皿。

【译文】

孔子说:"觚不像觚的样子,觚啊,觚啊(怎么会弄成这个样子呢)!"

【原文】

宰我问曰:"仁者,虽告之曰:'井有仁焉。'其从之也?"子曰:"何谓其然也?君子可逝也,不可陷也;可欺也,不可罔也。"

【译文】

宰我问道:"有仁德的人,即使告诉他:'井里有一位仁人。'难道他也会跟着下去吗?"孔子说:"为什么要这样呢?君子可以叫他走远点,不可以陷害他;可以用正当的理由瞒骗他,不可以无理愚弄他。"

【原文】

子曰："君子博学于文，约之以礼，亦可以弗畔①矣夫！"

【注释】

①畔：同"叛"。

【译文】

孔子说："君子广博地学习文化，用礼法约束自己，就可以不离经叛道了。"

【原文】

子见南子①，子路不说。夫子矢②之曰："予所否者，天厌之，天厌之！"

【注释】

①南子：卫灵公的夫人，作风淫乱，名声不好。
②矢：同"誓"。

【译文】

孔子会见南子，子路不高兴。孔子发誓说："我如果做了不正当的事情，上天厌弃我吧，上天厌弃我吧！"

【原文】

子曰："中庸①之为德也，其至矣乎！民鲜久矣。"

【注释】

①中：折中，无过无不及。庸：平常，普通。中庸是孔子提倡的最高道德标准。

【译文】

孔子说:"中庸作为一种道德,恐怕是到了极点了吧!老百姓缺少它很久了。"

【原文】

子贡曰:"如有博施于民而能济众,何如?可谓仁乎?"子曰:"何事于仁!必也圣乎!尧、舜其犹病诸!夫仁者,己欲立而立人,己欲达而达人。能近取譬,可谓仁之方也已。"

【译文】

子贡说:"如果有人广泛地给人民好处而且能救助大家,这个人怎么样?可以算是仁人吗?"孔子说:"(除此以外),还有什么事情可以算是仁呢!一定是个圣人了!尧、舜都恐怕难以做到呢?所谓仁,应该是:自己要立身而先树立别人,自己要通达而先使别人通达。能从自身做出榜样,大家效仿,这可以说是推行仁的方法了。"

述而第七

【原文】

子曰:"述而不作,信而好古,窃比于我老彭①。"

【注释】

①老彭:殷贤大夫。

【译文】

孔子说:"阐述而不写作,相信且又喜爱古代文化,我私下把自己比做老彭。"

【原文】

子曰:"默而识(zhì志)之,学而不厌,诲人不倦,何有于我哉?"

【译文】

孔子说:"嘴里不说而心里记住所学的知识,努力学习而不满足,指导别人而不知疲倦,这些对我来说有什么难呢?"

【原文】

子曰:"德之不修,学之不讲,闻义不能徙,不善不能改,是吾忧也。"

【译文】

孔子说:"品德不去培养,学问不去讲习,听到正确的主张不能跟着去做,不好的地方不能改掉,这些就是我的担忧。"

【原文】

子之燕居，申申如也，夭夭如也。

【译文】

孔子在家闲居，衣着整齐，神态和乐。

【原文】

子曰："甚矣，吾衰也！久矣，吾不复梦见周公①！"

【注释】

①周公：周文王的儿子，周武王的弟弟，姓姬，名旦。孔子认为他是圣人。

【译文】

孔子说："我衰老得真厉害呀！很久以来我不再梦见周公了。"

【原文】

子曰："志于道，据于德，依于仁，游于艺①。"

【注释】

①艺：指六艺，即礼、乐、射、御、书、数。

【译文】

孔子说："立志于道，根据德，依靠仁，游学于六艺之中。"

【原文】

子曰："自行束脩①（xiū 修）以上，吾未尝无诲焉。"

【注释】

①束脩：十条干肉，脩，干肉，十条为一束。古代用作初次见面的礼物。

【译文】

孔子说:"主动给我一点见面礼的,我没有不教诲的。"

【原文】

子曰:"不愤①不启,不悱②(fěi匪)不发。举一隅不以三隅反,则不复也。"

【注释】

①愤:思考问题而没有想通。
②悱:想说话而表达不出来。

【译文】

孔子说:"教导学生,不到他冥思苦想而想不通时,不去开导他;不到他想要表达而说不出来时,不去启发他。告诉他一个问题而他不能类推到其他三个问题,就不再教他。"

【原文】

子食于有丧者之侧,未尝饱也。

【译文】

孔子在有丧事的人旁边吃饭,没有吃饱过。

【原文】

子于是日哭,则不歌。

【译文】

孔子在这一天哭过,就不再唱歌。

【原文】

子谓颜渊曰:"用之则行,舍之则藏,惟我与尔有是夫!"

子路曰："子行三军①，则谁与？"子曰："暴虎冯（píng 平）河②，死而无悔者，吾不与也。必也临事而惧，好谋而成者也。"

【注释】
①三军：古代大国有三军，这里指全军。
②暴虎：空手与老虎搏斗。冯河：赤足蹚水过河，冯，同"凭"。

【译文】
孔子对颜渊说："起用我，就去干；不用我，就藏起来。只有我和你有这种态度吧！"子路说："您指挥军队的话，跟谁在一起干呢？"孔子说："空手打老虎，淌水过大河，死了也不后悔的人，我不和他同去。我一定要和遇事极度小心，善于谋划而成功的人同去啊。"

【原文】
子曰："富而可求也，虽执鞭①之士，吾亦为之。如不可求，从吾所好。"

【注释】
①执鞭：拿着鞭子为长官开路。

【译文】
孔子说："财富如果可以争取得到，即使是替人拿鞭子这样的差使，我也去做。如果争取不到，还是随我喜欢做点什么。"

【原文】
子之所慎：齐①，战，疾。

【注释】
①齐：斋戒。

【译文】

孔子所谨慎对待的是：斋戒、战争、疾病。

【原文】

子在齐闻《韶》，三月不知肉味，曰："不图为乐之至于斯也。"

【译文】

孔子在齐国听到《韶》这种乐曲，很长时间不知道肉的味道，说："想不到舜的时代创作的音乐达到了如此的高水平。"

【原文】

冉有曰："夫子为卫君①乎？"子贡曰："诺，吾将问之。"入曰："伯夷、叔齐何人也？"曰："古之贤人也。"曰："怨乎？"曰："求仁而得仁，又何怨？"出曰："夫子不为也。"

【注释】

①卫君：指卫出公。早年出逃晋国；其父死后，其子立为国君，就回国与其子争夺君位。

【译文】

冉有说："老师会帮助卫出公吗？"子贡说："嗯，我去问他。"就进去说："伯夷、叔齐是怎样的人呢？"孔子说："是古代的贤人啊。"子贡又问："他们有怨恨吗？"孔子说："他们求仁而得到了仁，又怨恨什么呢？"子贡出来说："老师是不会帮助卫出公的。"

【原文】

子曰："饭疏食，饮水，曲肱（gōng 公）而枕之，乐亦在其中矣。不义而富且贵，于我如浮云。"

【译文】

孔子说:"吃粗粮,喝白开水,弯起胳膊当枕头,快乐也就在里面了。用不正当手段而得来的富贵,对我像浮云一样。"

【原文】

子曰:"加我数年,五十,以学《易》,可以无大过矣。"

【译文】

孔子说:"增加我几年寿命,五十岁,来学习《易经》,可以没有大过错了。"

【原文】

子所雅言,《诗》、《书》、执礼,皆雅言也。

【译文】

孔子所讲的官话,像诵读《诗经》、《书经》、举行礼赞,都是用的官话啊。

【原文】

叶公①问孔子于子路,子路不对。子曰:"女奚不曰:'其为人也,发愤忘食,乐以忘忧,不知老之将至云尔。'"

【注释】

①叶公:楚国大夫。姓沈,名诸梁,字子高。叶是封邑的地名。

【译文】

叶公向子路打听孔子,子路不回答。孔子说:"你为什么不说:'他的为人啊,发愤起来就忘记吃饭,快乐起来就忘记了忧愁,不知道衰老就要到来,如此而已。'"

【原文】

子曰:"我非生而知之者,好古,敏以求之者也。"

【译文】

孔子说:"我不是生来就懂得知识的人,是喜爱古代文化,聪敏地探求它的人。"

【原文】

子不语怪、力、乱、神。

【译文】

孔子不谈论怪异、武力、叛乱、鬼神。

【原文】

子曰:"三人行,必有我师焉。择其善者而从之,其不善者而改之。"

【译文】

孔子说:"三个人在一起走,其中一定有人可以做我的老师。选择他们的优点而跟他们学,对其不好的东西就改掉。"

【原文】

子曰:"天生德于予,桓魋①(tuí 颓)其如予何!"

【注释】

①魋:宋国的司马。曾经想杀害孔子。

【译文】

孔子说:"上天把圣德降生给我,桓魋能把我怎么样!"

【原文】

子曰:"二三子以我为隐乎?吾无隐乎尔。吾无行而不与二三子者,是丘也。"

【译文】

孔子说:"你们几个以为我会隐瞒什么吗?我没有隐瞒你们。我办事没有不同你们一起的。这就是我孔丘(的为人)。"

【原文】

子以四教:文、行、忠、信。

【译文】

孔子从四个方面教学生:文化、实践、忠心、诚实。

【原文】

子曰:"圣人,吾不得而见之矣;得见君子者,斯可矣。"子曰:"善人,吾不得而见之矣;得见有恒者,斯可矣。亡而为有,虚而为盈,约而为泰①,难乎有恒矣。"

【注释】

①约:穷困。泰:安宁,这里指富足。

【译文】

孔子说:"圣人,我见不到了,能见到君子就可以了。"孔子说:"善人,我见不到了,能见到有常德的人,就可以了。没有而装做有,空虚而装做充实,穷困而装做富足,这样的人就难以有常德了。"

【原文】

子钓而不纲,弋(yì)不射宿。

【译文】

孔子只用鱼竿钓鱼,而不用网纲捕鱼;用箭射鸟,而不射回巢宿息的鸟。

【原文】

子曰:"盖有不知而作之者,我无是也。多闻,择其善者而从之,多见而识之,知之次①也。"

【注释】

①次:次一等,第二等。孔子认为生而知之是上等,学而知之是次等。

【译文】

孔子说:"恐怕有一种不懂装懂而著述的人,我没有这种事情。多听,选择其中好的来学习,多看并记住各种知识,这样地获得知识是次一等的。"

【原文】

互乡①难与言,童子见,门人惑。子曰:"与其进也,不与其退也,唯何甚!人洁己以进,与其洁也,不保②其往也。"

【注释】

①互乡:地名,不详所在。
②保:守,死死抓住。

【译文】

互乡这个地方的人蛮不讲理,很难说话,有一个少年受到孔子接见,学生们感到不理解。孔子说:"我赞同他们的进步,不赞同他们的退步,何必太过分!人家把污点洗刷干净要求进步,应该赞许他的干净,不要死死抓住他的过去啊。"

【原文】

子曰："仁远乎哉？我欲仁，斯仁至矣。"

【译文】

孔子说："仁离我们远吗？我想要仁，这个仁就来了。"

【原文】

陈司败①问："昭公②知礼乎？"孔子曰："知礼。"孔子退，揖巫马期③而进之，曰："吾闻君子不党④，君子亦党乎？君取⑤于吴，为同姓⑥，谓之吴孟子⑦。君而知礼，孰不知礼？"巫马期以告。子曰："丘也幸，苟有过，人必知之。"

【注释】

①陈司败：陈国主管司法的官。司败，即司寇。一说司败为人名。
②昭公：鲁昭公。
③巫马期：孔子的学生，姓巫马，名施，字子期。
④党：结党营私，包庇。
⑤取：同"娶"。
⑥同姓：鲁昭公姓姬，他的夫人也姓姬，违反了当时同姓不婚的礼法。
⑦吴孟子：鲁昭公的夫人。古代贵族妇女的名字一般由两个字组成，第二字是她的姓。鲁昭公夫人本应叫昭姬，或叫吴姬，孟姬。称吴孟子是为了掩盖她与鲁昭公同姓。

【译文】

陈司败问："昭公懂礼吗？"孔子说："懂礼的。"孔子出去后，陈司败对巫马期作了一个揖，让他走近，说："我听说君子是不包庇的，君子也会包庇吗？鲁君从吴国娶了夫人，是同姓，叫她吴孟子。鲁君如果懂礼，还有谁不懂礼呢？"巫马期把这些话告诉孔子。孔子说："我呀，真幸运，如果有过错，人家一定会知道。"

【原文】

子与人歌而善,必使反之,而后和之。

【译文】

孔子跟别人一起唱歌,如果那个人唱得好,就一定让他再唱一遍,和他合唱。

【原文】

子曰:"文,莫吾犹人也,躬行君子,则吾未之有得。"

【译文】

孔子说:"书本上的文化知识,大约我跟别人差不多,在生活实践中做身体力行的君子,那我还没有做到。"

【原文】

子曰:"若圣与仁,则吾岂敢!抑为之不厌,诲人不倦,则可谓云尔已矣。"公西华曰:"正唯弟子不能学也。"

【译文】

孔子说:"若是圣和仁,那我怎么敢当!然而不断努力去做,教诲别人不知疲倦,则可以说是这样的。"公西华说:"这正是我们学生学不到的。"

【原文】

子疾病,子路请祷。子曰:"有诸?"子路对曰:"有之。《诔①(lěi 垒)》曰:'祷尔于上下神祇(qí 奇)。'"子曰:"丘之祷久矣。"

【注释】

①诔:向鬼神祈祷的文章。

【译文】

孔子病得很厉害，子路请求允许向鬼神祈祷。孔子说："有这种事吗?"子路回答说："有的。《诔》这篇文章说：'为你向天神地祇祈祷。'"孔子说："我的祈祷已经很久了（你不必再祈祷）。"

【原文】

子曰："奢则不孙，俭则固。与其不孙也，宁固。"

【译文】

孔子说："奢华就显得不谦逊，省俭就显得简陋。与其不谦逊，宁可简陋。"

【原文】

子曰："君子坦荡荡，小人长戚戚。"

【译文】

孔子说："君子胸怀宽广，小人经常忧愁。"

【原文】

子温而厉，威而不猛，恭而安。

【译文】

孔子温和而又严厉，威严而不凶猛，谦恭而又安详。

泰伯第八

【原文】

子曰："泰伯①，其可谓至德也已矣。三以天下让。民无得而称焉。"

【注释】

①泰伯：也作太伯，周朝先祖古公亶父的长子。古公幼子季历即周文王姬昌的父亲。古公看出姬昌有圣德，想把君位传给幼子季历，以便日后姬昌接位。泰伯为了顺从父亲，便与二弟仲雍避居勾吴，成为吴国的始祖。

【译文】

孔子说："泰伯这个人，恐怕可说是具有最高道德了吧。多次把君位让给兄弟，老百姓简直没有合适的话来称颂他。"

【原文】

子曰："恭而无礼则劳，慎而无礼则葸（xǐ喜），勇而无礼则乱，直而无礼则绞。君子笃于亲，则民兴于仁，故旧不遗，则民不偷。"

【译文】

孔子说："谦恭而不懂礼就会疲劳，谨慎而不懂礼就会畏惧，勇猛而不懂礼就会作乱，爽直而不懂礼就会尖刻。君子对亲人感情深厚，那么百姓就会兴起仁爱的风气；君子不遗弃旧朋友，那么百姓就不会对人感情淡薄。"

【原文】

曾子有疾，召门弟子曰："启①予足，启予手！《诗》云：'战战兢兢，如临深渊，如履薄冰。'而今而后，吾知免夫！小子！"

【注释】

①启：同"晵"，看。

【译文】

曾子有病，召集学生们说："看看我的脚，看看我的手！《诗经》说：'胆战心惊，就像面临无底的深渊，就像走在薄冰上面。'从今以后，我知道免于灾祸了！同学们！"

【原文】

曾子有疾，孟敬子①问之。曾子言曰："鸟之将死，其鸣也哀；人之将死，其言也善。君子所贵乎道者三：动容貌，斯远暴慢矣；正颜色，斯近信矣；出辞气，斯远鄙倍②矣。笾（biān边）豆③之事，则有司存。"

【注释】

①孟敬子：鲁国的大夫，姓仲孙，名捷。
②倍：通"背"，违背，差错。
③笾豆：祭祀时装祭品用的器皿，笾装干货，豆盛带汁食物。这里指代祭祀。

【译文】

曾子有病，孟敬子去探望他。曾子说："鸟快要死的时候，叫声是悲哀的；人快死的时候，说话是善意的。君子所看重的准则有三个方面：使自己的容貌严肃起来，可以避免粗暴和侮慢；使自己的脸色庄重，可以让人信任；注意说出自己的意见，可以远离孤陋和背理。至于祭祀的事情，有主管部门的官吏负责。"

【原文】

曾子曰："以能问于不能，以多问于寡；有若无，实若虚；犯而不校，昔者吾友尝从事于斯矣。"

【译文】

曾子说："有才能的向没有才能的请教，知识多的向知识少的请教；有学问像没有学问一样，思想充实就像头脑空虚一样；被人冒犯也不计较。从前我的朋友曾经做到了这些。"

【原文】

曾子曰："可以托六尺之孤①，可以寄百里②之命，临大节而不可夺也。君子人与？君子人也。"

【注释】

①六尺之孤：这里指小孩，古代六尺约合现代四尺多。孤，死去父亲的小孩。
②百里：指诸侯国。

【译文】

曾子说："可以把年幼的孩子托付给他，可以把国家的命运寄托在他身上，在生死存亡的关头不屈服。这种人是君子吗？这种人是君子啊！"

【原文】

曾子曰："士不可以不弘毅，任重而道远。仁以为己任，不亦重乎？死而后已，不亦远乎？"

【译文】

曾子说："读书人不可以不胸怀宽广意志坚强，因为任务重，路途远。把实现仁的理想当作自己的任务,不是很重吗?为理想而奋斗,死了才停止,不是很远吗?"

【原文】

子曰:"兴于诗,立于礼,成于乐。"

【译文】

孔子说:"因为诗歌而激奋,因为礼节而自立于世,因为音乐而完成大业。"

【原文】

子曰:"民可使,由之;不可使,知之。"

【译文】

孔子说:"如果民众可以役使,就随他去;如果不可以役使,就使他们懂得道理。"

【原文】

子曰:"好勇疾贫,乱也。人而不仁,疾之已甚,乱也。"

【译文】

孔子说:"喜爱勇武而痛恨贫穷,是祸乱。对于作为人而不仁爱的人痛恨太过分,(过分则逼其作乱)也是祸乱。"

【原文】

子曰:"如有周公之才之美,使骄且吝,其余不足观也已。"

【译文】

孔子说:"一个人如果有周公那样的才能和美德,又假如他既骄傲又庸俗,那么其他方面也就不值一提了。"

【原文】

子曰:"三年学,不至于谷①,不易得也。"

【注释】

①至:想到。谷:小米,这里指做官的俸禄。

【译文】

孔子说:"读书三年,不想到做官得俸禄,这种人是很难找到的。"

【原文】

子曰:"笃信好学,守死善道,危邦不入,乱邦不居。天下有道则见,无道则隐。邦有道,贫且贱焉,耻也;邦无道,富且贵焉,耻也。"

【译文】

孔子说:"坚定信念,爱好学习,不怕牺牲,完善大道,不进入危亡的国家,不留居动乱的国家。整个国家政治清明就出来做官,政治黑暗就去隐居。国家开明而自己又贫穷又低贱,这是耻辱;社会黑暗而自己又富裕又尊贵,这也是耻辱。"

【原文】

子曰:"不在其位,不谋其政。"

【译文】

孔子说:"不在那个职位,就不考虑那方面的政务。"

【原文】

子曰:"师挚①(zhì 志)之始,《关雎》之乱②,洋洋乎盈耳哉。"

【注释】

①师挚：鲁国的乐师，名挚。
②乱：乐曲终结的一段。

【译文】

孔子说："从乐师挚开始演奏序曲，直到结束时演奏《关雎》，美妙的音乐，充盈我的耳朵啊。"

【原文】

子曰："狂而不直，侗（tóng 同）而不愿，悾悾（kōng 空）而不信，吾不知之矣。"

【译文】

孔子说："狂妄而不正直，幼稚而不朴实，貌似诚恳而不讲信用，这种人我就不了解了。"

【原文】

子曰："学如不及，犹恐失之。"

【译文】

孔子说："学习就像追不上人（那样着急），学了之后还唯恐忘掉了它。"

【原文】

子曰："巍巍乎！舜、禹之有天下也，而不与焉。"

【译文】

孔子说："多么崇高啊！舜、禹得到天下，不是自己参与夺取的。"

【原文】

子曰："大哉，尧之为君也！巍巍乎，唯天为大，唯尧则[①]

之。荡荡乎，民无能名焉。巍巍乎，其有成功也。焕乎，其有文章。"

【注释】

①则：效法。

【译文】

孔子说："尧的作为君主，真伟大啊！只有天最高大，它多么崇高啊！只有尧能效法。他的恩德真是广大啊，百姓们无法赞美他了。多么伟大啊，他所完成的功业。多么辉煌啊，他所制定的礼文规章。"

【原文】

舜有臣五人而天下治，武王①曰："予有乱臣②十人。"孔子曰："才难，不其然乎？唐、虞③之际，于斯为盛，有妇人焉，九人而已。三分天下有其二④，以服事殷。周之德，可谓至德也已矣。"

【注释】

①武王：周武王，姓姬，名发。
②乱臣：治乱之臣。
③唐、虞：相传尧在位的时代叫唐，舜在位的时代叫虞。
④三分天下有其二：殷朝末年，纣王无道，周文王的势力很大。当时天下分为九州，文王有六州，所以说三分天下有其二。

【译文】

舜有五位贤臣而天下得到大治。武王说："我有治国之臣十人。"孔子说："人才难得，难道不是那样吗？唐、虞的时代，直到周朝，人才最多；治国之臣十人当中，有一位是妇女，所以说只有九个人。周文王已经有了三分之二的天下，仍然臣服于殷朝。周文王的道德，可以说是最高的道德了吧。"

【原文】

子曰："禹，吾无间然矣！菲饮食而致孝乎鬼神，恶衣服而致美乎黻（fú 伏）冕①，卑宫室而尽力乎沟洫②（xù 序）。禹，吾无间然矣。"

【注释】

①黻冕：古代祭祀时穿的衣服叫黻。大夫以上的人戴的帽子叫冕，后来为帝王专用，这里指祭祀时戴的礼帽。
②沟洫：沟渠，这里指农田水利。

【译文】

孔子说："禹这个人，我对他无法挑剔了！自己的饮食很菲薄，却对鬼神很孝敬；自己的衣服很粗糙，却把祭祀的礼服礼帽做得很精美；自己的房子很低矮，却尽力于农田水利。禹呀，我对他无法挑剔了。"

子罕第九

【原文】

子罕言利与命与仁。

【译文】

孔子很少谈论功利、命运和仁德。

【原文】

达巷党人曰:"大哉,孔子!博学而无所成名。"子闻之,谓门弟子曰:"吾何执?执御乎?执射乎?吾执御矣。"

【译文】

达巷的一个老乡说:"多伟大啊,孔子!学识渊博而不成一技一艺之名。"孔子听到这话,对学生们说:"我干什么好呢?驾车吗?射箭吗?我驾车吧。"

【原文】

子曰:"麻冕,礼也;今也纯,俭;吾从众。拜下,礼也;今拜乎上,泰也;虽违众,吾从下。"

【译文】

孔子说:"礼帽用麻织成,这是礼制;现在改用黑丝,这是省俭的做法;我赞同大众的做法。大臣见君主,先在堂下拜,上堂后再拜,这是礼制;现在仅仅在上堂后拜,这是傲慢无理;即使违反大众,我也赞同原来的拜法。"

【原文】

子绝四：毋意，毋必，毋固，毋我。

【译文】

孔子杜绝四种弊病：不凭空猜想，不绝对肯定，不固执己见，不自以为是。

【原文】

子畏于匡①，曰："文王既没，文不在兹乎？天之将丧斯文也，后死者②不得与于斯文也；天之未丧斯文也，匡人其如予何！"

【注释】

①畏：拘囚。匡，地名，在今河南省长垣县西南。
②后死者：孔子自称。

【译文】

孔子被拘禁在匡地，说："周文王死了以后，古代文化不都在我这里吗？如果上天将要毁灭古代文化，我就不可能掌握这些文化；如果上天还不想毁灭古代文化，那么匡人又能把我怎么样？"

【原文】

大宰①问于子贡曰："夫子圣者与？何其多能也？"子贡曰："固天纵之将圣，又多能也。"子闻之，曰："大宰知我乎？吾少也贱，故多能鄙事。君子多乎哉？不多也。"

【注释】

①大宰：即太宰，官名。

【译文】

太宰问子贡说："孔夫子是圣人吗？为什么这样多才多艺呢？"

子贡说:"这本来是上天要使他成为圣人,又使他多才多艺的。"孔子听到这话,说:"太宰哪里了解我呢?我小时候很贫贱,所以学会很多鄙猥的技艺。真正的君子会有那么多技艺吗?不会的呀。"

【原文】

牢①曰:"子云:'吾不试,故艺。'"

【注释】

①牢:孔子的学生。

【译文】

牢说:"孔子说过,'我没有被国家任用,所以学了一些技艺。'"

【原文】

子曰:"吾有知乎哉?无知也。有鄙夫问于我,空空如也。我叩其两端而竭焉。"

【译文】

孔子说:"我有知识吗?我没有知识。有一个乡下人来问我,我一无所知,我从问题的正反两头去探求,尽了我的力量来帮助他。"

【原文】

子曰:"凤鸟①不至,河不出图②,吾已矣夫!"

【注释】

①凤鸟:传说中的神鸟。凤鸟出现预示天下太平。
②河:黄河。传说圣人受命,黄河中出现图案。

【译文】

孔子说:"凤鸟不来了,黄河不再出现图案,我大概是完了吧!"

【原文】

子见齐衰（zī cuī 资崔）者、冕衣裳者与瞽（gǔ 古）者，见之，虽少，必作；过之，必趋。

【译文】

孔子看见穿丧服的人、穿礼服戴礼帽的人和瞎了眼的人，即使对方年轻，见面时，也一定从座位上站起来；经过他们身旁时，一定快步走，表示敬意。

【原文】

颜渊喟（kuì 愧）然叹曰："仰之弥高，钻之弥坚，瞻之在前，忽焉在后。夫子循循然善诱人，博我以文，约我以礼，欲罢不能，既竭吾才，如有所立卓尔，虽欲从之，末由也已。"

【译文】

颜渊叹息着说："老师的道德学问，仰望着它更觉得高大，钻研它更觉得深奥，看看好像在眼前，忽然又觉得在后面。老师善于一步一步诱导人，用各种文献来丰富我的知识，用礼制来约束我的行为，我想停止也办不到，我已经用尽了才力，好像有一个高大的东西立在前面，虽然想跟上，却没有适当的途径。"

【原文】

子疾病，子路使门人为臣。病间，曰："久矣哉，由之行诈也！无臣而为有臣。吾谁欺？欺天乎？且予与其死于臣之手也，无宁死于二三子之手乎！且予纵不得大葬，予死于道路乎？"

【译文】

孔子病得很重，子路让孔子的学生充当家臣。孔子的病好了一点之后，说："很久了吧，仲由做这种欺诈的事情！我没有家臣而冒充家臣。我欺骗谁呢？欺骗天吗？我与其死在家臣的手中，还不如死在学生的手中啊!而且我纵使不能按照大夫的葬礼来安葬,难道会死在路上吗?"

【原文】

子贡曰:"有美玉于斯,韫(yùn运)椟(dú独)而藏诸?求善贾(gǔ古)而沽诸?"子曰:"沽之哉,沽之哉!我待贾者也!"

【译文】

子贡说:"有一块美玉在这里,是藏在匣子里呢,还是找一个能出好价钱的商人卖了它呢?"孔子说:"卖了它吧,卖了它吧!我就是等待'商人'的人啊!"

【原文】

子欲居九夷①。或曰:"陋,如之何?"子曰:"君子居之,何陋之有?"

【注释】

①九夷:古代东方的少数民族。

【译文】

孔子想住到九夷去。有人说:"那地方很简陋,怎么办呢?"孔子说:"君子住在那里,有什么简陋?"

【原文】

子曰:"吾自卫反鲁,然后乐正,《雅》、《颂》各得其所。"

【译文】

孔子说:"我从卫国回到鲁国,此后乐曲得到订正,属于《雅》和《颂》的诗篇得到合理的分类。"

【原文】

子曰:"出则事公卿,入则事父兄,丧事不敢不勉,不为酒困,何有于我哉?"

【译文】

孔子说:"出外就事奉国君和大臣,在家就事奉父母和兄长,办丧事不敢不尽力,喝酒不被酒醉倒,我做到了哪些呢?"

【原文】

子在川上曰:"逝者如斯夫!不舍昼夜。"

【译文】

孔子在河边上说:"消逝的时光就像这河水啊,日夜不停地流着。"

【原文】

子曰:"吾未见好德如好色者也。"

【译文】

孔子说:"我没有见过喜爱才德像喜爱美色那样的人啊。"

【原文】

子曰:"譬如为山,未成一篑(kuì溃),止,吾止也。譬如平地,虽覆一篑,进,吾往也。"

【译文】

孔子说:"好比用土堆山,还差一筐,如果停下来,我就把他看死了(堆不成山)。好比用土平地,即使刚刚倒了一筐,如果不停止,我就说他是有希望(能平好地)的。"

【原文】

子曰:"语之而不惰者,其回也与!"

【译文】

孔子说:"跟他讲话而用心听不偷懒的,大概是颜回吧!"

【原文】

子谓颜渊曰:"惜乎!吾见其进也,未见其止也!"

【译文】

孔子谈到颜渊时说:"真可惜啊!(他短命死了)我看见他不断进步,没有看见他停止啊!"

【原文】

子曰:"苗而不秀者有矣夫!秀而不实者有矣夫!"

【译文】

孔子说:"庄稼长了苗而不开花的是有的吧!开了花而不结实也是有的吧!"

【原文】

子曰:"后生可畏,焉知来者之不如今也?四十、五十而无闻焉,斯亦不足畏也已。"

【译文】

孔子说:"年轻人是可怕的,怎么知道后来的人不如现在的人呢?一个人到了四五十岁还默默无闻,就不可怕了。"

【原文】

子曰:"法语之言,能无从乎?改之为贵。巽①(xùn 讯)与之言，能无说乎？绎②（yì 义）之为贵。说而不绎，从而不改，吾未如之何也已矣。"

【注释】
①巽：谦逊、恭敬。
②绎：理出头绪，分析。

【译文】
孔子说："规劝的话，能不听从吗？改了它才可贵。顺从的话，能不高兴吗？分析它才可贵。高兴而不分析，听从而不改正，我对他没有办法了。"

【原文】
子曰："主忠信，毋友不如己者，过则勿惮改。"

【译文】
孔子说："做人以忠心诚实为主，不要跟不如自己的人交朋友，有了过错不要怕改正。"

【原文】
子曰："三军可夺帅也，匹夫不可夺志也。"

【译文】
孔子说："三军的统帅可以被撤换，一个人的意志不能被夺走。"

【原文】
子曰："衣敝缊（yùn 运）袍，与衣狐貉（hé 合）者立，而不耻者，其由也与！'不忮（zhì 志）不求，何用不臧？'"子路终身诵之。子曰："是道也，何足以臧？"

【译文】

孔子说:"穿着破旧的丝棉袍,跟穿狐皮、貉皮袍子的人站在一起,而不以为羞耻的,大概是仲由吧!'不嫉妒,不贪求,怎么不好呢?'"子路一生都记诵这些话。孔子说:"光是这样,哪里就够好了呢?"

【原文】

子曰:"岁寒,然后知松柏之后彫也。"

【译文】

孔子说:"寒冷的冬天,才知道松柏是最后掉叶子的。"

【原文】

子曰:"知者不惑,仁者不忧,勇者不惧。"

【译文】

孔子说:"聪明的人不迷惑,仁爱的人不忧愁,勇敢的人不畏惧。"

【原文】

子曰:"可与共学,未可与适道;可与适道,未可与立;可与立,未可与权。"

【译文】

孔子说:"可以一起学习的人,不一定可以一起达到得道的境界;可以一起得道的人,不一定可以一起建立功业;可以一起建立功业的人,不一定可以一起通权变。"

【原文】

"唐棣(dì弟)之华,偏其反而,岂不尔思?室是远而。"

子曰:"未之思也,夫何远之有?"

【译文】

"唐棣树的花,翩翩地摇摆,难道不想念你吗?我的家住得太远了。"对于这四句古诗,孔子说:"那是没有想念啊,(如果真的想念)有什么遥远呢?"

乡党第十

【原文】

孔子于乡党,恂恂(xún 寻)如也,似不能言者。其在宗庙朝廷,便便(pián 骈)言,唯谨尔。

【译文】

孔子在家乡,非常恭顺温和,好像不善说话。他在宗庙里、朝廷上,就显得很健谈,只是比较谨慎。

【原文】

朝,与下大夫言,侃侃(kǎn 砍)如也;与上大夫言,訚訚(yín 银)如也,君在,踧踖(cù jí 促及)如也,与与如也。

【译文】

上朝的时候,跟下大夫说话,显得温和而快乐;跟上大夫说话,显得正直而恭敬。国君来了,显得恭敬而不安,走路从容而安详。

【原文】

君召使摈①(bìn 膑),色勃如也,足躩(jué 决)如也。揖所与立,左右手,衣前后,襜(chān 搀)如也。趋进,翼如也。宾退,必复命曰:"宾不顾矣。"

【注释】

①摈:同"傧",接待宾客的官员,这里用如动词。

【译文】

国君召他（孔子）去接待宾客。他面色庄重，脚步盘旋退缩。向一同站立的人作揖，向左右两旁拱手，衣服前后两片整齐地摆动。快步走路，像鸟儿展翅。客人走了之后，一定回报说："客人已经不回头了。"

【原文】

入公门，鞠躬如也，如不容。立不中门，行不履阈①（yù玉）。过位，色勃如也，足躩如也，其言似不足者。摄齐升堂，鞠躬如也，屏气似不息者。出，降一等，逞颜色，怡怡如也。没阶，趋进②，翼如也。复其位，踧踖如也。

【注释】

①阈：门槛。
②原文无"进"字，据梁皇侃《论语集解义疏》补。

【译文】

孔子走进朝廷大门，小心谨慎，好像没有地方容身。他站立时不在门中间，走路时脚不踩门槛。经过国君的座位（空位），面色庄重，脚步盘旋退缩，说话时像中气不足。提起衣服下摆上堂，小心谨慎，屏住气，像不吸呼似的。出来后，走下一级台阶，脸色舒展，显出轻松的样子。走完台阶，快步前进，像鸟儿展翅。回到自己的位置上，显得恭敬而又不安。

【原文】

执圭①，鞠躬如也，如不胜。上如揖，下如授。勃如战色，足蹜（sù素）蹜②，如有循。享礼，有容色，私觌（dí笛）愉愉如也。

【注释】

①圭：古玉器名，是古代贵族朝聘、祭祀、丧葬所用的礼器。
②蹜蹜：小步行走。

【译文】

孔子出使邻国参加典礼时拿着圭，小心谨慎，像拿不动一样。举得高，像作揖；拿得低，像给人。脸色庄重，像临阵作战；脚步很小，好像循着什么轨道。献礼物时，露出和悦的脸色。以私人关系跟外国君主见面时，显得轻松愉快。

【原文】

君子不以绀（gàn 淦）緅（zōu 邹）饰，红紫不以为亵服。当暑，袗（zhěn 枕）絺（chī 吃）绤（xì 系），必表而出之。缁（zī 资）衣，羔裘；素衣；麑裘；黄衣，狐裘。亵裘长，短右袂（mèi 妹）。必有寝衣，长一身有半。狐貉之厚以居。去丧，无所不佩。非帷裳，必杀之。羔裘玄冠不以吊。吉月，必朝服而朝。

【译文】

君子不用深青透红和黑中透红的布做镶边，不用红色和紫色的布做家常穿的便服。在夏天，穿细麻布或粗麻布做的单衣，但一定是穿在外面（里面加内衣）。黑色的罩衣，配羔羊皮袍；白色罩衣，配小鹿皮袍；黄色罩衣，配狐皮袍。家常穿的皮袍比较长，右手的袖子短。一定有被子，长度是身长的一倍半。狐貉的厚毛皮做坐垫。丧服满了之后，什么都可以佩带。不是上朝和祭祀穿的衣服，一定要裁去多余的布料。羔羊皮袍和黑色礼帽不用来吊丧。每月初一，一定穿着上朝的礼服去朝拜君主。

【原文】

齐①，必有明衣②，布。齐必变食，居必迁坐③。

【注释】

①齐：同"斋"。
②明衣：浴衣。
③迁坐：从室内迁到室外，不与妻妾同房。

【译文】

斋戒时一定有浴衣，且要用麻布做的。斋戒一定改变食物，居住一定要迁移卧室。

【原文】

食不厌精，脍不厌细。食饐（yì义）而餲（è厄）①，鱼馁（něi内上声）而肉败，不食。色恶，不食。臭（xiù秀）恶，不食。失饪，不食。不时，不食。割不正，不食。不得其酱，不食。肉虽多，不使胜食气②。惟酒无量，不及乱。沽酒市脯，不食。不撤姜食，不多食。

【注释】

①饐、餲：食物经久而腐臭。
②气：同"饩"。

【译文】

粮食不嫌舂得精，鱼、肉不嫌切得细。食物腐臭，鱼和肉臭烂了，不吃，食物颜色不新鲜了，不吃。气味难闻了，不吃。烹调不当，不吃。没到规定时间，不吃。不照正当的方法宰割的肉，不吃。没有调味的酱，不吃。肉虽然多，吃肉的量不能超过吃饭的量。只有酒不限量，不醉就行。市场上买来的酒和熟肉，不吃。每次吃饭少不了姜，但不多吃。

【原文】

祭于公，不宿肉。祭肉不出三日。出三日，不食之矣。

【译文】
参加国家祭祀典礼，带回来的肉不放过夜。祭过的肉不超过三天，超过三天，就不吃它了。

【原文】
食不语，寝不言。

【译文】
吃饭时不谈话，睡觉时不说话。

【原文】
虽疏食菜羹，瓜祭，必齐如也。

【译文】
即使是糙米饭蔬菜汤，也要祭一下，一定要像斋戒那样恭敬。

【原文】
席不正，不坐。

【译文】
坐席摆放不端正，不坐。

【原文】
乡人饮酒，杖者出，斯出矣。

【译文】
乡亲们在一起饮酒，等拿拐杖的老人出去之后，才走出去。

【原文】
乡人傩①（nuó 挪），朝服而立于阼（zuò 作）阶②。

【注释】
①傩：古代一种迎神驱鬼的风俗。
②阼阶：东边的台阶，主人站立的地方。

【译文】
乡亲们举行迎神驱鬼的仪式时，孔子穿着朝服站在东边的台阶上。

【原文】
问人于他邦，再拜而送之。

【译文】
托人向国外的朋友问候，对他拜了又拜而送走他。

【原文】
康子馈药，拜而受之，曰："丘未达，不敢尝。"

【译文】
季康子送来药品，孔子拜谢之后才收，说："我对药性不了解，不敢尝。"

【原文】
厩焚。子退朝，曰："伤人乎？"不问马。

【译文】
马棚失火。孔子退朝回来，说："伤了人吗？"不问马。

【原文】
君赐食，必正席先尝之。君赐腥，必熟而荐之。君赐生，必畜之。侍食于君，君祭，先饭。

【译文】

君主赏赐食物,一定摆正坐席先尝尝。君主赏赐生肉,一定煮熟了供祖先。君主赏赐活动物,一定养起来。侍奉君主吃饭,君主行祭礼时,自己先吃饭。

【原文】

疾,君视之,东首,加朝服,拖绅。

【译文】

孔子生病了,君主去看望他。他把头转向东方(表示迎接),把上朝的衣服盖在身上,拖着大带子。

【原文】

君命召,不俟驾行矣。

【译文】

君主有命令召见,他不等驾车套马就走了。

【原文】

入太庙,每事问。

【译文】

走进太庙,每件事情都要过问。

【原文】

朋友死,无所归,曰:"于我殡。"

【译文】

朋友死了,没有人料理丧事,孔子说:"由我来安葬吧。"

【原文】
朋友之馈，虽车马，非祭肉，不拜。

【译文】
朋友赠送的东西，即使是车或马，只要不是祭肉，就不行拜礼。

【原文】
寝不尸，居不容。

【译文】
睡觉不像死尸那样直挺挺的，在家闲着不像祭祀那样庄严。

【原文】
见齐衰者，虽狎，必变。见冕者与瞽者，虽亵，必以貌。凶服者式之。式负版[①]者。有盛馔（zhuàn 赚），必变色而作。迅雷风烈，必变。

【注释】
①版：国家档案、图书等。

【译文】
看见穿丧服的人，即使是关系密切的，也一定把脸色变得严肃起来。看见戴礼帽的人和瞎了眼睛的人，即使是很熟悉的，也一定表现得有礼貌。乘车时看见穿了送葬衣服的人，就低头伏在车前横木上表示同情。看见背着国家档案、图书的人，也同样做，表示敬意。有盛大的筵席，一定改变神色站起来。遇到迅雷和大风，一定改变脸色。

【原文】
升车，必正立，执绥。车中，不内顾，不疾言，不亲指。

【译文】

上车时，一定站立端正，拉住扶手的带子。在车中，不回头朝里看，不很快地说话，不用手指指点点。

【原文】

色斯举矣，翔而后集。曰："山梁雌雉，时哉时哉！"子路共之，三嗅①而作。

【注释】

①嗅：当作"狊"（jú 局），鸟张两翅。

【译文】

人的神色一动，母野鸡就高高飞起，飞了一阵又停在树上。孔子说："山梁上的母野鸡，懂得时势啊，懂得时势啊！"子路对它们拱了拱手，它们就抖了抖翅膀飞走了。

先进第十一

【原文】

子曰:"先进于礼乐,野人也;后进于礼乐,君子也。如用之,则吾从先进。"

【译文】

孔子说:"先学礼乐后做官的人,是山野的百姓;后学礼乐先做官的人,是卿大夫的子弟。如果要任用他们,那我就要那先学礼乐的人。"

【原文】

子曰:"从我于陈、蔡者①,皆不及门也。"

【注释】

①陈、蔡:国名,孔子周游列国时曾在这一带受到包围,断粮七天。当时跟随他的人,后来离开的离开,死去的死去,都不在孔子身边了。"

【译文】

孔子说:"跟着我在陈、蔡受罪的人,现在都不在我身边了。"

【原文】

德行:颜渊,闵子骞,冉伯牛,仲弓。言语:宰我,子贡。政事:冉有,季路。文学:子游,子夏。

【译文】

有德行的有:颜渊,闵子骞,冉伯牛,仲弓。善于辞令的有:

宰我，子贡。擅长政事的有：冉有，季路。熟悉文献有的：子游，子夏。

【原文】

子曰："回也，非助我者也，于吾言无所不说。"

【译文】

孔子说："颜回呀，不是帮助我的人啊，对我的话没有不心悦诚服的。"

【原文】

子曰："孝哉，闵子骞！人不间于其父母昆弟之言。"

【译文】

孔子说："真孝顺哪，闵子骞！人们对他父母兄弟夸奖他的话无可挑剔。"

【原文】

南容三复白圭[①]，孔子以其兄之子妻之。

【注释】

①白圭：指《诗·大雅·抑》中的四句："白圭之玷，尚可磨也；斯言之玷，不可为也。"意思是：白圭的斑点，可以磨掉，人们说话中的错误，就不能收回。

【译文】

南容反复诵念关于白圭的诗句，孔子把哥哥的女儿嫁给他。

【原文】

季康子问："弟子熟为好学？"孔子对曰："有颜回者好学，

不幸短命死矣，今也则亡。"

【译文】

季康子问道："你的学生中谁喜爱学习？"孔子回答说："有个叫颜回的爱好学习，可惜短命死了，现在就没有这样好学的人了。"

【原文】

颜渊死，颜路①请子之车以为之椁②（guǒ 果），子曰："才不才，亦各言其子也。鲤③也死，有棺而无椁。吾不徒行以为之椁。以吾从大夫之后，不可徒行也。"

【注释】

①颜路：颜渊的父亲，名无繇（yóu 由），字路，也是孔子的学生。
②椁：古代棺材外面还有一层，叫椁。
③鲤：孔鲤，字伯鱼，孔子的儿子。

【译文】

颜渊死了，颜路请求孔子卖掉车子来替颜渊置办外椁，孔子说："有才华的和没有才华的，都是自己的儿子啊。阿鲤死的时候，有里棺没有外椁。我不能步行（卖掉车子）来替他买外椁。因为我曾经做过大夫，是不能步行的。"

【原文】

颜渊死，子曰："噫！天丧予，天丧予！"

【译文】

颜渊死了，孔子说："唉，老天要我的命啊，老天要我的命啊！"

【原文】

颜渊死，子哭之恸。从者曰："子恸矣！"曰："有恸乎？非夫人之为恸而谁为？"

【译文】

颜渊死了，孔子哭他哭得很伤心。跟去的人说："您太伤心了。"孔子说："真是太伤心吗？我不为这个人伤心，还为谁呢？"

【原文】

颜渊死，门人欲厚葬之，子曰："不可。"门人厚葬之。子曰："回也视予犹父也，予不得视犹子也。非我也，夫二三子也。"

【译文】

颜渊死了，孔子的学生们想隆重地安葬他，孔子说："不行。"学生们还是隆重地安葬了他。孔子说："回呀，看待我就像父亲一样，我不能看待他像儿子一样，这不是我的过错，是各位同学要这样做啊。"

【原文】

季路问事鬼神，子曰："未能事人，焉能事鬼？"曰："敢问死。"曰："未知生，焉知死。"

【译文】

季路问事奉鬼神的事，孔子说："没能好好事奉人，哪能事奉鬼神？"又问："我大胆地请问，死是怎么回事？"孔子说："没能知道生，怎能知道死呢？"

【原文】

闵子侍侧，訚訚如也；子路，行行如也；冉有、子贡，侃侃如也。子乐。"若由也，不得其死然。"

【译文】

闵子骞侍立在旁边,样子正直而恭敬;子路的样子很刚强;冉有、子贡的样子温和快乐。孔子很高兴。不过,他说:"像仲由这样啊,像是难以寿终。"

【原文】

鲁人为长府。闵子骞曰:"仍旧贯,如之何?何必改作?"子曰:"夫人不言,言必有中。"

【译文】

鲁国人改建叫长府的国库。闵子骞说:"照老样,何必要改建呢?"孔子说:"这个人要么不说话,一说话就说到点子上。"

【原文】

子曰:"由之瑟奚为于丘之门?"门人不敬子路。子曰:"由也升堂矣,未入于室也。"

【译文】

孔子说:"仲由弹瑟怎么弹到我这里来了"孔子的学生们就不尊敬子路。孔子说:"仲由啊,已经上了正堂了,还没有进入内室啊。"

【原文】

子贡问:"师与商也孰贤?"子曰:"师也过,商也不及。"曰:"然则师愈与?"子曰:"过犹不及。"

【译文】

子贡说:"颛孙师跟卜商哪个好?"孔子说:"颛孙师做事过了头,卜商做事不到家。"子贡说:"那么颛孙师好一些吗?"孔子说:"做过头跟不到家是一样的。"

【原文】

季氏富于周公①,而求也为之聚敛而附益之。子曰:"非吾徒也,小子鸣鼓而攻之可也!"

【注释】

①周公:周天子的卿士,周公旦的子孙。

【译文】

季氏比周公还富有,可是冉求还帮他搜刮,增加他的财富。孔子说:"冉求不是我的学生了,你们可以敲着鼓去攻打他!"

【原文】

柴也愚①,参也鲁,师也辟,由也喭②(yàn 燕)。

【注释】

①柴:高柴,字子羔,孔子的学生。
②喭:鲁莽。

【译文】

高柴愚笨,曾参迟钝,颛孙师偏激,仲由鲁莽。

【原文】

子曰:"回也,其庶乎,屡空。赐不受命,而货殖焉,亿①则屡中。"

【注释】

①亿:同"臆",猜测。

【译文】

孔子说:"颜回呀,他的道德修养已经差不多了,可是他常常很贫困。端木赐不听天由命，而去做生意，猜测市场行情往往猜中。"

【原文】
子张问善人之道，子曰："不践迹，亦不入于室。"

【译文】
子张问成为善人的办法，孔子说："不踩着前人的脚印，做学问也到不了家。"

【原文】
子曰："论笃是与①，君子者乎？色庄者乎？"

【注释】
①笃：诚实。与：赞同。是："与"的宾语"论笃"提前的标志。

【译文】
孔子说："赞扬说话诚实的人，但要看他是君子呢，还是外表庄重的人呢？"

【原文】
子路问："闻斯行诸？"子曰："有父兄在，如之何其闻斯行之？"冉有问："闻斯行诸？"子曰："闻斯行之。"公西华曰："由也问'闻斯行诸？'子曰'有父兄在。'求也问'闻斯行诸？'子曰'闻斯行之。'赤也惑，敢问。"子曰："求也退，故进之；由也兼人，故退之。"

【译文】
子路问道："听到了就实行它吗？"孔子说："有父兄在，怎么能听到了就实行呢？"冉有问道："听到了就实行它吗？"孔子说："听到了就实行它。"公西华说："仲由问'听到了就实行它吗？'您说'有父兄在。'冉求问'听到了就实行它吗?'您说'听到了就实行它。'我不明白,就想大胆问一下。"孔子说:"冉求遇事退缩,所以鼓励他向前;仲由的胆量有两个人的那么大,所以想让他退却一点。"

【原文】

子畏于匡,颜渊后。子曰:"吾以女为死矣。"曰:"子在,回何敢死?"

【译文】

孔子在匡地遭到囚禁,师生走散,颜渊落在后面很晚才赶到,孔子说:"我以为你死了呢。"颜渊说:"您在,我怎么敢死?"

【原文】

季子然①问:"仲由、冉求可谓大臣与?"子曰:"吾以子为异之问,曾由与求之问。所谓大臣者,以道事君,不可则止。今由与求也,可谓具臣矣。"曰:"然则从之者与?"子曰:"弑父与君,亦不从也。"

【注释】

①季子然:鲁国大夫季氏的同族人。

【译文】

季子然问道:"仲由和冉求可算是大臣吗?"孔子说:"我以为您是问别的人,竟是问仲由和冉求啊。所谓大臣,应该用规范和准则事奉君王,做不到就辞职不干。现在仲由和冉求,可以说是备位数的臣僚了。"季子然说:"那么他们会顺从上级吗?"孔子说:"杀害父亲和君主这样的事,那是不会顺从的。"

【原文】

子路使子羔为费宰。子曰:"贼夫人之子。"子路曰:"有民人焉，有社稷焉，何必读书，然后为学？"子曰："是故恶夫佞者。"

【译文】

子路让子羔当费城的县长。孔子说："那是害了别人的儿子。"子路说："那儿有老百姓，有政权机关，为什么一定要读书才算是学习呢？"孔子说："所以我讨厌那善于狡辩的人。"

【原文】

子路、曾皙①、冉有、公西华侍坐。子曰："以吾一日长乎尔，毋吾以也。居则曰：'不吾知也！'如或知尔，则何以哉？"子路率尔而对曰："千乘之国，摄乎大国之间，加之以师旅，因之以饥馑，由也为之，比及三年，可使有勇，且知方也。"夫子哂之。"求，尔何如？"对曰："方六七十，如②五六十，求也为之，比及三年，可使足民。如其礼乐，以俟君子。""赤，尔何如？"对曰："非曰能之，愿学焉。宗庙之事，如会同，端章甫③，愿为小相④焉。""点，尔何如？"鼓瑟希，铿尔，舍瑟而作，对曰："异乎三子者之撰。"子曰："何伤乎？亦各言其志也。"曰："莫⑤春者，春服既成，冠者五六人，童子六七人，浴乎沂⑥，风乎舞雩⑦（yú 于），咏而归。"夫子喟然叹曰："吾与点也！"三子者出，曾皙后。曾皙曰："夫三子者之言何如？"子曰："亦各言其志也已矣。"曰："夫子何哂由也？"曰："为国以礼，其言不让，是故哂之。""唯求则非邦也与？""安见方六七十如五六十而非邦也者？""唯赤则非邦也与？""宗庙会同，非诸侯而何？赤也为之小，孰能为之大？"

【注释】

①曾皙：名点，曾参的父亲，也是孔子的学生。
②如：或者。
③端：古代礼服名。章甫，古代礼帽的名称。

④相：傧相，赞礼的人。
⑤莫：同"暮"。
⑥沂：河流名，在今山东省曲阜县南。
⑦舞雩：鲁国祭天求雨的地方，在今山东省曲阜县。

【译文】

子路、曾皙、冉有、公西华陪孔子坐着。孔子说："因为我比你们年纪大，你们不要因此而不敢回答我的话。你们平时常常说：'没有人了解我啊！'如果有人了解你，那你们准备怎么办呢？"子路没有多考虑，轻率地回答说："拥有一千辆兵车的国家，夹在大国中间，外国军队对它加以侵略，再加上国内闹饥荒，让我治理的话，等到三年之后，能使人民勇敢，并且懂得礼义。"孔子笑了笑，说："冉求，你怎么样？"冉求回答说："土地每边长六七十里，或五六十里的国家，我来治理它的话，等到三年之后，可以使人民富足。至于礼和乐，只能等更高明的君子来了。"孔子又问："公西赤，你怎么样？"公西赤回答说："不是说能做到，只是愿意学习。宗庙祭祀，或者诸侯会盟，我愿意穿着礼服，戴着帽子，当个小傧相。"孔子又问："曾点，你怎么样？"曾皙弹瑟的声音稀疏起来，后来又'铿'的一声停下，再放下瑟站起来回答说："跟三位的想法不同。"孔子说："这有什么要紧呢？也只是各人谈谈自己的志向而已。"曾皙说："暮春三月，春天的衣服都已穿上，我和五六位大人，六七个小孩，去沂河里洗澡，到舞雩台上去吹吹凉风，再唱着歌回来。"孔子长叹一声说："我赞同曾皙的理想。"那三个人走出来，曾皙留在后面。曾皙说："那三位的话怎么样？"孔子说："也只是各人谈谈自己的志向而已。"曾皙说："老师为什么讥笑仲由呢？"孔子说："治理国家要讲礼让，仲由说话不谦让，所以我笑他。"曾皙说："那冉求讲的不是国家吗？"孔子说："怎么见得六七十里见方或五六十里见方的大小就不是国家呢？"曾皙说："那公西赤讲的不是国家吗？"孔子说"宗庙祭祀、诸侯会盟，做这些事的，不是诸侯又是什么呢？公西赤只能做小傧相，谁能做大傧相呢！"

颜渊第十二

【原文】

颜渊问仁,子曰:"克己复礼为仁。一日克己复礼,天下归仁焉。为仁由己,而由人乎哉?"颜渊曰:"请问其目。"子曰:"非礼勿视,非礼勿听,非礼勿言,非礼勿动。"颜渊曰:"回虽不敏,请事斯语矣。"

【译文】

颜渊问什么是仁,孔子说:"克制自己,使言行合于礼,这就是仁。有朝一日做到了克制自己,并使言行都合于礼,那么天下的人就会称许你是仁人了。实行仁爱要靠自己,难道靠别人吗?"颜渊说:"我想问一下具体的细目。"孔子说:"不符合礼的东西不看,不符合礼的话不听,不符合礼的话不说,不符合礼的事不做。"颜渊说:"我虽然不聪敏,请让我照这些话去做吧!"

【原文】

仲弓问仁,子曰:"出门如见大宾,使民如承大祭。己所不欲,勿施于人。在邦无怨,在家无怨。"仲弓曰:"雍虽不敏,请事斯语矣。"

【译文】

仲弓问什么是仁,孔子说:"出去做官就像接待宾客,使役人民就像承办重大的祭祀。自己不想要的,不要强加给别人。在朝廷做官没有怨恨,在家里待着也没有怨恨。"仲弓说:"我虽然不聪敏,请让我照这些话去做吧。"

【原文】

司马牛①问仁,子曰:"仁者,其言也讱(rèn 刃)。"曰:"其言也讱,斯谓之仁已乎?"子曰:"为之难,言之得无讱乎?"

【注释】

①司马牛:孔子的学生,姓司马,名耕,字子牛。

【译文】

司马牛问什么叫仁,孔子说:"仁爱的人,说话缓慢而谨慎。"司马牛说:"说话缓慢就算仁了吗?"孔子说:"做起来很难,说的时候能不慢点,想好了再说吗?"

【原文】

司马牛问君子,子曰:"君子不忧不惧。"曰:"不忧不惧,斯谓之君子已乎?"子曰:"内省不疚,夫何忧何惧?"

【译文】

司马牛问怎样才算君子,孔子说:"君子不担忧,不惧怕。"司马牛说:"不担忧不惧怕,就算是君子了吗?"孔子说:"扪心自问而没有感到痛苦惭愧,那还担忧什么,惧怕什么呢?"

【原文】

司马牛忧曰:"人皆有兄弟,我独亡。"子夏曰:"商闻之矣:'死生有命,富贵在天。'君子敬而无失,与人恭而有礼,四海之内皆兄弟也。君子何患乎无兄弟也?"

【译文】

司马牛忧愁地说:"人家都有兄弟,偏偏我没有。"子夏说:"我听到这样的话:'一个人的生和死是由命运决定的,他的富和贵是由上天安排的。'作为君子,谨慎而没有过失,待人恭敬而有礼貌,普天下的人都是兄弟啊。君子何必担忧没有兄弟呢？"

【原文】

子张问明。子曰："浸润之谮①（zèn 怎去声），肤受之愬（sù 素），不行焉，可谓明也已矣。浸润之谮，肤受之愬，不行焉，可谓远也已矣。"

【注释】

①谮：说坏话诬陷别人。
②愬：诽谤。

【译文】

子张问什么是高明。孔子说："不断传播的污蔑，直接遭受的诽谤，都起不了作用，那你就可以算得上高明了。不断传播的污蔑，直接遭受的诽谤，都起不了作用，那你就可以算得上有远见了。"

【原文】

子贡问政，子曰："足食，足兵，民信之矣。"子贡曰："必不得已而去，于斯三者何先？"曰："去兵。"子贡曰："必不得已而去，于斯二者何先？"曰："去食。自古皆有死，民无信不立。"

【译文】

子贡问怎样治理政事，孔子说："备足粮食，备足武器，人民对朝廷就有信心了。"子贡说："如果不得已而要除去一项，在三项当中哪一项可以先除去？"孔子说："除去武器。"子贡说："如果不得已还要除去一项，在二项当中可以先除去哪一项？"孔子说："除去粮食。自古以来都有死人的事，没有百姓的信任，国家就站立不住了。"

【原文】

棘子成①曰:"君子质而已矣,何以文为?"子贡曰:"惜乎,夫子之说君子也!驷不及舌。文犹质也,质犹文也。虎豹之鞟(kuò 扩)犹犬羊之鞟。"

【注释】

①棘子成:卫国的大夫。

【译文】

棘子成说:"君子只要朴实就行了,要文采做什么呢?"子贡说:"太遗憾了,您这样谈论君子啊!一言既出,驷马难追啊。文采和朴实都一样重要。没有色彩斑斓的毛,虎豹的皮就跟犬羊的皮一样了。"

【原文】

哀公问于有若曰:"年饥,用不足,如之何?"有若对曰:"盍彻①乎?"曰:"二,吾犹不足,如之何其彻也?"对曰:"百姓足,君孰与不足?百姓不足,君孰与足?"

【注释】

①盍:何不。彻:十分抽一的税叫"彻"。

【译文】

鲁哀公问有若说:"年成不好,国家用度不够,怎么办?"有若回答说:"为什么不实行十分抽一的税率呢?"鲁哀公说:"十分抽二,我还觉得不够,怎么能十分抽一呢?"有若回答说:"百姓够,您怎么不够?百姓不够,您又怎么够呢?"

【原文】

子张问崇德辨惑。子曰:"主忠信,徙义,崇德也。爱之欲其生,恶之欲其死。既欲其生,又欲其死,是惑也。'诚不以富，亦只以异。'"

【译文】

子张问怎样提高道德和辨清迷惑。孔子说："以忠心诚实为主，向正义靠拢，就能提高道德。喜欢他就想让他活，讨厌他就想让他死。又想要他活，又想要他死，这就是迷惑啊。'确实不是因为他富有，也只不过是因为他新异。'"

【原文】

齐景公问政于孔子，孔子对曰："君君，臣臣，父父，子子。"公曰："善哉！信如君不君，臣不臣，父不父，子不子，虽有粟，吾得而食诸？"

【译文】

齐景公问孔子关于治国的事，孔子说："君主要像君主，臣子要像臣子，父亲要像父亲，儿子要像儿子。"齐景公说："说得好啊！如果君主不像君主，臣子不像臣子，父亲不像父亲，儿子不像儿子，即使有粮食，我吃得到吗？"

【原文】

子曰："片言可以折狱者，其由也与！"子路无宿诺。

【译文】

孔子说："根据一方的言辞就可以断案的，大概是仲由吧！"子路的诺言，没有过了夜才兑现的。

【原文】

子曰："听讼，吾犹人也。必也使无讼乎！"

【译文】

孔子说："审理诉讼，我跟别人差不多，一定要使诉讼不产生才好啊!"

【原文】

子张问政,子曰:"居之无倦,行之以忠。"

【译文】

子张问怎样治理政事,孔子说:"处在那个职位上不要偷懒,执行政令要忠实。"

【原文】

子曰:"博学于文,约之以礼,亦可以弗畔矣夫!"

【译文】

孔子说:"广博地学习文化,用礼法约束自己,就可以不离经叛道了。"

【原文】

子曰:"君子成人之美,不成人之恶。小人反是。"

【译文】

孔子说:"君子成全别人的好事,不帮助别人干坏事。小人则与此相反。"

【原文】

季康子问政于孔子,孔子对曰:"政者,正也。子帅以正,孰敢不正?"

【译文】

季康子问孔子关于政务的事,孔子回答说:"政就是正的意思。您带头行正道,谁敢不行正道?"

【原文】

季康子患盗,问于孔子。孔子对曰:"苟子之不欲,虽赏之不窃。"

【译文】

季康子被小偷闹得很烦恼,问孔子怎么办。孔子回答说:"如果您不贪求太多的财物,即使奖励也没有人偷窃。"

【原文】

季康子问政于孔子曰:"如杀无道,以就有道,何如?"孔子对曰:"子为政,焉用杀?子欲善而民善矣。君子之德风,小人之德草,草上之风,必偃(yǎn眼)。"

【译文】

季康子问孔子怎样治理政事时说:"如果杀掉没有道德的坏人,亲近有道德的好人,怎么样?"孔子回答说:"你当政,哪里用得着杀人?您想要做好事,老百姓就会做好事了。君子的道德像风,小人的道德像草,草上有了风,就会倒伏。"

【原文】

子张问:"士何如斯可谓之达矣?"子曰:"何哉,尔所谓达者?"子张对曰:"在邦必闻,在家必闻。"子曰:"是闻也,非达也。夫达也者,质直而好义,察言而观色,虑以下人。在邦必达,在家必达。夫闻也者,色取仁而行违,居之不疑。在邦必闻,在家必闻。"

【译文】

子张问道:"士要怎么样才可说是通达了?"孔子说:"你所说的通达是什么呢?"子张回答说:"在诸侯的封国一定有名气,在大夫的封地一定有名气。"孔子说:"这是有名气,不是通达。那通达的人，本质正直而喜爱道义，体会别人的话语而观察他的脸色，常常考虑对人谦让。在诸侯的封国一定通达，在大夫的封地一定通达。那有名气的人，表面上要实行仁德而行动上却相反，以仁人自居而毫不迟疑。他们在诸侯的封国一定有名气，在大夫的封地一定有名气。"

【原文】

樊迟从游于舞雩之下，曰："敢问崇德、修慝①（tè 特）、辨惑。"子曰："善哉问！先事后得，非崇德与？攻其恶，无攻人之恶，非修慝与？一朝之忿，忘其身，以及其亲，非惑与？"

【注释】

①慝：邪恶。

【译文】

樊迟跟随孔子在舞雩游玩，说："我想大胆问一下怎样提高道德、修正错误、辨明迷惑。"孔子说："问得好啊！做事在先，得利在后，这不是提高道德吗？批判自己的坏处，不批判别人的坏处，这不是修正错误吗？为了一时的忿怒，忘记了自己和亲人，这不是糊涂吗？"

【原文】

樊迟问仁，子曰："爱人。"问知，子曰："知人。"樊迟未达。子曰："举直错诸枉，能使枉者直。"樊迟退，见子夏，曰："乡①也，吾见于夫子而问知，子曰：'举直错诸枉，能使枉者直。'何谓也？"子夏曰："富哉言乎！舜有天下，选于众，举皋陶②（yáo 尧），不仁者远矣。汤③有天下，选于众，举伊尹④，不仁者远矣。"

【注释】

①乡：同"向"，从前。

②皋陶：舜的贤臣。
③汤：商代开国君主，名履。
④伊尹：商汤的宰相。

【译文】

樊迟问什么是仁德，孔子说："爱别人。"又问什么是智慧，孔子说："了解别人。"樊迟没有完全弄懂。孔子说："提拔正直的人，放在奸邪的人之上，能使奸邪的人正直起来。"樊迟退出来，见到子夏，说："刚才呀，我去见老师而问他什么叫智慧，老师说：'提拔正直的人，放在奸邪的人之上，能使奸邪的人正直起来。'这是什么意思呀？"子夏说："包含的意思真多啊，这段话！舜有了天下，在群众当中选用人才，提拔了皋陶，那些不仁爱的人就离得远远的了。汤有了天下，在群众当中选用人才，提拔了伊尹，那些不仁爱的人就离得远远的了。"

【原文】

子贡问友，子曰："忠告而善道之，不可则止，毋自辱焉。"

【译文】

子贡问怎样对待朋友，孔子说："忠心地劝告他，好好地引导他，他不听就算了，不要自取其辱。"

【原文】

曾子曰："君子以文会友，以友辅仁。"

【译文】

曾子说："君子用文章学问来会集朋友，用朋友来帮助培养仁德。"

子路第十三

【原文】

子路问政，子曰："先之，劳之。"请益，曰："无倦。"

【译文】

子路问怎样管理政事，孔子说："给百姓带头做榜样，再让他们勤劳地工作。"子路请求再多讲一些，孔子说："不要懈怠。"

【原文】

仲弓为季氏宰，问政，子曰："先有司，赦小过，举贤才。"曰："焉知贤才而举之？"子曰："举尔所知，尔所不知，人其舍诸？"

【译文】

仲弓当了季氏的家臣，问孔子怎样管理政事，孔子说："给主管部门的官吏带头，赦免别人的小过错，提拔贤良的人才。"仲弓说："怎么知道哪些人是贤良的人才而提拔他们呢？"孔子说："提拔你所知道的，你所不知道的，人家难道会埋没他们吗？"

【原文】

子路曰："卫君①待子而为政，子将奚先？"子曰："必也正名乎！"子路曰："有是哉，子之迂也！奚其正？"子曰："野哉，由也！君子于其所不知，盖阙②如也。名不正则言不顺，言不顺则事不成，事不成则礼乐不兴，礼乐不兴则刑罚不中，刑罚不中则民无所措手足。故君子名之必可言也，言之必可行也。君子于其言，无所苟而已矣。"

【注释】

①卫君：卫出公蒯辄。
②阙：同"缺"。

【译文】

子路说："卫国的国君等着您去治理政事，您打算先做哪一件事呢？孔子说："一定是纠正名分吧！"子路说："您的迂腐到了这种地步啊！怎么会要纠正呢？"孔子说："真粗野啊，仲由！君子对于他所不知道的，大抵是存疑的啊。名分不正就言语不顺，言语不顺就事办不成，事办不成就礼乐不能兴起，礼乐不能兴起就刑罚不能恰如其分，刑罚不能恰如其分就百姓恐慌得手脚都无处安放。所以君子定下一个名分就一定言之成理，说出一个道理一定可以实行，君子对于自己的话，没有什么随便马虎的。"

【原文】

樊迟请学稼，子曰："吾不如老农。"请学为圃，曰："吾不如老圃。"樊迟出。子曰："小人哉，樊须也！上好礼，则民莫敢不敬；上好义，则民莫敢不服；上好信，则民莫敢不用情。夫如是，则四方之民襁（qiǎng 抢）负其子而至矣，焉用稼？"

【译文】

樊迟请求学习种庄稼，孔子说："我不如老农民。"又请求学习种菜，孔子说："我不如老菜农。"樊迟出去了。孔子说："樊须真是个小人啊！统治者讲究礼节，那么百姓没有人敢不恭敬；统治者注意办事合理，那么百姓没有人敢不服从；统治者讲究信用，那么百姓没有人敢不说实情。像这样的话，四面八方的老百姓就会背着小孩来归附，哪里用得着种庄稼？"

【原文】

子曰:"诵《诗》三百,授之以政,不达;使于四方,不能专对;虽多,亦奚以为?"

【译文】

孔子说:"读熟了《诗经》三百篇,把政事交给他去办理,却办不好;派他到各国去当使者,则不能独立地应对各种事件;虽然读得多,又有什么用?"

【原文】

子曰:"其身正,不令而行;其身不正,虽令不从。"

【译文】

孔子说:"统治者自身行为正派,不发命令老百姓也会执行;统治者自身行为不正派,即使发布命令,老百姓也不会服从。"

【原文】

子曰:"鲁、卫之政,兄弟也。"

【译文】

孔子说:"鲁国和卫国的政事,就像兄弟一样——相差不多。"

【原文】

子谓卫公子荆①:"善居室。始有,曰:'苟合矣。'少有,曰:'苟完矣。'富有,曰:'苟美矣。'"

【注释】

①公子荆:卫国的公子,卫献公的儿子,字南楚。

【译文】

孔子谈到卫公子荆时说:"他善于理家。刚开始有一点钱财,就说：'差不多够用了。'又稍微增加一点，就说：'差不多完备了。'很富有的时候，就说：'差不多是十全十美了。'"

【原文】

子适卫，冉有仆①。子曰："庶矣哉！"冉有曰："既庶矣，又何加焉？"曰："富之。"曰："既富矣，又何加焉？"曰："教之。"

【注释】

①仆：动词，驾车。

【译文】

孔子到卫国去，冉有替他驾车。孔子说："卫国的人真多啊！冉有说："人已经够多了，还要怎么办呢？"孔子说："让他们富起来。"冉有说："富了以后，还要怎么做呢？"孔子说："教育他们。"

【原文】

子曰："苟有用我者，期月而已可也，三年有成。"

【译文】

孔子说："假如有人任用我主持国政，一年就可改观，三年大有成效。"

【原文】

子曰："'善人为邦百年，亦可以胜残去杀矣。'诚哉，是言也！"

【译文】

孔子说："'善人治理国家一百年，就可以战胜残暴免除杀戮了。'这话说得真对呀！"

【原文】

子曰:"如有王者,必世而后仁。"

【译文】

孔子说:"如果有圣王出世,一定要治理30年才能实现仁政。"

【原文】

子曰:"苟正其身矣,于从政乎何有?不能正其身,如正人何?"

【译文】

孔子说:"如果统治者端正了自己的言行,治理国家还有什么难的呢?如果不能端正自己,还怎么去端正别人呢?"

【原文】

冉子退朝,子曰:"何晏也?"对曰:"有政。"子曰:"其事也。如有政,虽不吾以,吾其与闻之。"

【译文】

冉有罢朝回来,孔子说:"为什么这么晚呢?"冉有说:"有政务。"孔子说:"那是一般的小事啊。如果有政务,我作为大夫,虽然不被任用,我也会知道的。"

【原文】

定公问:"一言而可以兴邦,有诸?"孔子对曰:"言不可以若是,其几也。人之言曰:'为君难,为臣不易。'如知为君之难也,不几乎一言而兴邦乎?"曰:"一言而丧邦,有诸?"孔子对曰:"言不可以若是,其几也。人之言曰'予无乐乎为君,唯其言而莫予违也。'如其善而莫之违也,不亦善乎?如不善而莫之违也,不几乎一言而丧邦乎?"

【译文】

鲁定公问:"一句话可以使国家兴旺,有这样的话吗?"孔子回答说:"话是没有这样的话,跟它接近的还是有的。有人说:'当君主难,当臣子也不容易。'如果真正懂得当君主难,这不是接近于一句话使国家兴旺吗?"鲁定公又问:"一句话而使国家灭亡,有这样的话吗?"孔子说:"话是没有这样的话,跟它接近的是有的。有人说:'我当国君没有什么乐趣,只是我的话没有人违抗。'如果那话是正确的而没有人违抗,不也很好吗?如果那话不正确而没有人违抗,那不是接近于一句话使国家灭亡吗?"

【原文】

叶公问政,子曰:"近者悦,远者来。"

【译文】

叶公问怎样治理政务,孔子说:"使国内的百姓高兴,使国外的人民来投奔。"

【原文】

子夏为莒(jǔ举)父①宰,问政,子曰:"无欲速,无见小利。欲速则不达,见小利则大事不成。"

【注释】

①莒父:鲁国的邑名。

【译文】

子夏当了莒父的县长,问怎样治理政务,孔子说:"不要求快,不要着眼于小利益,求快反而达不到目的,着眼小利就办不成大事。"

【原文】

叶公语孔子曰:"吾党有直躬者,其父攘(rǎng嚷)羊而子证之。"孔子曰："吾党之直者异于是：父为子隐，子为父隐，直在其中矣。"

【译文】

叶公对孔子说："我家乡有一个直率的人，他父亲偷了羊而他去告发。"孔子说："我家乡的直率的人跟这不一样：父亲替儿子隐瞒，儿子替父亲隐瞒，直率就包含在里面了。"

【原文】

樊迟问仁，子曰："居处恭，执事敬，与人忠。虽之夷狄，不可弃也。"

【译文】

樊迟问什么是仁，孔子说："在家恭敬，办事认真，对人忠诚。即使到了没有开化的地方，也不能放弃这三条。"

【原文】

子贡问曰："何如斯可谓之士矣？"子曰："行己有耻，使于四方不辱君命，可谓士矣。"曰："敢问其次？"曰："宗族称孝焉，乡党称弟焉。"曰："敢问其次？"曰："言必信，行必果，硁硁①（kēng 坑）然小人哉！抑亦可以为次矣。"曰："今之从政者何如？"子曰："噫！斗筲②（shāo 稍）之人，何足算也！"

【注释】

①硁硁：浅陋固执。
②斗筲：斗，古代量器名。筲：竹器，二者容量都很小。

【译文】

子贡问道："怎么样才可以算士呢？"孔子说："对自己的行为有羞耻之心，出使外国不辱没君主的使命，可以算士了。"子贡说：

"请问那次一等的呢?"孔子说:"宗族里称赞他孝顺,乡亲们称赞他敬爱兄长。"子贡说:"请问那再次一等的呢?"孔子说:"说话一定诚实,行动一定坚决,这是浅陋固执的小人啊!不过也可以算是那次一等的了。"子贡说:"现在从事政务的人怎么样?"孔子说:"唉!都是些器量狭小的人,算得了什么呢?"

【原文】

子曰:"不得中行①而与之,必也狂狷②(juàn倦)乎!狂者进取,狷者有所不为也。"

【注释】

①中行:行为合乎中庸。
②狂狷:狂,轻狂。狷:狷介,性情正直,不肯同流合污。

【译文】

孔子说:"找不到行为中庸的人结交,也一定要找激进、耿直的人啊!激进的人勇往直前,耿直的人不做坏事。"

【原文】

子曰:"南人有言曰:'人而无恒,不可以作巫医。'善夫!'不恒其德,或承之羞①。'"子曰:"不占而已矣。"

【注释】

①这两句见于《易经·恒卦》。

【译文】

孔子说:"南方人有句话说:'一个人如果没有恒心,就不能当巫医。'这话说得好哇!《易经》说:'不能长久地保持德操,有时候就要承受羞辱。'"孔子又说:"这句话的意思是叫没有恒心的人不要占卦罢了。"

【原文】

子曰:"君子和而不同,小人同而不和。"

【译文】

孔子说:"君子协调而不苟同,小人苟同而不协调。"

【原文】

子贡问曰:"乡人皆好之,何如?"子曰:"未可也。""乡人皆恶之,何如?"子曰:"未可也。不如乡人之善者好之,其不善者恶之。"

【译文】

子贡问道:"乡里的人都喜欢他,怎么样?"孔子说:"还不行。"子贡又问:"乡里的人都痛恨他,怎么样?"孔子说:"还不行。不如乡里的好人都喜欢他,那些坏人都痛恨他。"

【原文】

子曰:"君子易事而难说也。说之不以道,不说也。及其使人也,器之。小人难事而易说也。说之虽不以道,说也,及其使人也,求备焉。"

【译文】

孔子说:"君子容易共事而难以让他高兴。不用正当方式让他高兴,他不会高兴。等到他用人的时候,他是量才录用的。小人难以共事而容易使他高兴。即使不用正当手段让他高兴,他也会高兴的。等到他用人的时候,却求全责备了。"

【原文】

子曰:"君子泰而不骄,小人骄而不泰。"

【译文】

孔子说:"君子安详而不傲慢,小人傲慢而不安详。"

【原文】

子曰:"刚、毅、木、讷(nè 呢去声)近仁。"

【译文】

孔子说:"刚强、果断、朴实、言语谨慎,这些品格都接近于仁德。"

【原文】

子路问曰:"何如斯可谓之士矣?"子曰:"切切偲偲①(sī 思),怡怡②如也,可谓士矣。朋友切切偲偲,兄弟怡怡。"

【注释】

①切切偲偲:友爱地相互批评。
②怡怡:和顺。

【译文】

子路问道:"怎样才算是士呢?"孔子说:"诚恳批评,互相勉励,和睦亲善,就可以算是士了。朋友之间诚恳批评互相勉励,兄弟之间和睦亲善。"

【原文】

子曰:"善人教民七年,亦可以即戎①矣。"

【注释】

①即戎:即,靠近。戎,军事。即戎,参军打仗。

【译文】

孔子说:"善人教化人民七年,就可以让他们去参军打仗了。"

【原文】

子曰:"以不教民战,是谓弃之。"

【译文】

孔子说:"让没有受过训练的人民去作战,这就叫做抛弃他们。"

宪问第十四

【原文】

宪①问耻,子曰:"邦有道,谷;邦无道,谷,耻也。""克、伐、怨、欲不行焉,可以为仁矣?"子曰:"可以为难矣,仁则吾不知也。"

【注释】

①宪:孔子的学生,姓原,名宪,字子思。

【译文】

原宪问什么是耻辱,孔子说:"国家政治清明时,只知做官食禄米;国家政治黑暗时,也只知做官食禄米,这就是耻辱。"原宪又问:"好胜、炫耀、怨恨、贪欲都没有了,可以说是仁了吗?"孔子说:"可以算是难得了,至于仁,我就不知道了。"

【原文】

子曰:"士而怀居,不足以为士矣。"

【译文】

孔子说:"作为士而贪恋安逸,就算不上一个士了。"

【原文】

子曰:"邦有道,危言危行;邦无道,危行言孙。"

【译文】

孔子说:"国家政治清明,说话正直,行为正直;国家政治黑暗，行为正直，说话委婉谨慎。"

【原文】

子曰："有德者必有言，有言者不必有德。仁者必有勇，勇者不必有仁。"

【译文】

孔子说："有道德的人一定有理论，有理论的人不一定有道德。仁爱的人一定勇敢，勇敢的人不一定仁爱。"

【原文】

南宫适①（kuò 扩）问于孔子曰："羿②（yì 义）善射，奡③（ào 傲）荡舟④，俱不得其死然。禹、稷⑤躬稼而有天下。"夫子不答。南宫适出，子曰："君子哉若人，尚德哉若人。"

【注释】

①南宫适：孔子的学生，姓南宫，名适，字子容。
②羿：相传为夏代有穷国国君，善于射箭。为其臣下寒浞（zhuó 浊）所杀。
③奡：寒浞的儿子。
④荡舟：相传奡多力，能在陆地荡舟。
⑤稷：相传为周朝国君的祖先，教人民种庄稼。

【译文】

南宫适问孔子说："羿善于射箭，奡能在陆地行舟，都没有得到善终。禹和稷亲自耕种而得到了天下。"孔子没有回答。南宫适退出以后，孔子说："这个人真是君子啊，这个人真崇尚道德啊！"

【原文】

子曰："君子而不仁者有矣夫，未有小人而仁者也。"

【译文】

孔子说:"作为君子而有时不仁爱的人是有的吧,但没有一个小人能仁爱的啊。"

【原文】

子曰:"爱之,能勿劳乎?忠焉,能勿诲乎?"

【译文】

孔子说:"喜爱他,能不叫他勤劳吗?忠于他,能不规谏他吗?"

【原文】

子曰:"为命,裨谌①(bì chén ヒ辰)草创之,世叔②讨论之,行人子羽③修饰之,东里子产④润色之。"

【注释】

①裨谌:郑国的大夫。
②世叔:郑国的大夫,名游吉。
③行人:外交官。子羽:公孙挥,郑国的大夫,字子羽。
④东里:郑国地名,在今郑州市,子产居住的地方。

【译文】

孔子说:"郑国制订外交政策法令,由裨谌起草,世叔提出修改意见,外交官子羽加以修饰,再由东里的子产来润色加工。"

【原文】

或问子产,子曰:"惠人也。"问子西①,曰:"彼哉,彼哉!"问管仲,曰:"人也。夺伯氏②骈邑③三百,饭疏食,没齿无怨言。"

【注释】

①子西:楚国的令尹,名申,字子西。一说为郑国大夫。

②伯氏：齐国的大夫。
③骈邑：齐国的地名。

【译文】

有人问子产是怎样的人，孔子说："是一个对人民有恩惠的人。"又问子西是怎样的人，孔子说："他呀，他呀！"又问管仲是怎样的人，孔子说："是一个真正的人，剥夺了伯氏在骈邑的三百户封地，使他只能吃粗粮，却一直到死也没有怨言。"

【原文】

子曰："贫而无怨难，富而无骄易。"

【译文】

孔子说："贫穷而不怨恨比较难，富足而不骄傲比较容易。"

【原文】

子曰："孟公绰①为赵、魏老②则优，不可以为滕、薛③大夫。"

【注释】

①孟公绰：鲁国的大夫，清心寡欲。
②老：大夫的家臣。
③滕、薛：鲁国附近的小国。都在今山东省滕县西南。

【译文】

孔子说："孟公绰当晋国的赵氏、魏氏的家臣是能够胜任愉快的，但是当不了滕国和薛国的大夫。"

【原文】

子路问成人，子曰："若臧武仲①之知，公绰②之不欲，卞庄子③之勇，冉求之艺，文之以礼乐，亦可以为成人矣。"曰："今之成人者何必然？见利思义，见危授命，久要④不忘平生之言，亦可以为成人矣。"

【注释】

①臧武仲：鲁国的大夫臧孙纥，以聪明著称。在齐国因预见到齐庄公将被杀而拒绝他的封地，避免受到牵连。
②公绰：即上文孟公绰。
③卞庄子：鲁国的大夫，是有名的勇士。
④要：借为"约"，穷困的意思。

【译文】

子路问怎样才是完美的人，孔子说："要像臧武仲那样聪明，孟公绰那样清心寡欲，卞庄子那样勇敢，冉求那样多才多艺，再用礼乐使他更有文采，就可以成为完美的人了。"又说："现在的完美的人何必要这样？看见利益想到道义，看到危急能付出生命，长久穷困而不忘记平生的诺言，就可以成为完美的人了。"

【原文】

子问公叔文子①于公明贾②曰："信乎？夫子不言，不笑，不取乎？"公明贾对曰："以告者过也。夫子时然后言，人不厌其言；乐然后笑，人不厌其笑；义然后取，人不厌其取。"子曰："其然，岂其然乎？"

【注释】

①公叔文子：卫国的大夫。
②公明贾：卫国人，姓公明，名贾。

【译文】

孔子向公明贾问公叔文子的情况，说："是真的吗？这位先生不说，不笑，不拿？"公明贾回答说："那是告诉你的人错了。这位先生到适当的时候说话，别人不讨厌他说；到快乐的时候才笑，别人不讨厌他的笑；合乎道义才拿，别人不讨厌他的拿。"孔子说："是这样的吗？难道真是这样的吗？"

【原文】

子曰："臧武仲以防①求为后于鲁，虽曰不要君，吾不信也。"

【注释】

①防：臧武仲的封地，在今山东省费县东北。

【译文】

孔子说："臧武仲凭借着封地防城，要求鲁君立自己的后代为鲁国的卿大夫，虽然有人说他不是要挟君主，我不相信。"

【原文】

子曰："晋文公①谲（jué 决）而不正，齐桓公②正而不谲。"

【注释】

①晋文公：晋国的国君，姓姬，名重耳。春秋五霸之一。
②齐桓公：齐国的国君，姓姜，名小白。春秋五霸之一。

【译文】

孔子说："晋文公狡诈而不正派，齐桓公正派而不狡诈。"

【原文】

子路曰："桓公杀公子纠①，召忽②死之，管仲不死。"曰："未仁乎？"子曰："桓公九合诸侯，不以兵车，管仲之力也！如其仁，如其仁！"

【注释】

①公子纠：齐桓公的兄弟。

②召忽：公子纠的家臣。

【译文】

子路说："齐桓公杀了公子纠，召忽为此自杀殉主，管仲没有自杀。"他又问："管仲不算仁人吧？"孔子说："齐桓公多次召集诸侯而不使用武力，这都是由于管仲的努力啊！这就是仁德，这就是仁德。"

【原文】

子贡曰："管仲非仁者与？桓公杀公子纠，不能死，又相之。"子曰："管仲相桓公，霸诸侯，一匡天下，民到于今受其赐。微管仲，吾其被①发左衽（rèn刃）矣。岂若匹夫匹妇之为谅②也，自经于沟渎③（dú独）而莫之知也。"

【注释】

①被：同"披"。
②谅：诚实。
③沟渎：沟渠。

【译文】

子贡说："管仲不是仁人吧？齐桓公杀死了公子纠，他不但没有自杀，而且还去做齐桓公的辅相。"孔子说："管仲辅佐齐桓公当了诸侯的霸主，使整个天下得到匡正，老百姓到如今还受到他的好处。如果没有管仲，我恐怕要披散头发，衣襟向左开，变成蛮夷的属民了。难道要他像普通男女那样遵守小小的信约，在小河沟里上吊自杀而没有人知道他吗？"

【原文】

公叔文子之臣大夫僎（xún寻）与文子同升诸公。子闻之，曰："可以为'文'矣。"

【译文】

公叔文子的家臣大夫僎由于公叔文子的推荐而和公叔文子一起被提升为卫国的大臣。孔子听到了这件事,说:"这就够得上'文'这个称号了。"

【原文】

子言卫灵公之无道也,康子曰:"夫如是,奚而不丧?"孔子曰:"仲叔圉①(yǔ雨)治宾客,祝鮀治宗庙,王孙贾治军旅。夫如是,奚其丧?"

【注释】

①仲叔圉:即孔文子。

【译文】

孔子谈到卫灵公的昏庸无道,季康子说:"这样的话,为什么不灭亡呢?"孔子说:"有仲叔圉接待宾客,有祝鮀主持宗庙祭祀,有王孙贾掌管军队。像这样,怎么会灭亡呢?"

【原文】

子曰:"其言之不怍(zuò作),则为之也难。"

【译文】

孔子说:"说大话不觉得惭愧,要他做起来就难了。"

【原文】

陈成子①弑简公②。孔子沐浴而朝,告于哀公曰:"陈恒弑其君,请讨之。"公曰:"告夫三子③。"孔子曰:"以吾从大夫之后,不敢不告也。君曰'告夫三子'者!"之三子告,不可。孔子曰:"以吾从大夫之后,不敢不告也。"

【注释】

①陈成子：齐国大夫陈恒。
②简公：齐简公，姓姜，名壬。
③三子：当时鲁国最有权势的三家大夫孟孙、叔孙、季孙。

【译文】

陈成子杀了齐简公。孔子斋戒沐浴后去朝见国君，告诉鲁哀公说："陈恒杀了他的国君，请您讨伐他。"鲁哀公说："去报告那三位大夫。"孔子退朝后说："因为我曾经当过大夫，不敢不去报告。而君上却对我说'去报告那三位大夫'。"孔子就去报告那三位大夫，他们不同意出兵。孔子说："因为我曾经当过大夫，不敢不报告。"

【原文】

子路问事君，子曰："勿欺也，而犯之。"

【译文】

子路问怎样侍奉君主，孔子说："不要欺骗他，可以据理力争而不怕触犯他。"

【原文】

子曰："君子上达，小人下达。"

【译文】

孔子说："君子通达于高尚的仁义，小人通达于污下的财利。"

【原文】

子曰："古之学者为己，今之学者为人。"

【译文】

孔子说："古代的人学习是为了自己长进，现在的人学习是为了装样子给别人看。"

【原文】

蘧伯玉①使人于孔子，孔子与之坐而问焉，曰："夫子何为？"对曰："夫子欲寡其过而未能也。"使者出，子曰："使乎，使乎！"

【注释】

①蘧伯玉：卫国的大夫，名瑗。孔子在卫国时，曾住过他家。

【译文】

蘧伯玉派人去拜望孔子，孔子让他坐，并问他说："他老人家在干什么呢？"使者说："他老人家想减少过失而没有做到。"使者出去了，孔子说："是一位好使者啊，是一位好使者啊！"

【原文】

子曰："不在其位，不谋其政。"曾子曰："君子思不出其位。"

【译文】

孔子说："不在那个职位，就不考虑那方面的政务。"曾子说："君子的思考不超出他的职位。"

【原文】

子曰："君子耻其言而过其行。"

【译文】

孔子说："君子对说话超过行动感到可耻。"

【原文】

子曰："君子道者三，我无能焉：仁者不忧，知者不惑，勇者不惧。"子贡曰:"夫子自道也。"

【译文】

孔子说:"君子所做的三方面的事,我都没做到:仁爱的人不忧愁,聪明的人不迷惑,勇敢的人不畏惧。"子贡说:"这是老师说自己呀。"

【原文】

子贡方①人,子曰:"赐也贤乎哉?夫我则不暇。"

【注释】

①方:同"谤"。

【译文】

子贡说别人的坏话,孔子说:"赐呀,你就那么好吗?要是我就没有这种闲功夫。"

【原文】

子曰:"不患人之不己知,患其不能也。"

【译文】

孔子说:"不担心人家不了解我,担心自己没有能力。"

【原文】

子曰:"不逆诈,不亿①不信,抑亦先觉者,是贤乎!"

【注释】

①亿:同"臆"。

【译文】

孔子说:"不预先怀疑别人欺骗,不凭空猜想别人不诚实,却能先行觉察，这样的人是贤才吧！"

【原文】

微生亩①谓孔子曰："丘何为是栖栖②者与？无乃为佞乎？"孔子曰："非敢为佞也，疾固也。"

【注释】

①微生亩：姓微生，名亩。
②栖栖：不安定的样子。

【译文】

微生亩对孔子说："你为什么这样奔走忙碌呢？恐怕是想表现你的能说会道吧？"孔子说："我不敢卖弄能说会道，而是痛恨那顽固不化的人啊。"

【原文】

子曰："骥不称其力，称其德也。"

【译文】

孔子说："对千里马不应该称道它的力气，而应该称道它驯良的品德。"

【原文】

或曰："以德报怨，何如？"子曰："何以报德？以直报怨，以德报德。"

【译文】

有人说："用恩德来报答怨仇，怎么样？"孔子说："用什么来报答恩德呢？应该用正直报答怨仇，用恩德报答恩德。"

【原文】

子曰:"莫我知也夫!"子贡曰:"何为其莫知子也?"子曰:"不怨天,不尤人,下学而上达。知我者其天乎!"

【译文】

孔子说:"没有人了解我啊!"子贡说:"为什么没有人了解您呢?"孔子说:"我不怨恨天,也不责备人,学习普通的知识而懂得深奥的道理,了解我的大概是天吧!"

【原文】

公伯寮①愬②子路于季孙。子服景伯③以告,曰:"夫子固有惑志于公伯寮,吾力犹能肆诸市朝④。"子曰:"道之将行也与,命也;道之将废也与,命也。公伯寮其如命何!"

【注释】

①公伯寮:字子周,孔子的学生。
②愬:同"诉",毁谤。
③子服景伯:鲁国的大夫,名何。
④市朝:街市。

【译文】

公伯寮向季孙氏诋毁子路。子服景伯把这件事告诉孔子,说:"他老人家已经被公伯寮迷惑了,可我的力量还是能使公伯寮的尸体在街头示众。"孔子说:"(子路出去是要实行我的主张)我的主张将要实行,是天命所决定的;我的主张将要被废弃,也是天命所决定的。公伯寮能对天命怎么样呢?"

【原文】

子曰:"贤者辟①世,其次辟地,其次辟色,其次辟言。"子曰:"作者七人矣。"

【译文】

孔子说:"贤明的人避开整个黑暗的社会,次一等的人避开某一个混乱的地方,再次一等的避开某些人难看的脸色,又次一等的避开某些人不合礼义的话语。"孔子说:"这样做的已经有七个人了。"

【原文】

子路宿于石门①。晨门曰:"奚自?"子路曰:"自孔氏。"曰:"是知其不可而为之者与?"

【注释】

①石门:鲁国都城的外门。

【译文】

子路在石门过夜。守城门地问道:"从哪里来?"子路说:"从孔家来。"守门的说:"是那个知道办不到还要去做的人吗?"

【原文】

子击磬①(qìng庆)于卫,有荷蒉②(kuì愧)而过孔氏之门者,曰:"有心哉,击磬乎!"既而曰:"鄙哉,硁硁③(kēng坑)乎!莫己知也,斯已而已矣。深则厉,浅则揭。"子曰:"果哉!未之难矣。"

【注释】

①磬:一种打击乐器。
②蒉:装上的草包。
③硁硁:见识浅而又固执的样子。

【译文】

孔子在卫国,有一天他正在敲磬,有一个人挑着装土的草包经过孔子的门口,说:"真是有救世之心啊,这个人敲磬!"过了一会，又说："真是鄙陋啊，多么肤浅而固执啊！没有人了解自己，就守身为己算了。过河时水太深就索性和衣淌过去，水浅就撩起衣服好了。"孔子说："真果敢啊！（他不了解我）我没有什么可驳难的。"

【原文】

子张曰："《书》云：'高宗①谅阴②，三年不言。'何谓也？"子曰："何必高宗？古之人皆然。君薨（hōng 轰），百官总己以听于冢宰三年。"

【注释】

①高宗：即殷王武丁。
②谅阴：居丧时住的房子。

【译文】

子张说："《书经》说：'殷高宗居丧，三年不说话。'这是什么意思？"孔子说："为什么一定是高宗呢？古时候的人都是这样的。国君死了，继任的国君三年不问政事，各部门的官员都听命于宰相。"

【原文】

子曰："上好礼，则民易使也。"

【译文】

孔子说："居于上位的人爱好礼义，老百姓就容易使唤了。"

【原文】

子路问君子，子曰："修己以敬。"曰："如斯而已乎？"曰："修己以安人。"曰："如斯而已乎？"曰："修己以安百姓。修己以安百姓，尧舜其犹病诸！"

【译文】

子路问怎样成为君子，孔子说："提高自己的修养，严肃认真待人。"子路说:"这样做就行了吗?"孔子说:"提高自己的修养,使周围的人安乐。"子路说:"这样就行了吗?"孔子说:"提高自己的修养,使老百姓安乐。提高自己的修养而使老百姓都安乐,像尧舜这样的圣君恐怕还难以做到呢!"

【原文】

原壤①夷俟②。子曰:"幼而不孙弟③,长而无述焉,老而不死,是为贼。"以杖叩其胫。

【注释】

①原壤:鲁国人,孔子的朋友。
②夷俟:叉开两脚而坐,古人认为这是傲慢无礼的表现。
③孙弟:同"逊悌"。

【译文】

原壤叉开两腿而坐。孔子说:"你小时候不谦恭不敬兄长,长大了又无所作为,老了还不死掉,是个害人的家伙。"说着就用手杖敲他的小腿(叫他把腿收拢)。

【原文】

阙党①童子将命。或问之曰:"益者与?"子曰:"吾见其居于位也,见其与先生并行也。非求益者也,欲速成者也。"

【注释】

①阙党:地名,孔子住的地方。

【译文】

阙党的一个少年来向孔子传话。有人问孔子道:"是一个求上进的人吗?"孔子说:"我看见他坐在成年人才该坐的位子上,又见他跟长辈并肩而走。这不是个求上进的人,而是个想走捷径的人。"

卫灵公第十五

【原文】

卫灵公问陈①于孔子，孔子对曰："俎（zǔ组）豆②之事，则尝闻之矣；军旅之事，未之学也。"明日遂行。

【注释】

①陈：同"阵"。
②俎豆：古代盛祭品的礼器。

【译文】

卫灵公问孔子布列阵势的事，孔子回答说："关于礼仪祭典等方面的事，我曾经听说过；至于行军打仗方面的事，那是没有学过啊。"第二天他就走了。

【原文】

在陈绝粮，从者病，莫能兴。子路愠，见曰："君子亦有穷乎？"子曰："君子固穷，小人穷斯滥矣。"

【译文】

孔子在陈国断了粮食，跟去的人又饿又累，没有人能振作起来。子路生气地来见孔子说："君子也有窘困的时候吗？"孔子说："君子能够安守窘困，小人窘困了就会乱来。"

【原文】

子曰："赐也，女以予为多学而识（zhì至）之者与？"对曰："然，非与？"曰："非也，予一以贯之。"

【译文】

孔子说:"赐呀,你以为我是多学习而又能记住各种知识的人吗?"子贡回答说:"是的,难道不是吗?"孔子说:"不是的呀,我是用一个根本的东西把它们贯穿起来的。"

【原文】

子曰:"由,知德者鲜矣。"

【译文】

孔子说:"仲由呀,懂得德的人很少了。"

【原文】

子曰:"无为而治者,其舜也与?夫何为哉?恭己正南面而已矣。"

【译文】

孔子说:"不施行刑法,而用德政感化人民,使天下大治的人,大概是舜吧?他做了什么呢?他只是端端正正脸朝南坐在王位上罢了。"

【原文】

子张问行,子曰:"言忠信,行笃敬,虽蛮貊(mò 末)之邦,行矣。言不忠信,行不笃敬,虽州里,行乎哉?立则见其参与前也,在舆则见其倚于衡也,夫然后行。"子张书诸绅。

【译文】

子张问怎样才能使自己到处行得通,孔子说:"说话忠诚老实,行为严肃恭敬,即使到没有开化的地方,也行得通。说话不忠诚老实,行为不严肃恭敬,即使在自己家乡,能行得通吗?站着的时候,就好像看见'言忠信、行笃敬'几个字出现在前面;在车厢里,就好像看见它们刻在车前的横木上。这样才能到处行得通。"子张把这些话写在衣服的大带上。

【原文】

子曰:"直哉,史鱼①!邦有道如矢,邦无道如矢。君子哉,蘧伯玉,邦有道则仕,邦无道则可卷而怀之。"

【注释】

①史鱼:卫国的大夫,字子鱼。临死前要儿子不为他在正堂治丧,以此劝谏卫灵公任用蘧伯玉,斥退弥子瑕。

【译文】

孔子说:"真正直啊,史鱼这个人!国家政治清明,他像箭一样直,国家政治黑暗,他也像箭一样直,真是个君子啊,蘧伯玉!国家政治清明就出来做官,国家政治黑暗,他可以把才能收藏起来。"

【原文】

子曰:"可与言而不与言,失人;不可与言而与之言,失言。知者不失人,亦不失言。"

【译文】

孔子说:"可以跟他说而没跟他说,那是错过了人才;不可以跟他说而跟他说,那是白费了话语。聪明的人不错过人才,也不白费话语。"

【原文】

子曰:"志士仁人,无求生以害仁,有杀身以成仁。"

【译文】

孔子说:"有志之士和仁爱之人,没有为了贪求生存而损害仁,只有牺牲自身而成全仁。"

【原文】

子贡问为仁,子曰:"工欲善其事,必先利其器。居是邦也,事其大夫之贤者,友其士之仁者。"

【译文】

子贡问怎样实行仁德,孔子说:"工匠要做好他的工作,一定要先使他的工具锋利好使。住在这个国家,应该事奉大夫当中贤明的人,跟士人中的仁爱的人做朋友。"

【原文】

颜渊问为邦,子曰:"行夏之时①,乘殷之辂②(lù 路),服周之冕,乐则《韶》、《舞》③,放郑声,远佞人。郑声淫,佞人殆。"

【注释】

①时:记时制度,即历法。
②辂:车子。
③舞:同"武",周武王时的一种乐曲。

【译文】

颜渊问怎样治理国家,孔子说:"采用夏代的历法,乘坐殷代的车子,戴周代的礼帽,音乐就演奏《韶》乐和《舞》乐,不要采用郑国的音乐,疏远花言巧语的小人。郑国的音乐淫荡,花言巧语的人危险。"

【原文】

子曰:"人无远虑,必有近忧。"

【译文】

孔子说:"一个人没有长远的打算,就一定有近期的祸患。"

【原文】

子曰:"已矣乎!吾未见好德如好色者也。"

【译文】

孔子说:"算了吧!我没见过喜爱美德像喜爱美色那样的人。"

【原文】

子曰:"臧文仲其窃位者与?知柳下惠①之贤而不与立也。"

【注释】

①柳下惠:鲁国的贤人,姓展,名禽。"柳下"是他的封地,"惠"是谥号。

【译文】

孔子说:"臧文仲大概是占了职位不负责的人吧?明明知道柳下惠的贤德而却不任用他。"

【原文】

子曰:"躬自厚而薄责于人,则远怨矣。"

【译文】

孔子说:"多责备自己而少责备别人,就能避免怨仇了。"

【原文】

子曰:"不曰'如之何,如之何'者,吾未如之何也已矣。"

【译文】

孔子说:"不想一下'怎么办,怎么办'的人,我对他也不知道该怎么办了。"

【原文】

子曰:"群居终日,言不及义,好行小慧,难矣哉!"

【译文】

孔子说:"整天聚集在一起,说话不在道理,喜欢耍小聪明,这种人真难教导。"

【原文】

子曰:"君子义以为质,礼以行之,孙以出之,信以成之。君子哉!"

【译文】

孔子说:"君子把义作为根本,用礼仪去实行它,用谦逊的语言表达它,用诚实的态度去完成它。这真是君子啊!"

【原文】

子曰:"君子病无能焉,不病人之不己知也。"

【译文】

孔子说:"君子担心自己没有能力,不担心别人不了解自己。"

【原文】

子曰:"君子疾没世而名不称焉。"

【译文】

孔子说:"君子痛恨到死而名声不被人称道。"

【原文】

子曰:"君子求诸己,小人求诸人。"

【译文】

孔子说:"君子要求自己,小人要求别人。"

【原文】

子曰:"君子矜而不争,群而不党。"

【译文】

孔子说:"君子庄重而不争执,合群但不结党营私。"

【原文】

子曰:"君子不以言举人,不以人废言。"

【译文】

孔子说:"君子不根据言论来提拔人,不因为人不好而废弃他的话。"

【原文】

子贡问曰:"有一言而可以终身行之者乎?"子曰:"其恕乎!己所不欲,勿施于人。"

【译文】

子贡问道:"有一句话而可以一辈子奉行的吗?"孔子说:"大概是恕吧!自己不想要的,不要加给别人。"

【原文】

子曰:"吾之于人也,谁毁谁誉?如有所誉者,其有所试矣。斯民也,三代之所以直道而行也。"

【译文】

孔子说:"我对于别人,诋毁过谁,称赞过谁?如果有所称赞,那也是经过考验的。就是这样的人，使夏、商、周三代能够走在正道上。"

【原文】

子曰："吾犹及史之阙文也。有马者，借人乘之。今亡矣夫！"

【译文】

孔子说："我还看得到史书中为存疑而空阙的地方。有马的人，借给别人骑坐。今天就没有了。"

【原文】

子曰："巧言乱德。小不忍则乱大谋。"

【译文】

孔子说："花言巧语败坏道德，小事情不忍耐会败坏大计谋。"

【原文】

子曰："众恶之，必察焉；众好之，必察焉。"

【译文】

孔子说："大家都讨厌他，就一定要调查一下；大家都喜欢他，也一定要调查一下（不可轻信）。"

【原文】

子曰："人能弘道，非道弘人。"

【译文】

孔子说："人能够弘扬道德，不是道德来扩大人。"

【原文】

子曰："过而不改，是谓过矣。"

【译文】

孔子说:"有了过错而不改正,这就真是过错了。"

【原文】

子曰:"吾尝终日不食,终夜不寝,以思,无益,不如学也。"

【译文】

孔子说:"我曾经整天不吃,整夜不睡,用来苦思冥想,没有什么好处,还不如学习。"

【原文】

子曰:"君子谋道不谋食。耕也,馁(něi 内上声)在其中矣;学也,禄在其中矣。君子忧道不忧贫。"

【译文】

孔子说:"君子谋求学问而不谋求食物。耕田呢,常常挨饿;学习呢,可以做官得俸禄。君子担忧没学问而不担忧贫穷。"

【原文】

子曰:"知及之,仁不能守之,虽得之,必失之。知及之,仁能守之,不庄以涖之,则民不敬。知及之,仁能守之,庄以涖之,动之不以礼,未善也。"

【译文】

孔子说:"才智足以得到它,仁德不能守住它,即使得到了,也一定会失去它。才智足以得到它,仁德也能守住它,不用庄严的态度去治理百姓,百姓就会不尊敬。才智足以得到它,仁德也能守住它,能用庄严的态度治理百姓,但不用礼法去动员他们,那也还不够完善。"

【原文】

子曰:"君子不可小知而可大受也,小人不可大受而可小知也。"

【译文】

孔子说:"君子不可以从小的地方去了解他而可以承受重大使命,小人不可以承受重大使命而可以从小的地方去了解他。"

【原文】

子曰:"民之于仁也,甚于水火。水火,吾见蹈而死者矣,未见蹈仁而死者也。"

【译文】

孔子说:"人民对于仁的依赖比对水火的依赖更厉害。水和火,我看见有人死在里面,我没有看见因为实践仁德而死掉的。"

【原文】

子曰:"当仁,不让于师。"

【译文】

孔子说:面对着仁德,即使老师,也不必谦让。"

【原文】

子曰:"君子贞而不谅。"

【译文】

孔子说:"君子坚持正道而不顾小信用。"

【原文】

子曰:"事君,敬其事而后其食。"

【译文】

孔子说:"事奉君主,应该认真办事而把得俸禄的事放在后面。"

【原文】

子曰:"有教无类。"

【译文】

孔子说:"我对人不加区分,都愿意教育。"

【原文】

子曰:"道不同,不相为谋。"

【译文】

孔子说:"主张不同,就不相互商议。"

【原文】

子曰:"辞达而已矣。"

【译文】

孔子说:"言辞能表达意思就行了。"

【原文】

师冕①见,及阶,子曰:"阶也。"及席,子曰:"席也。"皆坐,子告之曰:"某在斯,某在斯。"师冕出。子张问曰:"与师言之道与?"子曰:"然,固相师之道也。"

【注释】

①师冕:叫冕的乐师。古代的乐师多为盲人。

【译文】

师冕来见孔子,走到台阶边,孔子说:"这里是台阶啦。"走到坐席边,孔子说:"这是坐席啦。"大家都坐下了,孔子又告诉他说:"某人在这儿,某人在这儿。"师冕走了。子张问道:"这是跟乐师说话的方法吗?"孔子说:"是的,这本是帮助乐师的方法啊。"

季氏第十六

【原文】

季氏将伐颛臾①。冉有、季路见于孔子曰:"季氏将有事于颛臾。"孔子曰:"求!无乃尔是过与?夫颛臾,昔者先王以为东蒙②主,且在邦域之中矣,是社稷之臣也。何以伐为?"冉有曰:"夫子欲之,吾二臣者皆不欲也。"孔子曰:"求!周任③有言曰:'陈力就列,不能者止。'危而不持,颠而不扶,则将焉用彼相矣?且尔言过矣。虎兕④(sì 四)出于柙⑤(xiá 狭),龟玉毁于椟中,是谁之过与?"冉有曰:"今夫颛臾,固而近于费。今不取,后世必为子孙忧。"孔子曰:"求!君子疾夫舍曰欲之而必为之辞。丘也闻有国有家者,不患寡而患不均,不患贫而患不安⑥。盖均无贫,和无寡,安无倾。夫如是,故远人不服,则修文德以来之。既来之,则安之。今由与求也,相夫子,远人不服,而不能来也;邦分崩离析,而不能守也;而谋动干戈于邦内,吾恐季孙之忧,不在颛臾,而在萧墙⑦之内也。"

【注释】

①颛臾:鲁国的附属国,在今山东省费县西北。
②东蒙:即蒙山,在今山东省蒙阴县南。主:这里指主持祭祀的人。
③周任:古代史官名。
④兕:雌的犀牛。
⑤柙:关猛兽用的木笼子。
⑥这两句中的"寡"、"贫"二字应该互换位置。这是古书流传中产生的错误。

⑦萧墙：鲁国国君在宫门内所设立的屏风。

【译文】

季氏将要攻打颛臾。冉有、子路去见孔子说："季氏将要对颛臾采取军事行动了。"孔子说："冉求！恐怕这要怪你吧？那颛臾，以前是上代的君主让它主持东蒙山的祭祀仪式的，并且它已经在鲁国的版图之内了，应该算是国家的属臣了啊。为什么还要出兵攻打呢？"冉有说："是季孙大夫想这样做，我们两个人都不想这样做的。"孔子说："冉求！周任说过：'能尽自己力量的，就去担任这个职务；不行的话，就辞职。'看到瞎子有危险而不去拉住他，摔倒了也不去扶起来，那还要那个搀扶的人干什么呢？再说你的话本身也不对。老虎、犀牛从笼子里跑出来，龟甲、美玉在匣子里受到损坏，这是谁的过失呢？冉有说："现在这个颛臾国、城墙坚固，又邻近季氏的费邑。现在不攻取的话，以后一定会成为子孙的祸患。"孔子说："冉求！君子讨厌那种嘴上不说要而一定要、为自己的贪欲找借口的人。我听说拥有国的诸侯和拥有家的大夫，不担心贫穷而担心财富不平均，不担心人民少而担心不安定。因为财富平均就无所谓贫穷，和平团结就不觉得人少，社会安定就不会有倾覆。像这样，如果远方的人还不归服，就修治礼乐仁德使他们来归附。他们已经来了，就要让他们安定。现在仲由和冉求啊，你们辅助季孙大夫，远方的人不归服而不能使他们来归，国家四分五裂，却不能保全，反而想在国内使用武力。我担心季孙氏的祸患，不在颛臾，而在鲁国国君的宫廷里呢！"

【原文】

孔子曰："天下有道，则礼乐征伐自天子出；天下无道，则礼乐征伐自诸侯出。自诸侯出，盖十世希①不失矣，自大夫出，五世希不失矣；陪臣②执国命，三世希不失矣。天下有道，则政不在大夫。天下有道，则庶人不议。"

【注释】

①希：同"稀"。
②陪臣：卿大夫的家臣。

【译文】

孔子说："天下太平，那么制订礼法、演奏乐曲和出兵征伐都由天子决定；天下混乱，那么制订礼法、演奏乐曲和出兵征伐都由诸侯决定。由诸侯决定，大约传到十代就很少有不失败垮台的；由卿大夫决定，大约传到五代就很少有不失败垮台的；由卿大夫的家臣决定，大约传到三代很少有不失败垮台的。天下太平，政权不会在大夫手中。天下太平，老百姓就不会议论纷纷。"

【原文】

孔子曰："禄①之去公室五世矣，政逮于大夫四世矣，故夫三桓②之子孙微矣。"

【注释】

①禄：爵禄，这里指政权。
②三桓：鲁国的三大夫仲孙、叔孙、季孙都是桓公的后代，故称。

【译文】

孔子说："政权离开鲁国的国君已经有五代了，政权到了大夫手里已经四代了，所以桓公的三房子孙现在也衰落了。"

【原文】

孔子曰："益者三友，损者三友。友直，友谅，友多闻，益矣。友便辟，友善柔，友便佞，损矣。"

【译文】

孔子说："有三种有益的朋友，有三种有害的朋友。跟正直的人交朋友，跟诚实的人交朋友，跟见多识广的人交朋友，是有益的。跟阿谀迎奉的人交朋友，跟当面恭维背后毁谤的人交朋友，跟花言巧语的人交朋友，是有害的。"

【原文】

孔子说："益者三乐，损者三乐。乐节礼乐，乐道人之善，乐多贤友，益矣。乐骄乐，乐佚游，乐宴乐，损矣。"

【译文】

孔子说："有三种有益的快乐，有三种有害的快乐。以得到礼乐的调节为快乐，以说别人的好处为快乐，以多交贤良的朋友为快乐，这是有益的。以骄傲狂欢为快乐，以游荡为快乐，以吃喝为快乐，这是有害的。"

【原文】

孔子曰："侍于君子有三愆（qiān 千）：言未及之而言谓之躁，言及之而不言谓之隐，未见颜色而言谓之瞽。"

【译文】

孔子说："侍奉君子容易犯三种过失：君子还没说到而你先说了，叫做急躁；君子说到了而你还不说，叫做隐瞒；没看清君子的脸色就冒昧说话，叫做瞎了眼。"

【原文】

孔子曰："君子有三戒：少之时，血气未定，戒之在色；及其壮也，血气方刚，戒之在斗；及其老也，血气既衰，戒之在得。"

【译文】

孔子说："君子应该警惕三件事：少年时代，血气没有稳定，要警惕莫贪女色；到了壮年，血气正旺，要警惕争强好斗；到了老年，血气已经衰弱，要警惕贪多务得。"

【原文】

孔子曰："君子有三畏：畏天命，畏大人，畏圣人之言。小人不知天命而不畏也，狎大人，侮圣人之言。"

【译文】

孔子说："君子有三件害怕的事：怕上天的使命，怕王公大人，怕圣贤的言论。小人不懂得上天的使命，所以不怕，不尊重王公大人，侮慢圣贤的言论。"

【原文】

孔子曰："生而知之者，上也；学而知之者，次也；困而学之，又其次也；困而不学，民斯为下矣。"

【译文】

孔子说："生下来就知道的，是上等；学了以后才知道的，次一等；遇到困难才去学，再次一等；遇到困难还不学习，这种人是下等的了。"

【原文】

孔子曰："君子有九思：视思明，听思聪，色思温，貌思恭，言思忠，事思敬，疑思问，忿思难，见得思义。"

【译文】

孔子说："君子想着九件事：看的时候想着是否看清了，听的时候想着是否听明白，对于脸上的脸色要想着是否温和，对于神态要想着是否恭敬，说话时想着是否忠诚，办事情时想着是否认真，有疑惑时想着是否该问，发怒时想着以后也许有急难要求人，看见可得好处时想着是否该得。"

【原文】

孔子曰:"见善如不及,见不善如探汤。吾见其人矣,吾闻其语矣。隐居以求其志,行义以达其道。吾闻其语矣。未见其人也。"

【译文】

孔子说:"看见好的事,就像赶不及那样追赶;看见不好的事,就像手伸进了开水那样赶快离开。我看见这种人了,我听见这样的话了。隐居起来保全志向,实行仁义来实现主张。我听见这样的话了,我没看见这样的人啊。"

【原文】

齐景公有马千驷,死之日,民无德而称焉。伯夷、叔齐饿于首阳之下,民到于今称之。其斯之谓与?

【译文】

齐景公有四千匹马,到他死的时候,老百姓没有人感恩戴德而称颂他。伯夷,叔齐饿死在首阳山下,老百姓到如今还称颂他们。大概就是这个意思吧。

【原文】

陈亢[①]问于伯鱼曰:"子亦有异闻乎?"对曰:"未也。尝独立,鲤趋而过庭。曰:'学诗乎?'对曰:'未也。''不学诗,无以言。'鲤退而学诗。他日,又独立,鲤趋而过庭。曰:'学礼乎?'对曰:'未也。''不学礼,无以立。'鲤退而学礼。闻斯二者。"陈亢退而喜曰:"问一得三:闻诗,闻礼,又闻君子之远其子也。"

【注释】

①陈亢：即陈子禽。

【译文】

陈亢问伯鱼说："您在老师那儿听到特别的教导吗？"伯鱼说："没有。有一次他独自站着，我快步走过前庭。他说：'学诗了没有？'我回答说：'没有。'他说：'不学诗，就不善于讲话。'我就回去学诗。又有一天，他一个人站着，我快步走过前庭。他说：'学礼了吗？'我回答说：'没有。'他说：'不学礼，不能在世上立身。'我就回去学礼。我就听到过这两次教导。"陈亢回去后高兴地说："我问一件事却有三个收获：听说了学诗的意义，听说了学礼的意义，又听说了君子不偏爱自己的儿子。"

【原文】

邦君之妻，君称之曰夫人，夫人自称曰小童；邦人称之曰君夫人，称诸异邦曰寡小君；异邦人称之亦曰君夫人。

【译文】

国君的妻子，国君称她为夫人，夫人自称为小童；国内的人称她为君夫人，对外国人称她为寡小君；外国人称她也叫君夫人。

阳货第十七

【原文】

阳货①欲见孔子，孔子不见，归②孔子豚（tún 屯）。孔子时其亡也，而往拜之。遇诸涂。谓孔子曰："来！予与尔言。"曰："怀其宝而迷其邦，可谓仁乎？"曰："不可。""好从事而亟（qì气）失时，可谓知乎？"曰："不可。""日月逝矣，岁不我与。"孔子曰："诺。吾将仕矣。"

【注释】

①阳货：又作阳虎，季氏的家臣。
②归：同"馈"。

【译文】

阳货想让孔子去见他，孔子不接见他。阳货就送一头蒸熟的小猪给孔子。孔子打听到他不在家时去拜谢他。两人在路上遇到了。阳货对孔子说："来！我跟你说话。"阳货说："一个人藏着他的本领而让国家混乱，可以算仁吗？"孔子还没说话，阳货就说："不可以。"阳货又说："喜欢干一番事业而屡次错过机会，可以算是聪明吗？"孔子还没有回答，阳货就说："不可以。"阳货又说："日子一天天地过去了，岁月不等人啊！"孔子说："好吧，我打算做官了。"

【原文】

子曰："性相近也，习相远也。"

【译文】

孔子说："人的本性是很相近的，由于后天的传习而相差远了。"

【原文】

子曰:"唯上知与下愚不移。"

【译文】

孔子说:"只有最上等的聪明和最下等的愚笨不会改变。"

【原文】

子之武城,闻弦歌之声。夫子莞(wǎn 晚)尔而笑,曰:"割鸡焉用牛刀?"子游对曰:"昔者偃也闻诸夫子曰:'君子学道则爱人,小人学道则易使也。'"子曰:"二三子!偃之言是也。前言戏之耳。"

【译文】

孔子到武城,听到弹琴唱歌的声音,孔子微微一笑,说:"杀鸡哪里用得着宰牛刀?"子游回答说:"以前我听老师说过:'君子学习了就会爱别人,小人学习了就容易使唤。'"孔子说:"同学们,言偃的话说得对。我刚才的话是开玩笑的。"

【原文】

公山弗扰①以费畔,召,子欲往。子路不悦,曰:"末之也,已,何必公山氏之之也?"子曰:"夫召我者,而岂徒哉?如有用我者,吾其为东周乎!"

【注释】

①公山弗扰:即公山不狃,鲁国大夫季氏的家臣。

【译文】

公山弗扰以费邑为据点进行叛乱,叫孔子去,孔子想去。子路不高兴,说:"没有地方去也就算了,何必要到公山氏那儿去呢?"孔子说:"那个叫我的人,难道会白白地叫我去吗?如果有人起用我，我要把鲁国变成东方的周王朝！"

【原文】

子张问仁于孔子，孔子曰："能行五者于天下，为仁矣。""请问之。"曰："恭、宽、信、敏、惠。恭则不侮，宽则得众，信则人任焉，敏则有功，惠则足以使人。"

【译文】

子张问孔子怎样才算仁，孔子说："能对天下做到五种好品性，就算仁了。"子张说："请问是哪五种。"孔子说："谦恭、宽容、诚实、聪敏、慈惠。谦恭就不会遭到侮辱，宽容就能获得大众，诚实使人信任，聪敏则办事能够成功，慈惠就能很好地使唤别人。"

【原文】

佛肸①（bì xī 必西）召，子欲往。子路曰："昔者由也闻诸夫子曰：'亲于其身为不善者，君子不入也。'佛肸以中牟②畔，子之往也，如之何？"子曰："然，有是言也。不曰坚乎，磨而不磷（lìn 吝）？不曰白乎，涅③而不缁（zī 资）？吾岂匏（páo 袍）瓜④也哉？焉能系而不食？"

【注释】

①佛肸：晋国大夫范中行的家臣，当时是中牟的县长。
②中牟：晋国邑名，故址在今河北省邢台和邯郸之间。
③涅：矿物名，可作黑色染料。这里用如动词，意为染黑。
④匏瓜：植物名，果实有苦、甜两种；味苦的不能吃，其空心瓜壳可系在腰间，用来泅渡。

【译文】

佛肸叫孔子去，孔子想去。子路说："过去我曾听老师说：'亲身做过坏事的人那里，君子是不去的。'佛肸以中牟为据点进行叛乱,您却要去,怎么说呢?"孔子说:"是的,有过这个话。不是说特别硬的东西磨也磨不薄吗?不是说特别白的东西染也染不黑吗?我难道是苦的匏瓜吗?怎么能挂在那里不让人吃呢?"

【原文】

子曰:"由也,女闻六言六蔽①矣乎?"对曰:"未也。""居!吾语女。好仁不好学,其蔽也愚;好知不好学,其蔽也荡;好信不好学,其蔽也贼②;好直不好学,其蔽也绞③;好勇不好学,其蔽也乱;好刚不好学,其蔽也狂。"

【注释】

①蔽:弊害。
②贼:害。
③绞:说话尖刻。

【译文】

孔子说:"仲由啊,你听说过六种品德和六种弊害吗?"子路回答说:"没有。"孔子说:"坐下!我告诉你。爱好仁德而不爱好学习,它的弊害是容易受人愚弄;喜欢耍聪明而不喜欢学习,它的弊害是容易变得放荡不羁;喜欢诚实而不喜欢学习,它的弊害是容易受人利用而反害自己;喜欢直率而不喜欢学习,它的弊害是说话尖刻;喜欢勇武而不喜欢学习,它的弊害是容易闯祸捣乱;喜欢刚强而不喜欢学习,它的弊害是容易狂妄自大。"

【原文】

子曰:"小子何莫学夫诗?诗,可以兴,可以观,可以群,可以怨;迩之事父,远之事君;多识于鸟兽草木之名。"

【译文】

孔子说:"同学们为什么不学诗呢?诗这种东西,可以联想,可以观察，可以使人合群，可以学习讽谏。近的可以事奉父母，远的可以事奉君上；还可以多认识鸟兽草木的名称。"

【原文】

子谓伯鱼曰："女为《周南》、《召南》①矣乎？人而不为《周南》、《召南》，其犹正墙面而立也与！"

【注释】

①《周南》、《召南》：《诗经·国风》的第一、二两篇的篇名。

【译文】

孔子对伯鱼说："你学习《周南》、《召南》了吗？一个人如果不学习《周南》、《召南》，那就像面对墙壁站着——无法前进了。"

【原文】

子曰："礼云礼云，玉帛云乎哉？乐云乐云，钟鼓云乎哉？"

【译文】

孔子说："礼呀礼呀，只是说玉呀帛呀这些礼物吗？乐呀乐呀，只是指钟呀鼓呀这些乐器吗？"

【原文】

子曰："色厉而内荏（rěn 忍），譬诸小人，其犹穿窬（yú 余）之盗也与！"

【译文】

孔子说："外表严厉而内心软弱的人，若用小人作比喻，恐怕像个挖洞翻墙的小偷吧！"

【原文】

子曰："乡原①，德之贼也。"

【注释】

①原：老实。乡原：乡人大多数是老实的人,但实际上是不分是非的好好先生。

【译文】

孔子说:"不分是非的好好先生,是道德的败坏者啊。"

【原文】

子曰:"道听而途说,德之弃也。"

【译文】

孔子说:"在路上听到什么就四处传播,是道德的背弃者。"

【原文】

子曰:"鄙夫可与事君也与哉?其未得之也,患得之。既得之,患失之。苟患失之,无所不至矣。"

【译文】

孔子说:"鄙陋的人可以跟他一起事奉君主吗?在他没有得到官职的时候,就担心得不到。已经得到之后,又担心失去它。如果担心失去它,就什么事都做得出来的了。"

【原文】

子曰:"古者民有三疾,今也或是之亡也。古之狂也肆,今之狂也荡;古之矜也廉,今之矜也忿戾(lì力);古之愚也直,今之愚也诈而已矣。"

【译文】

孔子说:"古代的老百姓有三种毛病,现在也许没有了,古代轻狂的人肆无忌惮地直抒己见,现在狂妄的人仅仅是放荡不羁;古代妄自尊大的人方正威严，现在妄自尊大的人凶恶乖戾；古代愚笨的人直爽，现在愚笨的人欺诈而已。"

【原文】

子曰："巧言令色，鲜矣仁。"

【译文】

孔子说："花言巧语，相貌伪善的人，很少有仁德。"

【原文】

子曰："恶紫之夺朱也，恶郑声之乱雅乐也，恶利口之覆邦家者。"

【译文】

孔子说："我讨厌用紫色代替红色，讨厌郑国的乐曲扰乱典雅的乐曲，讨厌用花言巧语颠覆国家的人。"

【原文】

子曰："予欲无言。"子贡曰："子如不言，则小子何述焉？"子曰："天何言哉？四时行焉，百物生焉，天何言哉？"

【译文】

孔子说："我想不说话。"子贡说："您如果不说话，那我们这班学生传述什么呢？"孔子说："上天说了什么呢？但一年四季照样运转不息，万物照样生长，上天说过什么呢？"

【原文】

孺悲①欲见孔子，孔子辞以疾。将命者出户，取瑟而歌，使之闻之。

【注释】

①孺悲：鲁国人，曾向孔子学礼。

【译文】

孺悲想见孔子，孔子推辞说生病了。传话的人走出大门，孔子就拿来瑟边演奏边唱，为的是让他听见。

【原文】

宰我问："三年之丧，期已久矣。君子三年不为礼，礼必坏；三年不为乐，乐必崩。旧谷既没，新谷既升，钻燧改火①，期②（jī基）可已矣。"子曰："食夫稻③，衣夫锦，于女安乎？"曰："安。""女安，则为之！夫君子之居丧，食旨不甘，闻乐不乐，居处④不安，故不为也。今女安，则为之！"宰我出，子曰："予之不仁也！子生三年，然后免于父母之怀。夫三年之丧，天下之通丧也，予也有三年之爱于其父母乎？"

【注释】

①改火：古代用燧石钻木取火，所用的木头四时不同，一年改换一周。

②期：一周年。

③稻：古代中原以稷（小米）为主食，稻是珍贵的食物。

④居处：古人守孝住在临时用草木料搭建的棚子里，"居处"指平时住的房屋。

【译文】

宰我说："三年的服丧时间，实在是太久了。君子三年不习礼仪，礼仪一定会被败坏；三年不奏音乐，音乐一定会荒废。去年的陈谷已经吃完，今年的新谷又上了禾场，钻火用的木头已经改换一周，服丧一周年就行了。"孔子说："父母死后不满三年你就吃稻米饭，穿锦缎衣，这对你来说，心里安稳吗？"宰我说："安稳。"孔子说:"你心里安稳,你就这样做吧!君子服丧,吃美味食物不觉得香甜,听音乐不感到快乐,住在家里不能心安,所以他们不那样做。现在你心里安稳,你就这样做吧!"宰我走出去了,孔子说:"宰予真不仁啊!子女生下来三年,才能离开父母的怀抱。那三年的丧期,是普天下通行的丧期啊。宰予从他父母那里得到过三年的爱吗?"

【原文】

子曰:"饱食终日,无所用心,难矣哉!不有博弈者乎?为之,犹贤乎已。"

【译文】

孔子说:"整天吃饱了饭,不用一点心思,这样的人很难有所作为啊!不是有下棋的游戏吗?干那个,也比闲着好啊。"

【原文】

子路曰:"君子尚勇乎?"子曰:"君子义以为上。君子有勇而无义为乱,小人有勇而无义为盗。"

【译文】

子路说:"君子崇尚勇武吗?"孔子说:"君子认为义是最上等的品德。君子有勇无义就会犯上作乱,小人有勇无义就会去做盗贼。"

【原文】

子贡曰:"君子亦有恶乎?"子曰:"有恶:恶称人之恶者,恶居下流①而讪(shàn善)上者,恶勇而无礼者,恶果敢而窒者。"曰:"赐也亦有恶乎?""恶徼(jiāo交)以为知者,恶不孙以为勇者,恶讦(jié结)以为直者。"

【注释】

①流:当是衍文。

【译文】

子贡说:"君子也有讨厌的人吗?"孔子说:"有讨厌的人:讨厌说别人坏处的人,讨厌处在低下地位而诽谤在上位的人,讨厌有勇力而无礼的人,讨厌有决断但又固执己见、不知变通的人。"又说:"赐啊,你也有讨厌的人吗?"子贡说:"讨厌窃取别人的成绩来冒充自己的聪明的人,讨厌把不谦逊当作勇敢的人,讨厌揭别人的短而认为是直率的人。"

【原文】

子曰:"唯女子与小人为难养也。近之则不孙,远之则怨。"

【译文】

孔子说:"只有女人和小人是很难相处的啊。亲近他们,他们就会无礼;疏远他们,他们就会怨恨。"

【原文】

子曰:"年四十而见恶焉,其终也已。"

【译文】

孔子说:"到了四十岁还被人讨厌,他的一生也就完了。"

微子第十八

【原文】

微子①去之，箕子②为之奴，比干③谏而死。孔子曰："殷有三仁焉！"

【注释】

①微子：名启，殷纣王的同母兄长。纣王无道，他辞职离去。
②箕子：殷纣王的叔父。因谏纣王不听而装疯，被降为奴隶。
③比干：殷纣王的叔父，极谏纣王。纣王说，圣人心有七窍，就将他剖心杀死。

【译文】

微子离开了他，箕子被降为奴隶，比干因为极谏而被杀死。孔子说："殷朝有三位仁人啊！"

【原文】

柳下惠为士师，三黜。人曰："子未可以去乎？"曰："直道而事人，焉往而不三黜？枉道而事人，何必去父母之邦？"

【译文】

柳下惠担任法官，多次被罢免。有人问："您难道不可以离开这个国家吗？"柳下惠说："用正直的态度去事奉上级，到哪里去而能不被多次罢免？用歪门邪道而去事奉上级，又为什么一定要离开祖国呢？"

【原文】

齐景公待孔子曰："若季氏，则吾不能；以季、孟之间待之。"曰："吾老矣，不能用也。"孔子行。

【译文】

齐景公谈到对待孔子时说："要像鲁国国君对待季氏那样，我做不到；我对待他要比季氏差一点而比孟氏好一点。"又说："我老了。不能任用他了。"孔子就走了。

【原文】

齐人归女乐，季桓子①受之，三日不朝，孔子行。

【注释】

①季桓子：季孙斯，鲁国上卿。

【译文】

齐国人送来歌女乐师，季桓子接受了，好几天不上朝听政，孔子就走了。

【原文】

楚狂接舆①歌而过孔子曰："凤兮，凤兮，何德之衰？往者不可谏，来者犹可追。已而，已而，今之从政者殆而！"孔子下，欲与之言，趋而避之，不得与之言。

【注释】

①接舆：当时楚国的一位隐士。

【译文】

楚国的狂人接舆唱着歌走过孔子的车子，他唱道："凤凰啊，凤凰啊！你的遭遇为什么这样倒霉？过去的已经无法挽回，至于未来倒还来得及改悔。算了吧，算了吧，现在的执政者真是太危险了！"孔子下车，想跟他说话。他赶紧走开躲避，终于没能交谈。

【原文】

长沮（jù 具）、桀溺①耦而耕，孔子过之，使子路问津焉。长沮曰："夫执舆者为谁？"子路曰："为孔丘。"曰："是鲁孔丘与？"曰："是也。"曰："是知津矣。"

问于桀溺。桀溺曰："子为谁？"曰："为仲由。"曰："是鲁孔丘之徒与？"对曰："然。"曰："滔滔者天下皆是也，而谁以易之？且而②与其从辟人之士也，岂若从辟世之士哉？"耰③（yōu 优）而不辍。

子路行以告。夫子怃然④曰："鸟兽不可与同群，吾非斯人之徒与而谁与？天下有道，丘不与易也。"

【注释】

①长沮、桀溺：当时两位隐士，长沮、桀溺并非真实姓名。
②而：同"尔"。
③耰：用土覆盖播下的种子，不使被鸟啄食，叫耰。
④怃然：茫然若失的样子。

【译文】

长沮、桀溺在一起耕地，孔子路过那里，叫子路去打听渡口在什么地方。长沮说："那个拉着缰绳控制车子的人是谁？"子路说："是孔丘。"长沮说："是鲁国的孔丘吗？"子路说："是的。"长沮说："那他是早知道渡口在哪儿的。"

子路又问桀溺。桀溺说："您是谁？"子路说："我叫仲由。"桀溺说："是鲁国孔丘的学生吗？"子路说："是的。"桀溺说："整个天下都像滔滔的洪水一样浑浊不堪，你跟谁一起去改变它呢？你与其跟随那个躲避坏人的人，哪里比得上跟随我们这样的躲避黑暗社会的人呢？"一边说着，一边不停地把土盖在播下的种子上。

子路回去报告孔子。孔子茫然若失地说："我们不能跟鸟兽生活在一起。我不跟世人在一起而去跟谁在一起呢？如果天下政治清明，我也就不会参与变革社会了。"

【原文】

子路从而后,遇丈人,以杖荷蓧①(diào 吊)。子路问曰:"子见夫子乎?"丈人曰:"四体不勤,五谷不分,孰为夫子?"植其杖而芸②。子路拱而立。止子路宿,杀鸡为黍而食之,见其二子焉。明日,子路行以告。子曰:"隐者也。"使子路反见之,至,则行矣。子路曰:"不仕无义。长幼之节,不可废也;君臣之义,如之何其废之?欲洁其身而乱大伦。君子之仕也,行其义也。道之不行,已知之矣。"

【注释】

①蓧:耘田时用的盛草竹器。
②芸:同"耘"。

【译文】

子路跟随孔子,落在了后面。他遇见一位老人,用拐杖挑着盛草的竹笼子。子路问道:"您看见我的老师吗?"老人说:"四肢不勤快,五谷不能分,谁是老师?"就把拐杖插在地上,耘起田来。子路拱着手站着。老人留子路过夜,杀了鸡,做了小米饭让他吃,又让两个儿子出来拜见。第二天,子路走去告诉了孔子。孔子说:"那是一位隐士啊。"就让子路回去拜见他,子路到了那里,老人已经走了。子路说:"不做官是不对的,长辈和晚辈之间的礼节是不能废弃的,君主和臣子之间的道义,怎么能废弃呢?想要洁身自好而打乱了那最大的伦常关系。君子出去做官,是履行他的义务啊。我们的主张实行不了,那早就知道了。"

【原文】

逸民:伯夷、叔齐、虞仲、夷逸、朱张、柳下惠、少连。子曰:"不降其志,不辱其身,伯夷、叔齐与!"谓柳下惠、少连:"降志辱身矣,言中伦,行中虑,其斯而已矣。"谓虞仲、夷逸:"隐居放言,身中清,废中权。我则异于是,无可无不可。"

【译文】

隐居而避世的人有：伯夷、叔齐、虞仲、夷逸、朱张、柳下惠、少连。孔子说："不降低志向，不辱没身分，大概是伯夷、叔齐吧！"说柳下惠、少连："降低了志向、辱没了身分，但是说的话合于伦理，做的事符合事先的考虑，就是这样罢了。"说虞仲、夷逸："隐居山林，不谈世事，自身保持清白，弃职合于权宜。我跟他们不一样，没有什么可以，也没有什么不可以的。"

【原文】

大①师挚适齐，亚饭干适楚，三饭缭适蔡，四饭缺适秦，鼓方叔入于河，播鼗②（táo逃）武入于汉，少师阳、击磬襄入于海。

【注释】

①大：同"太"。古代诸侯吃饭时要奏乐，所以有太师、亚饭、二饭等乐师。
②鼗：两旁系有小槌的鼓。

【译文】

太师挚到齐国去了，二饭乐师干到楚国去了，三饭乐师缭到蔡国去了，四饭乐师缺到秦国去了，打鼓乐师方叔到黄河边去了，摇鼗鼓的乐师武到汉水边去了，少师阳、敲磬的乐师襄到海边去了。

【原文】

周公谓鲁公①曰："君子不施其亲，不使大臣怨乎不以。故旧无大故则不弃也。无求备于一人。"

【注释】

①周公：周公旦。鲁公：周公的儿子伯禽。

【译文】

周公对鲁公说:"君子不慢待他的亲族,不使大臣抱怨没有被任用。老臣旧友没有犯大错误就不要抛弃他们。不要对任何一个人求全责备。"

【原文】

周有八士:伯达,伯适(kuò扩),仲突,仲忽,叔夜,叔夏,季随,季騧①(guā瓜)。

【注释】

①八人事迹不详。有人认为这是四对双生子兄弟。

【译文】

周朝有八个贤人:伯达,伯适,仲突,仲忽,叔夜,叔夏,季随,季騧。

子张第十九

【原文】

子张曰:"士见危致命,见得思义,祭思敬,丧思哀,其可已矣。"

【译文】

子张说:"读书知礼的人看见危难能献出生命,看见有利可得就考虑是否该得,祭祀时考虑到要恭敬,服丧时考虑到要哀痛,那就可以了。"

【原文】

子张曰:"执德不弘,信道不笃,焉能为有?焉能为亡?"

【译文】

子张说:"实行仁德不广大,信仰道义不忠实,这种人怎么算他有?怎么算他没有(有没有差不多)?"

【原文】

子夏之门人问交于子张。子张曰:"子夏云何?"对曰:"子夏曰'可者与之,其不可者拒之。'"子张曰:"异乎吾所闻:君子尊贤而容众,嘉善而矜不能。我之大贤与,于人何所不容?我之不贤与,人将拒我,如之何其拒人也?"

【译文】

子夏的学生问子张怎样与人交往。子张说:"子夏怎么说?"子夏的学生回答说:"子夏说:'可以交往的就结交他,不可以交往的就拒绝他。'"子张说:"跟我听说的不一样:君子尊重贤人而容纳大众,赞扬好人而怜悯无能的人。我如果是大贤人,还有什么人不能容纳?我如果是不贤的人,别人将要拒绝我,我怎么拒绝别人呢?"

【原文】

子夏曰:"虽小道,必有可观者焉,致远恐泥,是以君子不为也。"

【译文】

子夏说:"即使是小技艺,也一定有可取之处,但是用在远大事业上恐怕会有妨碍,所以君子不做这些事。"

【原文】

子夏曰:"日知其所亡,月无忘其所能,可谓好学也已矣。"

【译文】

子夏说:"每天知道自己所不懂的,每月不忘记已经学会的,可以说是好学了。"

【原文】

子夏曰:"博学而笃志,切问而近思,仁在其中矣。"

【译文】

子夏说:"广泛地学习,坚守自己的志趣,多问迫切需要解决的问题,并且考虑当前的事情,仁也就在里面了。"

【原文】

子夏曰:"百工居肆以成其事,君子学以致其道。"

【译文】

子夏说:"各种工匠在作坊里完成他们的工作,君子用学习来获得真理。"

【原文】

子夏曰:"小人之过也,必文。"

【译文】

子夏说:"小人有了过错啊,一定加以掩饰。"

【原文】

子夏曰:"君子有三变:望之俨然,即之也温,听其言也厉。"

【译文】

子夏说:"君子有三种变化:远远望去很庄严,接近他之后觉得很温和,听他说话感到很严厉。"

【原文】

子夏曰:"君子信而后劳其民,未信,则以为厉己也;信而后谏,未信,则以为谤己也。"

【译文】

子夏说:"君子在受到人民的信任之后才去动员人民,如果还没有受到信任(就去动员),人民会以为是在危害自己;君子在受到君主的信任之后才去向君主进谏,如果还没有受到信任(就去进谏),君主会以为是在诽谤自己。"

【原文】

子夏曰:"大德不逾闲,小德出入可也。"

【译文】

子夏说:"在大的节操上不可以逾越界限,在小的枝节上有些出入是可以的。"

【原文】

子游曰:"子夏之门人小子,当洒扫应对进退则可矣,抑末也。本之则无,如之何?"子夏闻之,曰:"噫!言游过矣!君子之道,孰先传焉,孰后倦焉,譬诸草木,区以别矣。君子之道,焉可诬也?有始有卒者,其惟圣人乎!"

【译文】

子游说:"子夏的学生们,叫他们打扫卫生、接待客人、掌管礼仪是可以的,不过这些都是细枝末节啊。至于学问的根本却是没有的,怎么行呢?"子夏听到这些话,说:"嘻!言游的话错了!君子的学问,哪一项先传授,哪一项后讲述,就像花草树木一样,要根据门类加以区别的。君子的学问,怎么能诬枉曲解呢?有始有终(地教授学生)的,恐怕只有圣人吧!"

【原文】

子夏曰:"仕而优则学,学而优则仕。"

【译文】

子夏说:"做了官还有余力就去学习,学习了还有余力就去做官。"

【原文】

子游曰:"丧致乎哀而止。"

【译文】

子游说:"服丧能表现悲哀也就可以了。"

【原文】

子游曰:"吾友张也,为难能也,然而未仁。"

【译文】

子游说:"我的朋友子张啊,可算是难能可贵的人了,但是还没有达到仁的地步。"

【原文】

曾子曰:"堂堂乎张也,难与并为仁矣。"

【译文】

曾子说:"子张真是冠冕堂皇啊,很难和他一起达到仁的境界。"

【原文】

曾子曰:"吾闻诸夫子:人未有自致者也,必也亲丧乎!"

【译文】

曾子说:"我听老师说过:人在平时没有自动地充分表露感情的,如果有,一定是父母死亡的时候吧!"

【原文】

曾子曰:"吾闻诸夫子:孟庄子①之孝也,其他可能也,其不改父之臣与父之政,是难能也。"

【注释】

①孟庄子:名速,鲁国大夫,孟献子的儿子。

【译文】

曾子说:"我听老师说过:孟庄子的孝,别的都能做到,他不改换父亲的旧臣僚和父亲的施政方针,是难以做到的。"

【原文】

孟氏使阳肤①为士师，问于曾子，曾子曰："上失其道，民散久矣，如得其情，则哀矜而勿喜！"

【注释】

①阳肤：旧注说是曾子的学生。

【译文】

孟氏任命阳肤为法官，阳肤向曾子请教，曾子说："在上位的人丧失了治理百姓的正道，老百姓早就跟他们离心离德了。如果审案时审出真情，就应该同情他们，不要沾沾自喜！"

【原文】

子贡曰："纣①之不善，不如是之甚也。是以君子恶居下流，天下之恶皆归焉。"

【注释】

①纣：商朝最后一个君主，是有名的暴君。

【译文】

子贡说："纣王的暴行，不像现在传说的那样厉害。所以君子憎恶自己的名声败坏，因为那样的话，天下所有的坏名声都会落到他的头上来。"

【原文】

子贡曰："君子之过也，如日月之食焉：过也，人皆见之；更也，人皆仰之。"

【译文】

子贡说："君子的过错啊，好比日食和月食：错了，人人都看见他；改了，人人都仰望他。"

【原文】

卫公孙朝①问于子贡曰："仲尼焉学？"子贡曰："文武之道，未坠于地，在人。贤者识其大者，不贤者识其小者，莫不有文武之道焉，夫子焉不学？而亦何常师之有？"

【注释】

①公孙朝：当时有几个公孙朝，这是卫国大夫公孙朝。

【译文】

卫国的公孙朝问子贡说："仲尼是在哪里学到那些学问的？"子贡说："文王和武王的道，并没有丢掉，而在人间流传。贤明的人能够抓住它的大端，不贤的人只能抓住末节，到处都有文王武王的道术。老师哪儿不能学呢？而且又有什么固定的老师呢？"

【原文】

叔孙武叔①语大夫于朝曰："子贡贤于仲尼。"子服景伯以告子贡。子贡曰："譬之宫墙，赐之墙也及肩，窥见室家之好。夫子之墙数仞（rèn 刃），不得其门而入，不见宗庙之美，百官②之富。得其门者或寡矣。夫子之云，不亦宜乎？"

【注释】

①叔孙武叔：鲁国的大夫，名州仇。
②官：这里指房舍。

【译文】

叔孙武叔在朝廷里对大夫说："子贡比仲尼贤良。"子服景伯把这些话告诉子贡。子贡说："这就好比屋外的围墙，我的围墙像肩膀那么高，人家可以看见围墙里房屋的美好。老师的围墙好几丈高，不从他的门进去，就看不见宗庙的美好、房屋的多种多样。能够进他的门的人也许是很少的。叔孙武叔大夫有那样的说法，不也是很自然的吗？"

【原文】

叔孙武叔毁仲尼。子贡曰："无以为也！仲尼不可毁也。他人之贤者，丘陵也，犹可逾也；仲尼，日月也，无得而逾焉。人虽欲自绝，其何伤于日月乎？多①见其不知量也。"

【注释】

①多：只，仅仅。

【译文】

叔孙武叔毁谤仲尼。子贡说："不要这样做啊！仲尼是毁谤不了的。其他的贤人，好比是小山头，还可以跨过去；仲尼就好比太阳和月亮，是没法跨过去的。有的人虽然想自己跟太阳月亮断绝，那对于太阳月亮有什么伤害呢？只是看出他的不知道自量啊。"

【原文】

陈子禽①谓子贡曰："子为恭也，仲尼岂贤于子乎？"子贡曰："君子一言以为知，一言以为不知，言不可不慎也。夫子之不可及也，犹天之不可阶而升也。夫子之得邦家者，所谓立之斯立，道之斯行，绥之斯来，动之斯和。其生也荣，其死也哀，如之何其可及也？"

【注释】

①陈子禽：姓陈，名亢，字子禽。

【译文】

陈子禽对子贡说："您对仲尼只是谦恭吧，难道他真的比你贤良吗?"子贡说:"君子说一句话可以表现出他的聪明,说一句话也可以表现出他的不聪明。说话不能不谨慎啊。老师的人品是人所达不到的,就像天不能用阶梯爬上去一样啊。老师如果得到一个封国成为诸侯,或者得到一个封邑成为卿大夫,那么他要百姓安家立业,他们就会安家立业;引导他们,他们就会跟着前进;安抚他们,他们就会来归顺;动员他们,他们就会和衷共济。他活着光荣,死了值得哀痛,我怎么赶得上他呢?"

尧曰第二十

【原文】

尧曰:"咨!尔舜!天之历数在尔躬,允①执其中。四海困穷,天禄永终。"舜亦以命禹。

曰:"予小子履②敢用玄牡,敢昭告于皇皇后帝:有罪不敢赦。帝臣不蔽,简③在帝心。朕躬有罪,无以万方,万方有罪,罪在朕躬。"

周有大赉(lài赖),善人是富。"虽有周亲,不如仁人。百姓有过,在予一人。"

谨权量④,审法度⑤,修废官,四方之政行焉。兴灭国,继绝世,举逸民,天下之民归心焉。

所重:民,食,丧,祭。

宽则得众,信则民任焉,敏则有功,公则说。

【注释】

①允:诚实,真实。
②履:商汤的名字。
③简:检查,察看。
④权:秤。量:量器。
⑤法度:长度的单位。

【译文】

尧说:"啊!你这位舜!上天安排了帝位的顺序,这回要落到你的身上啦,你要忠实地执行正确的治国方针。如果普天下的人都贫困穷苦,上天给你的禄位也就永远终止了。"舜也用这样的话告诫禹。

商汤说:"小人我阿履斗胆用黑色的公牛作为祭品,明白地禀告光明伟大的天帝:对于有罪的人我决不敢赦免。对于您的臣仆的善恶我也没有掩盖隐瞒,这是您早已明察于心的。我个人有罪,请不要牵连天下万邦;天下万邦有罪,请归罪到我身上。"

周朝大封诸侯,使善人都得到富贵。(武王说:)"我虽然有至亲,还不如有仁人。百姓有过错,由我一个人来承担。"

谨慎地检验并审定度量衡,恢复废弃了的职官,天下四方的政令就行得通了。复兴被灭亡的国家,接续已经断绝的世族,选拔被遗落的人才,天下的百姓就会诚心归服了。

应该重视的是:人民,粮食,丧葬,祭祀。

宽厚就能获得广大的民众,诚实守信就会得到别人的信任,聪敏则办事能够成功,公正则能使人民高兴。

【原文】

子张问于孔子曰:"何如斯可以从政矣?"子曰:"尊五美,屏四恶,斯可以从政矣。"子张曰:"何谓五美?"子曰:"君子惠而不费,劳而不怨,欲而不贪,泰而不骄,威而不猛。"子张曰:"何谓惠而不费?"子曰:"因民之所利而利之,斯不亦惠而不费乎?择可劳而劳之,又谁怨?欲仁而得仁,又焉贪?君子无众寡,无小大,无敢慢,斯不亦泰而不骄乎?君子正其衣冠,尊其瞻视,俨然人望而畏之,斯不亦威而不猛乎?"子张曰:"何谓四恶?"子曰:"不教而杀谓之虐,不戒视成谓之暴,慢令致期谓之贼,犹之与人也,出纳①之吝谓之有司。"

【注释】

①出纳:出和纳两个相反的意义连用,其中"纳"的意义虚化而只有"出"的意义。

【译文】

子张问孔子说:"要怎么样才能从事政务?"孔子说:"尊重五种

美德，屏除四种恶政，就可以从事政务了。"子张说："什么是五种美德？"孔子说："君子能给人好处而不糜费，使百姓出劳力而又不怨恨，对仁义有欲望而对财利不贪心，态度泰然自若而不骄傲，仪表威严而不凶猛。"子张说："什么叫给人好处而不糜费？"孔子说："用老百姓能获利的事情而让他们获利，这不也就是给人好处而不糜费吗？选择那些老百姓可以做的事而让他们去做，又有谁会怨恨？想要仁德而又得到了仁德，还贪求什么呢？君子不管人多人少，也不管势力大势力小，都不敢怠慢，这不也就是态度泰然自若而不骄傲吗？君子把衣服帽子穿戴整齐，端庄地看着前方，威严地使人望而生畏，这不也就是仪表威严而不凶猛吗？"子张说："什么是四种恶政？"孔子说："不进行教育就杀戮叫做残虐，不事先告诫而要求取得成功叫做暴戾，起先懈怠而又突然限期峻急叫做贼害，都是应当给人家的财物而舍不得拿出去叫做小家子气。"

【原文】

孔子曰："不知命，无以为君子也；不知礼，无以立孔也；不知言，无以知人也。"

【译文】

孔子说："不懂得命运，不能成为君子；不懂得礼法，不可能立足于社会；不懂得分析别人的言论，不可能了解别人。"

◇ 孟 子 ◇

梁惠王（上）

【原文】

孟子见梁惠王①。王曰："叟不远千里而来，亦将有以利吾国乎？"

孟子对曰："王何必曰利？亦有仁义而已矣。王曰'何以利吾国'，大夫曰'何以利吾家②'，士庶人曰'何以利吾身'，上下交征利而国危矣。万乘③之国，弑（shì 是）其君者，必千乘（shèng 剩）之家；千乘之国，弑其君者，必百乘之家。万取千焉，千取百焉，不为不多矣。苟为后义而先利，不夺不餍（yàn 厌）。未有仁而遗其亲者也，未有义而后其君者也。王亦曰仁义而已矣，何必曰利？"

【注释】

①梁惠王：指当时魏国国君，魏首都在大梁（今河南开封），故亦称梁国。

②家：古时"国"与"家"的含义与今天不同，国指诸侯国，即诸侯的封地；家指大夫的封地。

③万乘：一车四马为乘。古时以拥有兵车的多少来衡量一个国家的大小，"万乘"，即拥有兵车万辆。下文千乘、百乘类此。

【译文】

孟子谒见梁惠王。惠王说："老先生不远千里赶来，也一定会有什么对我国有利的好办法吧?"

孟子回答说:"大王为什么一定要讲利呢?只要有仁义就行了。大王说'怎样才有利于我的国家',大夫说'怎样才有利于我的封地',士人和老百姓说'怎样才有利于我自己',如果上上下下都这样相互争夺私利,国家就危险了。拥有万辆兵车的国家,那杀死他们国君的,一定是拥有千辆兵车的大夫;拥有千辆兵车的国家,那杀死他们国君的,一定是拥有百辆兵车的大夫。一万辆兵车中既已占有一千辆,一千辆兵车中既已占有一百辆,这些大夫所获取的不能说是不多的了。但如果他们都先求利而后取义,那么,不把国君的权利统统夺去是不会满足的。从来没有讲求仁爱而遗弃自己父母的人,也没有讲求道义而怠慢自己国君的人。所以,大王只要讲仁义就行了,为什么一定要讲利呢?"

【原文】

孟子见梁惠王。王立于沼上,顾鸿雁麋（mí 迷）鹿,曰:"贤者亦乐此乎?"

孟子对曰:"贤者而后乐此,不贤者虽有此,不乐也。《诗》①云:'经始灵台,经之营之,庶民攻之,不日成之。经始勿亟,庶民子来。王在灵囿（yòu 右）,麀（yōu 优）鹿攸伏,麀鹿濯濯,白鸟鹤鹤。王在灵沼,於牣（wū rèn 乌刃）鱼跃。'文王以民力为台为沼,而民欢乐之,谓其台曰灵台,谓其沼曰灵沼,乐其有麋鹿鱼鳖。古之人与民偕乐,故能乐也。《汤誓》②曰:'时日害（hé 合）丧?予及女皆亡。'民欲与之皆亡,虽有台池鸟兽,岂能独乐哉?"

【注释】

①《诗》:指我国古代第一部诗歌总集,后为儒家经典之一,也称《诗经》。下文所引见《大雅·灵台》篇。

②《汤誓》:《尚书》篇名。文中记载商汤讨伐夏桀的誓辞。

【译文】

孟子谒见梁惠王。惠王正站在池塘边，一边左顾右盼地欣赏着鸿雁麋鹿，一边说："有德行的人也爱享受这些当做乐趣吗？"

孟子回答说："只有先成为一个有德行的人，然后才能够享受到这种乐趣；没有德行的人，即使有这些，也是享受不到快乐的。《诗经》上说：'开始规划建灵台，文王经营巧安排，百姓齐心努力干，灵台落成进度快。文王诚令不着急，百姓如子自动来。文王游览灵园中，母鹿安伏深草丛，母鹿长得肥又美，白鸟洁净羽毛丰。文王游览到灵沼，啊！满池鱼儿欢跳动。'周文王依靠百姓的劳力建筑高台深池，但百姓却很快活，把台叫做'灵台'，把池叫做'灵沼'，还为那里有种种麋鹿鱼鳖而感到高兴。古时有德行的人与百姓同乐，所以能尽情享受快乐。《汤誓》中说：'你这毒日头啊，何时才灭亡？我们忍受不了，宁可与你同灭。'像夏桀这样没有德行的人，百姓要与他同归于尽，那他即使有台池鸟兽，难道能独自享受吗？"

【原文】

梁惠王曰："寡人之于国也，尽心焉耳矣。河①内凶，则移其民于河东，移其粟于河内；河东凶亦然。察邻国之政，无如寡人之用心者。邻国之民不加少，寡人之民不加多，何也？"

孟子对曰："王好战，请以战喻。填然鼓之，兵刃既接，弃甲曳兵而走，或百步而后止，或五十步而后止。以五十步笑百步，则何如？"

曰："不可，直不百步耳，是亦走也。"

曰："王如知此，则无望民之多于邻国也。不违农时，谷不可胜食也，数（cù促）罟（gǔ古）不入洿（wū污）池，鱼鳖不可胜食也；斧斤以时入山林，材木不可胜用也。谷与鱼鳖不可胜食，材木不可胜用，是使民养生丧死无憾也。养生丧死无憾，王道之始也。

"五亩之宅，树之以桑，五十者可以衣帛矣。鸡豚（tún 屯）狗彘（zhì 智）之畜（xù 序），无失其时，七十者可以食肉矣，百亩之田，勿夺其时，数口之家可以无饥矣。谨庠（xiáng 祥）序之教，申之以孝悌（tì 替）之义，颁白者不负戴于道路矣。七十者衣帛食肉，黎民不饥不寒，然而不王者，未之有也。

"狗彘食人食而不知检，塗有饿莩（piǎo 漂）而不知发，人死，则曰'非我也，岁也。'是何异于刺人而杀之，曰'非我也，兵也。'王无罪岁，斯天下之民至焉。"

【注释】

①河：黄河。古时河专指黄河。

【译文】

梁惠王说："我对国家，总算尽心了吧，河内发生饥荒，我就把那里的灾民迁移到河东，而把河东的粮食调拨些到河内。河东如发生饥荒，也照此办理。考虑邻国的政事，没有像我一样替人民费尽心力的，但邻国的人口并没减少，而我的百姓也没增多，这是为什么呢？"

孟子回答说："大王喜好打仗，让我用打仗作个比方：战鼓咚咚擂响，刀枪锋芒相撞，败军兵士丢下盔甲拖着兵器临阵逃跑，有的跑了一百步才停下，有的只跑了五十步就停下了。如果因为自己只跑了五十步而嘲笑跑了一百步的人，那怎么样？"

惠王说："不可以，只不过没有跑一百步罢了，但这也是逃跑呀。"

孟子说："大王倘若知道这个道理，那就不应指望您的百姓比邻国多了。只要不耽误农民耕种收获的时令，粮食就吃不光了；不用细密的渔网到池塘里捕捞，鱼鳖就吃不完了；砍伐林木按时节规律，木料就消耗不尽了。粮食和鱼鳖吃不完，木料用不尽，这就使得老百姓养家活口送终葬死没有什么不满。养家活口送终葬死没有不满，是王道的开端。

"在五亩大的宅院里种上桑树,五十岁的人就可以穿上丝绸衣服了。鸡、狗、猪的饲养不要错过它们繁殖的时机,七十岁老人就可以吃上肉了。每户给百亩耕地,不要耽误他们的农时,几口人的家庭就可以不挨饿了。精心搞好学校教育,反复讲清孝顺父母、敬爱兄长的道理,那么头发花白上年纪的人就不至于在路上行走时背负或头顶着东西了。老年人有绸衣穿有肉食吃,一般百姓不挨饥受冻,做到这样的程度却还不能统一天下而称王,那是从来没有的事。

"可是现在,猪狗吃了人的粮食却不知道制止,路上有饿死的人却不知道开仓救济,人饿死了,就推脱说'这不是我治理的问题,是年成的问题'这跟杀死了人却说'不是我杀的,是兵器杀的'有什么两样呢?大王只要自己担起责任而不归罪于年成,这样天下的百姓就会来归顺了。"

【原文】

梁惠王曰:"寡人愿安承教。"

孟子对曰:"杀人以梃(tǐng挺)与刃,有以异乎?"

曰:"无以异也。"

"以刃与政,有以异乎?"

曰:"无以异也。"

曰:"庖(páo袍)有肥肉,厩(jiù救)有肥马,民有饥色,野有饿莩,此率兽而食人也。兽相食,且人恶之;为民父母行政不免于率兽而食人,恶(wū乌)在其为民父母也?仲尼曰:'始作俑者,其无后乎!'为其像人而用之也,如之何其使斯民饥而死也?"

【译文】

梁惠王说:"我非常乐意接受您的教诲。"

孟子回答说:"用棍棒杀人与用刀子杀人,有什么区别吗?"

惠王说:"没有区别。"

孟子说:"用刀杀人与因政治腐败害死人,有什么区别吗?"

惠王说:"也没有区别。"

孟子说:"现在您的厨房里有肥美的肉食,马棚里有肥壮的马匹,可是百姓却面黄肌瘦,野外倒着饿死的尸体,这简直是率领野兽去吃人。兽类自相吞吃,人们尚且憎恶这种行径;现在作为百姓父母官,施行政事竟然也免不了干出率领野兽吃人的勾当,这算什么百姓的父母官?孔子说过:'第一个造出陪葬偶人的人,大约会断子绝孙吧!'他说这话是因为偶人模拟人形而用来陪葬。那么,怎么可以让这些百姓受饥而活活饿死呢?"

【原文】

梁惠王曰:"晋国①,天下莫强焉,叟之所知也。及寡人之身,东败于齐,长子死焉;西丧地于秦七百里;南辱于楚。寡人耻之,愿比死者一洒(同"洗")之,如之何则可?"

孟子对曰:"地方百里而可以王。王如施仁政于民,省刑罚,薄税敛,深耕易耨(nòu),壮者以暇日修其孝悌忠信,入以事其父兄,出以事其长上,可使制梃以挞(tà 踏)秦楚之坚甲利兵矣。

"彼夺其民时,使不得耕耨以养其父母,父母冻饿,兄弟妻子离散。彼陷溺其民,王往而征之,夫谁与王敌?故曰:'仁者无敌。'王请勿疑!"

【注释】

①晋国:这里惠王说的是魏国。魏、韩、赵原为晋国三个大夫。他们强大起来,共分了晋国,史称"三家分晋,所以惠王自称晋。"

【译文】

梁惠王说:"魏国,天下没有比它更强大的国家了,您老先生是知道的。但到了我这一代,东边被齐国打败,我的大儿子也牺牲了;西边败给秦国,丧失了疆土七百里;南边又被楚国所辱,我为此感到羞耻,发誓要给所有的阵亡将士雪耻报仇,怎么办才好呢?"

孟子回答说:"一个国家的疆土即使只有方圆百里,照样可以取得天下。大王如果对百姓施行仁政,省免刑罚,减少税收,让百姓深耕细作,及时除草;让青年人利用闲暇时间学习,培养孝敬、爱悌、忠诚、信义这些品德,在家用来侍奉父母兄长,在社会则用来尊长上级效劳,如果这样,即使让他们手拿棍棒也足以抗击身披坚实铁甲、手持锐利兵器的秦、楚军队了。

"秦、楚那些国家征兵使役,妨碍了百姓的农作时节,以致百姓不能耕种土地来养活自己的父母。父母饥寒交迫,兄弟、妻子、儿女离散在四方。他们使百姓陷入在水深火热之中,大王去讨伐他们,谁能与大王抵敌?所以说:'奉行仁政的人无敌于天下。'请大王对此不要再怀疑了!"

【原文】

孟子见梁襄王。出,语人曰:"望之不似人君,就之而不见所畏焉。卒(cù 促)然问曰:'天下恶(wū 乌)乎定?'"

"吾对曰:'定于一。'

"'孰能一之?'

"对曰:'不嗜杀人者能一之。'

"'孰能与之?'

"对曰:'天下莫不与也。王知夫苗乎?七八月之间旱,则苗槁矣。天油然作云,沛然下雨,则苗浡(bó 勃)然兴之矣。其如是,孰能御之?今夫天下之人牧,未有不嗜杀人者也。如有不嗜杀人者,则天下之民皆引领而望之矣。诚如是也,民归之,由水之就下,沛然谁能御之?'"

【译文】

孟子谒见梁襄王。出来后,孟子告诉别人说:"梁王这个人哪,远看不像国君的样子,走近也看不出威严在哪里。他突然问我:'天下怎样才能安定?'"

"我回答说:'安定在于统一。'

"'谁能统一天下?'

"我又回答说:'不嗜好杀人的人能统一天下。'

'谁能跟随他?'

"我回答说:'天下没有人不跟随他。您知道禾苗吧,七八月间天旱,禾苗就会干枯。如果天空乌云翻滚,下起滂沱大雨,禾苗就会蓬勃生长了。假如这样,谁能抵挡得了?现在天下的国君,没有不嗜好杀人的。如果有不嗜好杀人的,那么天下的老百姓都会伸长脖子盼望他了。真能这样,百姓跟随他,就好比水往低处流一样,磅礴之势谁能抵挡得了?'"

【原文】

齐宣王问曰:"齐桓、晋文之事,可得闻乎?"

孟子对曰:"仲尼之徒,无道桓、文之事者,是以后世无传焉,臣未之闻也。无以(同"已"),则王(wàng旺)乎!"

曰:"德何如则可以王矣?"

曰:"保民而王,莫之能御也。"

曰:"若寡人者,可以保民乎哉?"

曰:"可。"

曰:"何由知吾可也?"

曰:"臣闻之胡龁(hé何)曰:'王坐于堂上,有牵牛而过堂下者,王见之,曰:"牛何之?"对曰:"将以衅钟。"王曰:"舍之!吾不忍其觳觫(hū sù胡速),若无罪而就死地。"对曰:"然则废衅钟与?"曰:"何可废也?以羊易之!"'不识有诸?"

曰:"有之。"

曰:"是心足以王矣!百姓皆以王为爱也,臣固知王之不忍也。"

王曰:"然,诚有百姓者。齐国虽褊(biǎn扁)小,吾何爱一牛?即不忍其觳觫,若无罪而就死地,故以羊易之也。"

曰:"王无异于百姓之以王为爱也。以小易大,彼恶知之?

王若隐其无罪而就死地,则牛羊何择焉?"

王笑曰:"是诚何心哉!我非爱其财而易之以羊也,宜乎百姓之谓我爱也。"

曰:"无伤也,是乃仁术也!见牛未见羊也。君子之于禽兽也,见其生,不忍见其死;闻其声,不忍食其肉,是以君子远庖厨也。"

王说(悦),曰:"《诗》云:'他人有心,予忖度(duó夺)之。'夫子之谓也。夫我乃行之,反而求之,不得吾心。夫子言之,于我心有戚戚焉。此心之所以合于王者,何也?"

曰:"有复于王者曰:'吾力足以举百钧,而不足以举一羽;明足以察秋毫之末,而不见舆薪。'则王许之乎?"

曰:"否!"

"今恩足以及禽兽,而功不至于百姓者,独何与?然则一羽之不举,为不用力焉;舆薪之不见,为不用明焉;百姓之不见保,为不用恩焉。故王之不王,不为也,非不能也。"

曰:"不为者与不能者之形,何以异?"

曰:"挟泰山以超北海,语人曰'我不能',是诚不能也。为长者折枝,语人曰'我不能',是不为也,非不能也。故王之不王,非挟泰山以超北海之类也;王之不王,是折枝之类也。

"老吾老,以及人之老;幼吾幼,以及人之幼;天下可运于掌。《诗》云:'刑(同"型")于寡妻,至于兄弟,以御于家邦。'言举斯心加诸彼而已。故推恩足以保四海,不推恩无以保妻子。古之人所以大过人者,无他焉,善推其所为而已矣。今恩足以及禽兽,而功不至于百姓者,独何与?

"权,然后知轻重;度,然后知长短。物皆然,心为甚。王请度(duó夺)之!

"抑王兴甲兵,危士臣,构怨于诸侯,然后快于心与?"

王曰:"否。吾何快于是!将以求吾所大欲也。"

曰:"王之所大欲,可得闻与?"

王笑而不言。

曰:"为肥甘不足于口与?轻暖不足于体与?抑为采色不足视于目与?声音不足听于耳与?便嬖(pián bì 骈必)不足使令于前与?王之诸臣,皆足以供之,而王岂为是哉?"

曰:"否。吾不为是也。"

曰:"然则王之所大欲可知已:欲辟土地,朝秦楚,莅(lì 立)中国,而抚四夷也。以若所为,求若所欲,犹缘木而求鱼也。"

王曰:"若是其甚与?"

曰:"殆有甚焉。缘木求鱼,虽不得鱼,无后灾;以若所为,求若所欲,尽心力而为之,后必有灾。"

曰:"可得闻与?"

曰:"邹人与楚人战,则王以为孰胜?"

曰:"楚人胜。"

曰:"然则小固不可以敌大,寡固不可以敌众,弱固不可以敌强。海内之地,方千里者九,齐集有其一。以一服八,何以异于邹敌楚哉?盖(hé 合,同"盍")亦反(同"返")其本矣!今王发政施仁,使天下仕者皆欲立于王之朝,耕者皆欲耕于王之野,商贾(gǔ 古)皆欲藏于王之市,行旅皆欲出于王之塗,天下之欲疾其君者皆欲赴愬(同"诉")于王。其若是,孰能御之?"

王曰:"吾惛(同"昏"),不能进于是矣。愿夫子辅吾志,明以教我。我虽不敏,请尝试之。"

曰:"无恒产而有恒心者,惟士为能;若民,则无恒产,因无恒心。苟无恒心,放辟邪侈,无不为已。及陷于罪,然后从而刑之,是罔(同"网")民也。焉有仁人在位,罔民而可为也!是故明君制民之产,必使仰足以事父母,俯足以畜妻子,乐岁终身饱,凶年免于死亡;然后驱而之善,故民之从之也轻。今也制民之产,仰不足以事父母,俯不足以畜(xù 序)妻子,乐岁终身苦,凶年不免于死亡;此惟救死而恐不赡,奚暇治礼义哉?王欲行之,则盍(hé何)反其本矣。五亩之宅,树之以桑,五十者可以衣帛矣;鸡豚狗彘之畜,无失其时,七十者可以食肉矣;百亩之田,勿夺其时,八口之家可以无饥矣;谨庠序之教,申之以孝悌之义,颁白者不负载于道路矣。老者衣锦食肉,黎民不饥不寒,然而不王者,未之有也。"

【译文】

齐宣王问道:"齐桓公、晋文公称霸的事迹,你能讲给我听听吗?"

孟子回答说:"孔子的弟子没有谁谈到齐桓公、晋文公的事迹,所以后代没有流传下来,我也没有听说过。您一定要我说的话,就说说以德服天下的'王道'吧?"

宣王说:"怎么样的德才可以征服天下呢?"

孟子说:"从爱护百姓出发征服天下,就没有人抵挡得了。"

宣王说:"像我这样,能做到爱护百姓吗?"

孟子说:"能。"

宣王说:"凭什么知道我能呢?"

孟子说:"我听胡龁说过这样一件事:大王坐在殿堂上,有人牵着牛从殿堂下经过,大王看见了,就问:'把牛牵到哪里去?'那人回答说:'将要宰它用血来涂钟。'大王说:'放了它吧!我不忍心它瑟瑟发抖的样子,这样毫无罪过被送到屠场去。'那人回答说:'那么要把祭钟的仪式废除了?'大王说:'怎么可以废除呢?用羊代替它!'不知道有没有这么回事?"

宣王说:"有这么回事。"

孟子说:"有这善心就足够用来征服天下了。百姓都以为大王是吝啬,我可本来就知道大王是不忍心啊。"

宣王说:"对,的确有百姓以为我吝啬。齐国地方虽然狭小,但我何至于吝惜一头牛呢?我就是因为不忍心它瑟瑟发抖的样子,毫无罪过却被送到屠场,所以用羊代替它。"

孟子说:"大王对百姓以为您吝啬这一点不要诧异。您用小牲口换下大牲口,他们怎能知道您的深意?不过大王如果同情它没有罪过却被送到屠场,那么牛和羊有什么区别呢?"

宣王笑着说:"这真是什么心理呢?我的确不是吝惜财产而用羊来代替牛的。(您这么一说)百姓说我吝啬也是理所当然的了。"

孟子说:"不碍事,这是仁心的巧妙体现,亲眼看见了牛却没有看见羊。君子对于禽兽,看见它们活着,就不忍心看见它们被杀死;听到它们的哀鸣声,就不忍心吃它们的肉。所以,君子总要远离厨房。"

宣王很高兴,说:"《诗经》上说:'他人存在的心思,我能估摸得到。'说的就是先生哪。我虽这么做了,回头想想为什么这么做,却弄不清自己出于什么心理。先生说出了我的心思,我心里顿然明白了。我的善心与征服天下的王道相合,又是什么道理呢?"

孟子说:"有一个人向您报告说:'我的力气足够举起三千斤,却拿不起一根羽毛;我的视力足够看仔细秋鸟羽毛的尖尖,却看不到一车柴禾。'大王相信他的话吗?"

宣王说:"不相信。"

"现在你的恩惠连禽兽身上都能施舍到,但功德却不能施加到老百姓身上,原因是什么呢?这样看来,一根羽毛都拿不动,是因为没有把力气用上去;一车柴禾都看不见,是因为没有把视力用上去;百姓没有得到爱护,是因为没有把善心用上去。所以大王没有征服天下,是不做,不是做不到。"

宣王说:"不做与做不到两者的表现凭什么区别呢?"

孟子说:"用两臂夹着泰山跳过北海,告诉别人说:'我做不到,'这是真的做不到。替老年人按摩肢体,告诉别人说:'我做不到,'这是不做,不是做不到。所以大王不能实行用王道统一天下,不是属于夹着泰山跳过北海这一类,而是属于按摩肢体这一类。

"尊敬自己的长辈,从而推广尊敬别人的长辈;爱护自己的小孩,从而推广到爱护别人的小孩。有这样的心思,统治天下就像在手掌中转动东西那么容易了。《诗经》上说:'先给自己的妻子做榜样,从而影响兄弟,进一步以此治理封地和国家。'说的就是将自己对待亲人的善心推广到别人身上罢了。所以推广善心足够用来安抚天下的人民,不推广善心就连妻子、儿女也保护不了。古代的圣人之所以大大超过一般人,没有别的原因,只不过善于推广他们的善行罢了。现今您的恩泽足够布施到禽兽,而百姓却得不到好处,究竟是什么原因呢?

"称一称,这才知道轻重;量一量,这才知道长短,什么东西都这样,人心更是如此。请大王仔细考虑考虑!

"大王是否要发动军队,让将士冒着危险,跟诸侯结怨,这样才心里痛快呢?"

宣王说:"不。我怎么会对这样做感到痛快呢?我只是想通过这样做来实现我的最大愿望啊。"

孟子说:"大王最大的愿望能说给我听听吗?"

宣王笑着不说话。

孟子说:"是嘴巴不满足肥美的食物,身体不满足轻暖的衣服呢?还是眼睛看不够艳丽的色彩,耳朵听不够美妙的音乐,跟前宠爱的侍从不够使唤呢?这一切,大王的许多官员都能尽量地供给您,大王难道为了这些吗?"

宣王说:"不。我不为了这些。"

孟子说:"那么大王最大的愿望就可以知道了:您是想扩张领土,使秦楚这些强国都来朝贡,统治中原大地,安抚边地落后部族。如果按您这样的做法去求得您那愿望的实现,就好比爬到树上去抓鱼。"

宣王说:"严重到如此地步吗?"

孟子说:"恐怕还要严重呢?爬上树抓鱼虽然抓不到鱼,但没有灾祸。按您这种做法求得您那愿望的实现,如果尽心尽力去做,结果必定有灾祸。"

宣王曰:"把其中道理能讲给我听听吗?"

孟子说:"假如邹国人与楚国人打仗,大王以为谁胜?"

宣王说:"楚国人胜。"

孟子说:"这样看来,小国当然抵挡不了大国,人口少的当然抵挡不了人口多的,弱国当然抵挡不了强国。天下土地有九个千里方圆那么大,齐国土地截长补短凑拢来也只占九分之一。要以一份征服另外的八份,跟邹国抵挡楚国有什么两样呢?为什么不从根本上考虑问题呢?

"现在大王发布政令,推行仁道,就会使天下从政的都想在您的朝廷中求职;种地的都想在您的土地上耕种;经商的都想在您的市场里做生意;旅行的都想从您的大道上经过;各国怨恨他们国君的人都想跑到您这里来申诉。如果这样,谁能抵挡得了?"

宣王说:"我头脑昏乱,不能做到这种程度了。希望先生帮助我实现愿望,明明白白地开导我。我虽然不聪敏,倒希望试一试。"

孟子说:"没有固定的产业却有坚定的道德观念,只有士人才能做到。至于一般老百姓,没有固定的产业也就没有坚定的道德观念了。如果没有坚定的道德观念,就会为非作歹,违法乱纪,无所不为了。待到犯了罪,再加以惩处,这是坑害百姓。哪有仁爱的人执政却做出坑害百姓的事情的呢?所以贤明的君主规定百姓的产业,一定要使他们上足够赡养父母,下足够抚养妻儿,好年成一年到头丰衣足食,坏年成也不至于饿死。这样再督促他们走上为善的道路,百姓就容易听从了。可是现在呢,规定百姓的产业,上不足赡养父母,下不足抚养妻儿,好年成也是终年困苦,坏年成就不免饿死。像这样就连救活性命都怕不足以做到,哪有闲空讲求礼义呢?大王要施行仁政,那为什么不回到治国的根本上来呢?在五亩大的宅院里种上桑树,五十岁的人就可以穿上丝绵衣服了;鸡、狗、猪的喂养,不要错过它们繁殖的时机,七十老人就可以吃到肉了;每户给百亩耕地,不要耽误他们的农时,八个人的家庭就可以不挨饿了;精心搞好学校教育,反复讲清孝顺父母,敬爱兄长的道理,那么头发花白上年纪的人就不至于在路上行走时背负或头顶着东西了。老年人有丝绵衣穿有肉食吃,一般百姓不挨饥受冻,国家治理到这样的程度,却不能使天下归顺而称王,那是从未有过的事。"

梁惠王(下)

【原文】

庄暴①见孟子，曰："暴见于王，王语暴以好乐，暴未有以对也。"曰："好乐何如？"

孟子曰："王之好乐甚，则齐国其庶几乎？"

他日，见于王曰："王尝语庄子以好乐，有诸？"

王变乎色，曰："寡人非能好先王之乐也，直好世俗之乐耳。"

曰："王之好乐甚，则齐其庶几乎！今之乐由（同"犹"）古之乐也。"

曰："可得闻与？"

曰："独乐（yuè月）乐（lè勒），与人乐乐，孰乐？"

曰："不若与人。"

曰："与少乐乐，与众乐乐，孰乐？"

曰："不若与众。"

"臣请为王言乐。今王鼓乐于此，百姓闻王钟鼓之声，管籥（yuè越）之音，举疾首蹙（cù醋）頞（è恶）而相告曰：'吾王之好鼓乐，夫何使我至于此极也？父子不相见，兄弟妻子离散。'今王田猎于此，百姓闻王车马之音，见羽旄（máo毛）之美，举疾首蹙頞而相告曰：'吾王之好田猎，夫何使我至于此极也？父子不相见，兄弟妻子离散。'此无他，不与民同乐也。

"今王鼓乐于此，百姓闻王钟鼓之声、管籥之音，举欣欣然有喜色而相告曰：'吾王庶几无疾病与？何以能鼓乐也？'今王田猎于此，百姓闻王车马之音，见羽旄之美，举欣欣然有喜色而相告曰：'吾王庶几无疾病与？何以能田猎也？'此无他，与民同乐也。今王与百姓同乐，则王矣。"

【注释】

①庄暴：齐国的臣子。

【译文】

庄暴来见孟子，说："我谒见过大王，他告诉我：'自己喜欢音乐。我没有办法对答。"又说："喜欢音乐好不好？"

孟子说："大王如果非常爱好音乐，齐国就有希望了。"

过了几天，孟子去谒见齐宣王，说："大王曾告诉庄先生说您爱好音乐，有这事吗？"

宣王脸色变得不大自然，说："我不是爱好先代帝王遗留下来的古典音乐，只是爱好世俗流行的音乐罢了。"

孟子说："大王如果非常爱好音乐，齐国就有希望了！现在的音乐与古代的音乐都是一样的。"

宣王说："能讲讲理由，让我听听吗？"

孟子说："独自欣赏音乐的快乐，和跟别人共同欣赏音乐的快乐，哪一种更快乐呢？"

宣王说："不如跟别人共同欣赏更快乐。"

孟子说："跟少数人共同欣赏音乐的快乐，和跟许多人共同欣赏音乐的快乐，哪一种更快乐呢？"

宣王曰："不如跟许多人共同欣赏更快乐。"

"让我给大王说说怎样享受欣赏音乐的乐趣。假如您在这儿奏乐，百姓听到了您的钟鼓之声、箫笛之音，全都很懊恼。愁眉苦脸地互相议论：'我们国王这么喜欢音乐，为什么使我们到了这种不幸的地步？父子不能相见，兄弟妻儿流离失散。'假如您在这儿打猎，百姓听了您的车马声，看到了华丽的旌旗仪仗，全部很懊恼。愁眉苦脸地互相议论：'我们国王这么喜欢打猎，为什么使我们到了这种不幸的地步？父子不能相见，兄弟妻儿流离失散。'百姓如此怨恨，没有别的，就是因为您不跟百姓一同快乐。

"假如您在这里奏乐,百姓听到您的钟鼓之声、箫笛之音,全都高高兴兴,喜形于色地互相告诉:'我们国王大概身体健康吧,不然怎么会奏乐呢?'假如您在这里打猎,百姓听到了您的车马声,看到了华丽的旌旗仪仗,全都高高兴兴、喜形于色地互相告诉:'我们国王大概身体健康吧,不然,怎么能打猎呢?'百姓如此快乐,没有别的,就是因为您跟百姓一同快乐,如果大王能跟百姓一同快乐,那就可以统一天下而称王了。"

【原文】

齐宣王问曰:"文王之囿(yòu 右)方七十里,有诸?"

孟子对曰:"于传(zhuàn 撰)有之。"

曰:"若是其大乎?"

曰:"民犹以为小也。"

曰:"寡人之囿方四十里,民犹以为大,何也?"

曰:"文王之囿方七十里,刍荛(chú ráo 除饶)者往焉,雉(zhì 志)兔者往焉,与民同之。民以为小,不亦宜乎?臣始至于境,问国之大禁,然后敢入。臣闻郊关之内有囿方四十里,杀其麋鹿者如杀人之罪,则是方四十里,为阱于国中,民以为大,不亦宜乎?"

【译文】

齐宣王问道:"据说周文王养鸟兽的园林方圆70里,有这回事吗?"

孟子回答说:"史书上有这样的记载。"

宣王说:"它有这么大吗?"

孟子说:"百姓还认为它小呢。"

宣王说:"我的园林方圆才四十里,百姓还认为它太大,为什么呢?"

孟子说:"周文王的园林方圆七十里,割草砍柴的可以到那里去,打野鸡野兔的也可以到那里去,这园林是与百姓共同享有的。

百姓认为它小，不是理所当然的吗？我一到齐国边境，先打听齐国最要紧的禁令，然后才敢进入齐国。我听说首都郊区有方圆四十里的园林，如果谁杀死了里面的麋鹿，跟杀人的罪刑一样大，那么这方圆四十里，就是在国中设置的一个大陷阱，百姓认为它太大，不也是理所当然的吗？"

【原文】

齐宣王问曰："交邻国有道乎？"

孟子对曰："有。惟仁者为能以大事小，是故汤①事葛②，文王事昆夷③；惟智者为能以小事大，故大王④事獯鬻⑤（xūn yù 熏育）、句践⑥事吴。以大事小者，乐天者也；以小事大者，畏天者也。乐天者保天下，畏天者保其国。《诗》云：'畏天之威，于时保之。'"

王曰："大哉言矣！寡人有疾，寡人好勇。"

对曰："王请无好小勇。夫抚剑疾视曰：'彼恶敢当我哉！'此匹夫之勇，敌一人者也。王请大之！

"《诗》云：'王赫斯怒，爰整其旅，以遏徂莒（jǔ 举），以笃周祜（hù 互），以对于天下。'此文王之勇也。文王一怒而安天下之民。

"《书》曰：'天降下民，作之君，作之师。惟曰其助上帝宠之。四方有罪无罪惟我在，天下曷敢有越厥志？'一人衡行于天下，武王耻之。此武王之勇也。而武王亦一怒而安天下之民。

"今王亦一怒而安天下之民，民惟恐王之不好勇也。"

【注释】

①汤：商代第一国王成汤。
②葛：古代国名。
③昆夷：古代国名。
④大王：也作"太王"，即古公亶父，为周的祖先。
⑤獯鬻：即猃狁（xiǎn yǔn 险允），古代北方的少数民族。

⑥句践：春秋时越国国君。

【译文】

齐宣王问道："结交邻国有什么法则吗？"

孟子回答说："有。只有仁爱为怀的国君才能做到以大国的地位来服事小国，所以商汤曾经服事过小小的葛国，周文王曾服事过小小的昆夷；只有明智的国君才能做到以小国的地位服事大国，所以大王曾经服事过獯鬻，句践曾经服事过吴国。以大国的地位服事小国的，是乐于顺从天理的人；以小国的地位服事大国的，是畏惧而遵循天理的人。乐于顺从天理的人可以安定天下，畏惧而遵循天理的人，可以保住自己的国家。这正是《诗经》上所说的'畏敬天威遵天道，这才能把天下保。'"

宣王说："您所说的真太高明了！可是我有个缺点：喜欢勇武不屈。"

孟子回答说："我希望大王不要喜欢小勇。如果按着剑瞪着眼说：'他怎么敢碰我呢？'这只是匹夫之勇，是只能对付一个人的勇武。我希望大王有更大的勇武。

"《诗经》上说：'文王勃然发怒，于是整顿军旅，阻止侵略莒国，增强周朝威福，报答天下厚望。'这说的是周文王的勇武。周文王一发怒，便使天下的百姓得到了安定。

"《尚书》上说：'上天降生了百姓，也创造了他们的君王，也创造了他们的老师。君王和老师的任务，只是辅助上天爱抚人民。普天下的人不论有没有罪过，都由我来处置，天下谁敢违反上天的意志？'当时商纣王一个人违反天意横行天下，周武王把这当作奇耻大辱，推翻了商朝。这是周武王的勇武。周武王一发怒，也使天下的百姓得到了安定。

"如果大王也一发怒就使天下的百姓得到安定，百姓只怕您不喜欢勇武呢。"

【原文】

齐宣王见孟子于雪宫①。王曰："贤者亦有此乐乎？"

孟子对曰:"有。人不得,则非其上矣。不得而非其上者,非也;为民上而不与民同乐者,亦非也。乐民之乐者,民亦乐其乐;忧民之忧者,民亦忧其忧。乐以天下,忧以天下,然而不王者,未之有也。

"昔者齐景公问于晏子②曰:'吾欲观于转附、朝儛(wǔ午),遵海而南,放于琅邪(yá牙)③。吾何修而可以比于先王观也?'

"晏子对曰:'善哉问也!天子适诸侯曰巡狩,巡狩者,巡所守也;诸侯朝于天子曰述职,述职者,述所职也。无非事者:春省耕而补不足,秋省敛而助不给。夏谚曰:"吾王不游,吾何以休?吾王不豫,吾何以助?一游一豫,为诸侯度。"今也不然:师行而粮食,饥者弗食,劳者弗息。睊睊(juàn绢)胥谗,民乃作慝(tè特)。方命虐民,饮食若流。流连荒亡,为诸侯忧。从流下而忘反谓之流,从流上而忘反谓之连,从兽无厌谓之荒,乐酒无厌谓之亡。先王无流连之乐,荒亡之行。惟君所行也。'

"景公悦,大戒于国,出舍于郊。于是始兴发补不足。召大(同"太")师曰:'为我作君臣相说之乐!'盖《徵(zhǐ止)招(同"韶")》、《角招》是也。其诗曰:'畜(xù序)君何尤?'畜君者,好君也。"

【注释】

①雪宫:齐宣王的离宫,是正宫以外临时居住的宫室。
②晏子:姓晏名婴。字平仲,春秋后期人,曾相齐灵公、庄公、景公,是有名的政治家。
③琅邪:古邑名,春秋齐地,位于齐国东南边境。

【译文】

齐宣王在雪宫接见孟子。宣王说"贤德的人也有这种乐趣吗?"
孟子回答说:"有。百姓得不到这种乐趣,就会抱怨他们的君王。得不到这种乐趣就抱怨他们君王的人,是不对的;作为君王却不与百姓一起享受这种乐趣的人，也是不对的。以百姓的快乐为快乐，百姓也就以君王的快乐为快乐；以百姓的忧愁为忧愁，百姓也就以君王的忧愁为忧愁。跟天下人一同快乐，跟天下人一同忧愁，这样却不能取得天下而称王的，是从来没有过的事。

"从前齐景公问晏子说：'我想到转附、朝儛两座名山去游览，然后沿着海边南下，直到琅邪。我怎么做才能与古代圣王的壮游相比拟呢？'

"晏子回答说：'问得太好了！天子到诸侯的国家去叫做巡狩，巡狩就是巡视诸侯所守的地方；诸侯朝见天子叫做述职，述职就是陈述执行职责的情况。这些，无不与工作相关：春天视察耕种情况，补助穷困的农户，秋天视察收获情况，补助歉收的农户。夏朝时的谚语说：'我们的国王不出来观游，我们怎能得到整休？我们的国王不出来巡狩，我们困难靠谁帮助？观游巡狩，是诸侯的法度。'现在却不是这样：国王要出游，就兴师动众，调运粮草，弄得饥饿的人吃不到饭，劳作的人得不到歇息。大家侧目而视，毁谤四起，这样一来老百姓就要起来干坏事了。这种出巡违背了先代帝王的教导，虐待百姓，自己大吃大喝，花费就像流水一般。如此流连荒亡的行为，成了诸侯们的忧虑。什么叫流连荒亡呢？顺着水流泛舟而下游玩以至忘记了返回叫做流，逆着水流挽舟而上游玩以至忘记了返回叫做连，打猎追逐野兽不知满足叫做荒，喜欢喝酒不知节制叫做亡。古代的圣王没有这样流连的游乐、荒亡的行为。是学古代圣王还是学当今诸侯，只看您的行动了。'

"景公听了很高兴，向全国发布命令，还住到了都城郊外，然后开始进行开仓救济工作。还将乐官召来吩咐说：'替我创作出君臣同乐的乐曲来！'这大概就是《徵招》、《角招》两首歌曲吧。歌词有一句是这样的：'畜君有什么过错？'畜君，就是爱护国君的意思。"

【原文】

齐宣王问曰："人皆谓我毁明堂①。毁诸？已乎？"

孟子对曰:"夫明堂者,王者之堂也。王欲行王政,则勿毁之矣。"

王曰:"王政可得闻与?"

对曰:"昔者文王之治岐②也,耕者九一,仕者世禄,关市讥而不征,泽梁无禁,罪人不孥(nú奴)。老而无妻曰鳏(guān观),老而无夫曰寡,老而无子曰独,幼而无父曰孤。此四者,天下之穷民而无告者。文王发政施仁,必先斯四者。《诗》云:'哿(gě舸)矣富人,哀此茕(qióng穷)独。'"

王曰:"善哉言乎!"

曰:"王如善之,则何为不行?"

王曰:"寡人有疾,寡人好货。"

对曰:"昔者公刘③好货。《诗》云:'乃积乃仓,乃裹餱(hóu猴)粮,于橐(tuó驼)于囊。思戢(jí辑)用光。弓矢斯张,干戈戚扬,爰方启行。'故居者有积仓,行者有裹囊也,然后可以爰方启行。王如好货,与百姓同之,于王何有?"

王曰:"寡人有疾,寡人好色。"

对曰:"昔者大王④好色,爱厥妃。《诗》云:'古公亶父,来朝走马,率西水浒,至于岐下,爰及姜女,聿来胥宇。'当是时也,内无怨女,外无旷夫。王如好色,与百姓同之,于王何有?"

【注释】

①明堂:周代为天子接见诸侯而特设的堂所,非天子不得设明堂。
②岐:地名,在今陕西省岐山县一带,为周朝的发祥地。
③公刘:人名,后稷的后代,为周朝创业的始祖。
④大王:即太王,号古公,名亶父,公刘九世孙。初居豳,后因戎狄入侵,迁居岐山下,定国号曰周。武王伐纣定天下后,追尊他为太王。

【译文】

齐宣王问道:"人们都叫我拆毁明堂。拆毁它呢?还是不拆毁?"

孟子回答说:"这明堂,是能统一天下的圣王的殿堂。如果大王要实行称王天下的仁政,就不要把它拆毁了。"

宣王说:"称王天下的人所实行的仁政,可以说给我听听吗?"

孟子回答说:"过去周文王治理岐地,耕田的人交税的比例是九比一,从政的人有世代承袭的俸禄,在关口与市场,只检查却不收税,湖泊里打鱼不加禁止,处分犯罪的人不株连到妻子儿女。年老了失去妻子的人叫做鳏,年老了失去丈夫的叫做寡,年老了没有儿女的人叫做独,年幼的失去父亲叫做孤。这四种人是天下最穷苦却无处求助的人。周文王发布政令施行仁政,一定先想到这四种人。《诗经》上说:'富人日子很可以了,哀怜这些孤独的人吧。'"

宣王说:"这话说得真好啊!"

孟子说:"大王既然称许这番话,那为什么不实行呢?"

宣王说:"我有个缺点,喜欢财货。"

孟子回答说:"从前公刘也喜欢钱财,《诗经》上说:'囤积又入仓,包装好干粮,装进小袋和大囊。百姓团结紧,为国争荣光。张弓带箭齐武装,干戈斧钺拿手上,开始动身向前方。'由于公刘喜欢财货,所以在家的人有囤积入仓的粮食,出外打仗的人有干粮,这样才能率领军队开拔。大王如果喜欢财货,与百姓共同享有,那对您来说,要实行王道政治有什么难办的呢?"

宣王说:"我还有个缺点:喜欢女色。"

孟子回答说:"从前太王也喜欢女色,很疼爱她的妃子。《诗经》上说:'古公亶父,清晨快马,沿着西岸,来到岐下。带着妃子姜氏女,察看地基为安家。'在那时,宫中没有蕴积的女子,社会上没有找不到妻室的单身汉。大王如果喜欢女色,让百姓也同样都有配偶,那对你来说,要实行王道政治有什么难办的呢?"

【原文】

孟子谓齐宣王曰:"王之臣有托其妻子于其友而之楚游者,比其反也,则冻馁其妻子,则如之何?"

王曰:"弃之。"

曰:"士师①不能治士,则如之何?"

王曰:"已之。"

曰:"四境之内不治,则如之何?"

王顾左右而言他。

【注释】

①士师:古代狱官,即司法官,他的下属有乡士、遂士等,下文治士之"士",指乡士、遂士等下属。

【译文】

孟子对齐宣王说:"如果大王有个臣子,把家小托付给他的朋友而自己到楚国游历去了,等他回来,他的妻儿却在受冻挨饿,对这个负心的朋友该怎么办?"

宣王说:"跟他绝交。"

孟子说:"如果司法官不能管理他的下属,那该怎么办?"

宣王说:"撤他的职。"

孟子说:"如果一个国家治理不好,那又该怎么办?"

宣王故意东张西望,把话题扯到另外的事情上去了。

【原文】

孟子见齐宣王,曰:"所谓故国者,非谓有乔木之谓也,有世臣之谓也。王无亲臣矣,昔者所进,今日不知其亡也。"

王曰:"吾何以识其不才而舍之?"

曰:"国君进贤,如不得已,将使卑逾尊,疏逾戚,可不慎与?左右皆曰贤,未可也;诸大夫皆曰贤,未可也;国人皆曰贤,然后察之;见贤焉,然后用之。左右皆曰不可,勿听;诸大夫皆曰不可,勿听;国人皆曰不可,然后察之;见不可焉,然后去之。左右皆曰可杀,勿听;诸大夫皆曰可杀,勿听;国人皆曰可杀,然后察之;见可杀焉,然后杀之。故曰,国人杀之也。如此,然后可以为民父母。"

【译文】

孟子谒见齐宣王，说："人们通常所说的历史悠久的国家，并不是说有高大树木才算古老，而是说有几代元老功臣。现在大王没有贴心的臣子了，过去选用的，现在都不知跑到哪里去了。"

宣王说："我凭什么识别他们是没有才能的人而将他们撤职呢？"

孟子回答说："国君选用贤能的人，如果迫不得已，可能要使地位低的超过地位高的，疏远的超过亲近的，能不谨慎吗？所以，贴身的人说贤能，不能相信；大夫们说贤能，也不能相信；全国的人都说贤能，然后去考察他；发现他真贤能，才可任用。贴身的人说不行，不要听信；大夫们说不行，也不要听信；全国的人都说不行，然后去考察他；发现他真不行，才可罢免。贴身的人说可杀，不要听信；大夫们说可杀，也不要听信；全国的人都说可杀，然后去考察他；发现他真可杀，才可杀他。所以说，这是全国人杀的。这样，才可以做百姓的父母。"

【原文】

齐宣王问曰："汤放桀①，武王伐纣②，有诸？"

孟子对曰："于传（zhuàn 撰）有之。"

曰："臣弑（shì 式）其君，可乎？"

曰："贼仁者谓之'贼'，贼义者谓之'残'，残贼之人谓之'一夫'。闻诛一夫纣矣，未闻弑君也。"

【注释】

①桀：人名，夏朝最后一个君王，有名的暴君。
②纣：人名，商朝最后一个君王，有名的暴君。

【译文】

齐宣王问道："商汤把夏桀流放了，周武王讨伐商纣，有这事吗？"

孟子回答说:"史书上记载着这事。"

宣王说:"臣子杀害自己的君王,行吗?"

孟子说:"败坏仁的人叫他为'贼',败坏义的人叫他为'残',这两种人统叫做'独夫'。只听说过诛杀了独夫商纣,还没有听说过杀害君王。"

【原文】

孟子见齐宣王,曰:"为巨室,则必使工师①求大木。工师得大木,则王喜,以为能胜其任也。匠人斫而小之,则王怒,以为不胜其任矣。夫人幼而学之,壮而欲行之,王曰,'姑舍女所学而从我',则何如?今有璞(pú蒲)玉于此,虽万镒(yì益)②,必使玉人雕琢之。至于治国家,则曰,'姑舍女所学而从我',则何以异于教玉人雕琢玉哉?"

【注释】

①工师:古代官名,主管各种工匠。

②镒:古代重量单位,二十两为一镒,一说二十四两。

【译文】

孟子谒见齐宣王,说:"建筑大厦,就一定要派工师去寻找大木料。工师找到了大木料,您就很高兴,认为工师是能够担当他的职务的。木匠把大木料削砍过,大木料变小了,您就很不高兴,认为木匠不能做好他的本职工作。有许多本领学问,人们从小开始学习,长大了就想运用于实践。您如果对他们说,'暂且放弃您学习过的东西,遵从我的话去做吧',那会怎么样?

"假如这里有一块未经开琢的玉石,虽然它价值万金,也一定要叫玉匠来雕琢它。但在治理国家的问题上,您却说,'暂且放弃你学习过的东西,遵从我的话去做',那跟您让玉匠照您的话雕琢玉石有什么两样呢?"

【原文】

齐人伐燕,胜之。宣王问曰:"或谓寡人勿取,或谓寡人取之。以万乘之国伐万乘之国,五旬而举之,人力不至于此。不取,必有天殃。取之,何如?"

孟子对曰:"取之而燕民悦,则取之。古之人有行之者,武王是也。取之而燕民不悦,则勿取。古之人有行之者,文王是也。

"以万乘之国伐万乘之国,箪(dān 单)食壶浆以迎王师,岂有他哉?避水火也。如水益深,如火益热,亦运而已矣。"

【译文】

齐国人攻打燕国,战胜了燕国。齐宣王问道:"有些人叫我不要占领燕国,有些人叫我占领。以一个拥有万辆兵车的大国去攻打同样拥有万辆兵车的大国,五十天就攻克了,光靠人的力量是达不到这么大的战果的,看来是上天有意。如果不占领,一定会有上天降下的灾祸。占领它,怎么样?"

孟子回答说:"如果占领了,燕国的百姓很高兴,就占领它。古代圣王这做样的,周武王就是。如果占领了,燕国的百姓不高兴,就不要占领。古代圣王也有这样做的,周文王就是。

"拿拥有万辆兵车的齐国去攻打同样拥有万辆兵车的燕国,燕国百姓却用竹筐盛着饭食、用壶灌着酒浆来迎接大王您的军队,难道还有别的意图吗?不过是想摆脱燕国统治下水深火热的生活罢了。假如您占领了燕国,水更深,火更热,百姓就只好转而盼望他人来拯救了。"

【原文】

齐人伐燕,取之。诸侯将谋救燕。宣王曰:"诸侯多谋伐寡人者,何以待之?"

孟子对曰:"臣闻七十里为政于天下者,汤是也。未闻以千里畏人者也。《书》曰:'汤一征,自葛始。'天下信之,东面而征,西夷怨;南面而征,北狄怨,曰:'奚为后我?'民望之,若大旱之望云霓也。归市者不止,耕者不变,诛其君而吊其民,若时雨降。民大悦。《书》曰:'徯(xī 希)我后,后来其苏。'

"今燕虐其民,王往而征之,民以为将拯己于水火之中也,箪食壶浆,以迎王师。若杀其父兄,连累其子弟,毁其宗庙,迁其重器,如之何其可也?天下固畏齐之强也,今又倍地而不行仁政,是动天下之兵也。王速出令,反其旄(máo 毛,同"耄")倪,止其重器,谋于燕众,置君而后去之,则犹可及止也。"

【译文】

齐国人攻打燕国,占领了它。各诸侯国准备谋划援救燕国。宣王说:"很多国家在谋划攻打我,怎么对付呢?"

孟子回答说:"我听说过仅凭七十里方圆的国土就统一天下的,商汤就是,却没有听说过据有千里方圆的大片国土还要害怕别人的。《尚书》中说:'商汤初征伐,从葛国开始。'天下的人都信赖他。他向东征伐,西方部族就埋怨;向南征伐,北方部族也埋怨,都说:'为什么后征伐我们这儿呢?'百姓盼望他,好比大旱灾中盼望出现下雨征象的霓虹一般。征伐期间,做生意的照样做生意,耕种的照样耕种。商汤诛杀了那些暴君,安抚那里的百姓,好比下了及时雨一样,百姓非常高兴。《尚书》中说:'等待我们的圣君,圣君一来到,我们就有救了。'

"现在燕国君主虐待他的百姓,大王去征伐他,百姓认为您是准备把他们从水火之中拯救出来,所以用竹筐盛着饭食,用壶灌着酒浆来迎接大王您的大军。如果您杀害他们的父兄,捆绑他们的子弟当壮丁,拆毁他们的宗庙,运走他们的宝器,这怎么行呢?天下本来就畏忌齐国的强大,现在又扩张了一倍的国土却不施行仁政,这是招惹天下各国兴兵。大王赶快发布命令,遣返老幼战俘,停止搬运他们的宝器,跟燕国大众商议,设立一个新的君主,然后撤离燕国。那么,就能及时阻止各诸侯国的攻伐。"

【原文】

邹与鲁鬨（hòng 哄）。穆公问曰："吾有司死者三十三人，而民莫之死也。诛之，则不可胜诛；不诛，则疾视其长上之死而不救，如之何则可也？"

孟子对曰："凶年饥岁，君之民老弱转乎沟壑（hè 贺），壮者散而之四方者，几千人矣；而君之仓廪实，府库充，有司莫以告，是上慢而残下也。曾子①曰：'戒之戒之！出乎尔者，反乎尔者也。'夫民今而后得反之也，君无尤焉。君行仁政，斯民亲其上，死其长矣。"

【注释】

①曾子：孔子的弟子，名参。

【译文】

邹国与鲁国打起来了。邹穆公问孟子道："这一仗，我的官员牺牲了三十三个，但百姓却没有一个人为长官拼死的。杀了他们吧，又不可能杀尽；不杀吧，又恨他们看着长官被杀死却不营救，对他们怎么办才好呢？"

孟子回答说："闹饥荒的年头，您的百姓，老弱的人死了连葬身之地都没有，尸体被丢弃在山沟里；壮年人背井离乡，四处逃荒，将近千人。可是您的粮仓满满的，仓库里财物多得是。您的官员却没有谁把这些情况向您报告。这正是居上位的人骄慢失职，残害了下面的百姓。曾子说过：'千万警惕！你怎么对待别人，别人反过来也会这样对待你。'这些百姓现在才得到机会报复这些官员。您不要怪罪百姓！您只要施行仁政，这些百姓自然就热爱他们的上司，为他们的长官拼死了。"

【原文】

滕（téng 腾）文公问曰："滕，小国也，间于齐、楚。事齐乎？事楚乎？"

孟子对曰："是谋非吾所能及也。无已，则有一焉：凿斯池也，筑斯城也，与民守之，效死而民弗去，则是可为也。"

【译文】

滕文公问道："滕国，是个小国，夹在齐和楚两个大国之间，是服事齐国呢，还是服事楚国？"

孟子回答说："这个决策不是我的能力所能办到的。如果一定要我谈谈，那只有一个办法：挖深这条护城河，加固这座城墙，跟百姓一起守卫国家，老百姓如果宁愿献出生命也不肯离去，那么就可以有所作为了。"

【原文】

滕文公问曰："齐人将筑薛①，吾甚恐，如之何则可？"

孟子对曰："昔者大王居邠（bīn宾），狄人侵之，去之岐山之下居焉。非择而取之，不得已也。苟为善，后世子孙必有王者矣。君子创业垂统，为可继也。若夫成功，则天也。君如彼何哉？强（qiǎng抢）为善而已矣。"

【注释】

①薛：原为周初时一个小国，此时已被齐所灭，成为齐国的一部分。故址在今山东省滕县附近。

【译文】

滕文公问道："齐国人准备加固薛城的城墙，我很害怕，怎么对付才好？"

孟子回答说："从前周的祖先太王居住在邠那个地方，狄人侵扰他，他就离开到岐山脚下去居住了。并不是太王要挑个好地方，实在是迫不得已。如果积善行德，后代子孙一定有统一天下称王的人。有道德的人开创基业传给后代，为的是一代代继承下去。至于成功与否，那就全凭天意了。如今您对那些齐国人有什么办法呢？

勉力积善行德罢了。"

【原文】

滕文公问曰："滕,小国也;竭力以事大国,则不得免焉,如之何则可?"

孟子对曰："昔者大王居邠,狄人侵之。事之以皮币,不得免焉;事之以犬马,不得免焉;事之以珠玉,不得免焉。乃属(zhǔ主)其耆(qí齐)老而告之曰:'狄人之所欲者,吾土地也。吾闻之也:君子不以其所以养人者害人。二三子何患乎无君?我将去之。'去邠,逾梁山,邑于岐山之下居焉。邠人曰:'仁人也,不可失也。'从之者如归市。

"或曰:'世守也,非身之所能为也。效死勿去。'

"君请择于斯二者。"

【译文】

滕文公问道："滕国,是个小国。我尽力去服事大国,结果还是不能免于祸患,怎么办才好?"

孟子回答说："从前太王居住在邠这个地方,狄人来侵犯他。大王把裘皮和丝绸献给狄人,不能免于被侵犯;又把好狗快马献给狄人,也不能免于被侵犯;又把珍珠美玉献给狄人,还是不能免于被侵犯。大王于是召集了邠地的尊长,跟他们说:'狄人想要的,是我们的土地。我曾听说过:有道德的人不因为用来养人的东西而害人。大家不用担心没有君主。我将离开这里。'大王离开了邠地,翻过梁山,在岐山下造房子居住下来。邠人说:'大王是有仁德的人,我们不能没有他。'跟从大王离开邠地的人好像赶集市一样多。

"有的人说:'世世代代守着的基业,不是我们自己可以决定的。誓死不能离去。'

"这两者,请您选择一条路。"

【原文】

鲁平公将出，嬖（bì 必）人臧仓者请曰："他日君出，则必命有司所之。今乘舆已驾矣，有司未知所之，敢请。"

公曰："将见孟子。"

曰："何哉，君所为轻身以先于匹夫者？以为贤乎？礼义由贤者出，而孟子之后丧逾前丧。君无见焉！"

公曰："诺"。

乐正子①入见，曰："君奚为不见孟轲也？"

曰："或告寡人曰：'孟子之后丧逾前丧'，是以不往见也。"

曰："何哉，君所谓逾者？前以士，后以大夫；前以三鼎，而后以五鼎与？"

曰："否，谓棺椁（guǒ 果）衣衾（qīn 亲）之美也。"

曰："非所谓逾也，贫富不同也。"

乐正子见孟子，曰："克告于君，君为来见也。嬖人有臧仓者沮（jǔ 举）君，君是以不果来也。"

曰："行，或使之；止，或尼之。行止，非人所能也。吾之不遇鲁侯，天也。臧氏之子焉能使予不遇哉？"

【注释】

①乐正子：孟子弟子，姓乐正，名克。

【译文】

鲁平公准备出门，他所宠幸的侍从臧仓请示说："往日您如果出门，就一定先把目的地告诉有关官员。今天您的车已套上马了，有关官员还不知道您去哪儿，我冒昧来问您。"

平公说："我准备去见孟子。"

臧仓说："您为什么降低身份去拜访一个普通的人呢？认为他贤能吗？礼义是由贤能的人表现出来的，但孟子办他母亲的丧事超过他以前办父亲的丧事，不合礼义。您不要去见他！"

平公说："好。"

乐正子去见平公，问道："您为什么不去看孟轲呢？"

平公说："有人告诉我说：'孟子办他母亲的丧事超过了他以前办父亲的丧事'，所以不去见他了。"

乐正子说："您说的超过是什么意思呢？是先前为他父亲办丧事用士礼，后来为他母亲办丧事用大夫礼，还是先前为他父亲办丧事用三个鼎设供品，后来为他母亲办丧事用五个鼎设供品呢？"

平公说："不，我是说内棺外椁、衣服被褥的华美。"

乐正子说："这不能说是超过，而是前后家境贫富不同的缘故。"

乐正子去见孟子，说："我跟鲁君说了，他准备来见您。有一个受宠幸的侍从名叫臧仓的阻止了他，所以他没有来成。"

孟子说："行动，总有促使他的原因；不行动，总有阻止他的原因。行动与不行动，不是人的意志能促成的，我不能与鲁君会面，是命运决定的。臧家那小子怎能使我不能与鲁君相见呢？"

公孙丑(上)

【原文】

公孙丑①问曰:"夫子当路于齐,管仲②、晏子之功,可复许乎?"

孟子曰:"子诚齐人也,知管仲、晏子而已矣。或问乎曾西③曰:'吾子与子路④孰贤?'曾西蹵(cù促)然曰:'吾先子之所畏也。'曰:'然则吾子与管仲孰贤?'曾西艴(fú伏)然不悦,曰:'尔何曾比予于管仲?管仲得君,如彼其专也;行乎国政,如彼其久也;功烈,如彼其卑也。尔何曾比予于是?'"曰:"管仲,曾西之所不为也,而子为我愿之乎?"

曰:"管仲以其君霸,晏子以其君显。管仲、晏子犹不足为与?"

曰:"以齐王,由反手也。"

曰:"若是,则弟子之惑滋甚。且以文王之德,百年而后崩,犹未洽于天下;武王、周公⑤继之,然后大行。今言王若易然,则文王不足法与?"

曰:"文王何可当也?由汤至于武丁,圣贤之君六七作。天下归殷久矣,久则难变也。武丁朝诸侯,有天下,犹运之掌也。纣之去武丁未久也,其故家遗俗,流风善政,犹有存者;又有微子、微仲、王子比干、箕子、胶鬲⑥,皆贤人也,相与辅相之,故久而后失之也。尺地莫非其有也,一民莫非其臣也,然而文王犹方百里起,是以难也。

"齐人有言曰:'虽有智慧,不如乘势;虽有镃(zī资)基,不如待时'今时则易然也:夏后、殷、周之盛,地未有过千里者也,而齐有其地矣;鸡鸣狗吠相闻,而达乎四境,而齐有其民矣。地不改辟矣，民不改聚矣，行仁政而王，莫之能御也。

"且王者之不作，未有疏于此时者也；民之憔悴于虐政，未有甚于此时者也。饥者易为食，渴者易为饮。孔子曰：'德之流行，速于置邮而传命。'当今之时，万乘之国行仁政，民之悦之，犹解倒悬也。故事半古之人，功必倍之，惟此时为然。"

【注释】

①公孙丑：孟子弟子。
②管仲：名夷吾，春秋前期齐相，曾辅佐齐桓公成就霸业。
③曾西：孔子弟子曾参的儿子。
④子路：孔子的弟子。
⑤周公：周文王的儿子，周武王的弟弟，曾辅佐武王伐纣。
⑥微子、微仲、王子比干、箕子、胶鬲：这五个人都是纣王时的贤臣。

【译文】

公孙丑问道："如果您在齐国当政，管仲、晏子的功业，能够复兴吗？"

孟子说："您真是个齐国人，光知道管仲、晏子罢了。曾有人问曾西：'您与子路哪个贤能？'曾西有点局促不安地说：'连我已故的父亲都要敬畏他，我怎能相比？'那人又说：'那么您跟管仲谁贤能呢'曾西很恼怒，说：'你怎么竟拿我与管仲相比？管仲得到国君那么专一的信任，执掌国政又是那么长久，可是功业却是那样微不足道，你怎么竟拿我与这种人相比呢？'"孟子义说："连曾西都不屑做管仲那号人，可你以为我愿意吗？"

公孙丑说："管仲使他的国君成就霸业，晏子使他的国君威名显赫，他们还不值得效法吗？"

孟子说："使齐国取得天下，犹如翻手掌一样，容易得很。"

公孙丑说："照您这样讲，我就更加弄不懂了。就凭着周文王那么高的道德，又活了近百岁才去世，尚且不能使教化普遍地润泽天下；周武王、周公继承遗业，这才教化普遍推行，成就了王业。现在您把安定天下说得这样容易，那么，文王也不值得学习了？"

孟子说："周文王谁能抵得上呢？商朝从汤传到武丁，圣明贤能的君主兴起了六七次，天下人归附殷商很长久了，长久就难改变。武丁接受诸侯的朝见，拥有天下，还像在手掌上转动东西一样轻松。商纣离武丁时代不远，商朝的元老功臣、传统习俗、流行的风尚、优良的政绩，都还有留存的，又有微子、微仲、王子比干、箕子、胶鬲——他们都是贤能的人——共同辅佐协助商纣，所以拖了好长时间才失去了天下。当时没有一尺土地不是他纣王所有的，没有一个百姓不是纣王的臣民，然而周文王却还要凭着方圆百里这么小的地方开始兴起，所以很艰难。

"齐国人有句俗话说：'即使有智慧，不如乘时势；即使有锄头，不如待农时。'现在时机已到，称王天下就容易了：夏、殷、周三朝最盛时，国土也没有超过方圆千里的，但现在齐国就有方圆千里的国土；鸡鸣狗吠之声绵延不断，一直达到四面的边境，齐国已有众多的人口了。国土不用再扩张了，百姓不用再招集了，就此实行仁政来取得天下，没有谁能阻挡得了。

"而且，统一天下的人不出现，也从没有像现在这样间隔过这么长时间了；百姓被暴虐的政治折磨得困苦不堪，也没有像现在这样厉害过。饥饿的人随便吃点什么都行，口渴的人随便喝点什么都行。孔子说：'道德的传播流行，比设置驿站邮亭传达命令还要快。'现在的时势下，拥有万辆兵车的大国如实行仁政，百姓心里的欢悦，就好比把他们从倒吊着的状态下解救下来。所以措施只有古人的一半，功效却有古人的一倍，只有在现在这个时势下才能这样。"

【原文】

公孙丑问曰："夫子加齐之卿相，得行道焉，虽由此霸王不异矣。如此，则动心否乎？"

孟子曰："否，我四十不动心。"

曰："若是，则夫子过孟贲（bēn 奔）远矣。"

曰:"是不难,告子①先我不动心。"

曰:"不动心有道乎?"

曰:"有。北宫黝②(yǒu 有)之养勇也:不肤挠,不目逃,思以一豪挫于人,若挞之于市朝;不受于褐(hè 贺)宽博,亦不受于万乘之君;视刺万乘之君,若刺褐夫;无严诸侯,恶声至,必反之。

"孟施舍③之所养勇也,曰:'视不胜犹胜也。量敌而后进,虑胜而后会,是畏三军者也。舍岂能为必胜哉?能无惧而已矣。'

"孟施舍似曾子,北宫黝似子夏④。夫二子之勇,未知其孰贤,然而孟施舍守约也。昔者曾子谓子襄⑤曰:'子好勇乎?吾尝闻大勇于夫子矣;自反而不缩,虽褐宽博,吾不惴(zhuì 缀)焉;自反而缩,虽千万人,吾往矣。'孟施舍之守气,又不如曾子之守约也。"

曰:"敢问夫子之不动心,与告子之不动心,可得闻与?"

"告子曰:'不得于言,勿求于心;不得于心,勿求于气。'不得于心,勿求于气,可;不得于言,勿求于心,不可。夫志,气之帅也;气,体之充也,夫志至焉,气次焉。故曰:'持其志,无暴其气。'"

"既曰'志至焉,气次焉',又曰'持其志,无暴其气'者,何也?"

曰:"志壹则动气,气壹则动志也。今夫蹶者趋者,是气也,而反动其心。"

"敢问夫子恶乎长?"

曰:"我知言,我善养吾浩然之气。"

"敢问何谓浩然之气?"

曰:"难言也。其为气也,至大至刚以直,养而无害,则塞于天地之间。其为气也,配义与道;无是,馁也。是集义所生者,非义袭而取之也。行有不慊(qiàn 欠)于心,则馁矣。我故曰,告子未尝知义,以其外之也。

"必有事焉，而勿正，心勿忘，勿助长也。无若宋人然：宋人有闵（mǐn 敏）其苗之不长而揠（yà 亚）之者，芒芒然归，谓其人曰：'今日病矣！予助苗长矣！'其子趋而往视之，苗则槁矣。天下之不助苗长者寡矣。以为无益而舍之者，不耘苗者也；助之长者，揠苗者也——非徒无益，而又害之。"

"何谓知言？"

曰："诐（bì 必）辞知其所蔽，淫辞知其所陷，邪辞知其所离，遁辞知其所穷。生于其心，害于其政；发于其政，害于其事。圣人复起，必从吾言矣。"

"宰我、子贡⑥善为说辞，冉牛、闵子、颜渊⑦善言德行。孔子兼之，曰：'我于辞命则不能也。'然则夫子既圣矣乎？"

曰："恶（wū 乌）！是何言也？昔者子贡问于孔子曰：'夫子圣矣乎？'孔子曰：'圣则吾不能，我学不厌而教不倦也。'子贡曰：'学不厌，智也；教不倦，仁也。仁且智，夫子既圣矣乎！'夫圣，孔子不居，是何言也？"

"昔者窃闻之：子夏、子游、子张⑧皆有圣人之一体，冉牛、闵子、颜渊则具体而微。敢问所安？"

曰："姑舍是。"

曰："伯夷、伊尹⑨何如？"

曰："不同道。非其君不事，非其民不使；治则进，乱则退，伯夷也。何事非君，何使非民；治亦进，乱亦进，伊尹也。可以仕则仕，可以止则止，可以久则久，可以速则速，孔子也。皆古圣人也，吾未能有行焉；乃所愿，则学孔子也。"

"伯夷、伊尹于孔子，若是班乎？"

曰："否。自有生民以来，未有孔子也。"

曰："然则有同与？"

曰："有。得百里之地而君之，皆能以朝诸侯，有天下。行一不义，杀一不辜而得天下，皆不为也。是则同。"

曰："敢问其所以异？"

曰:"宰我、子贡、有若⑩,智足以知圣人,汙(wā蛙)不至阿其所好。宰我曰:'以予观于夫子,贤于尧、舜远矣。'子贡曰:'见其礼而知其政,闻其乐而知其德。由百世之后,等百世之王,莫之能违也。自生民以来,未有夫子也。'有若曰:'岂惟民哉?麒麟之于走兽,凤凰之于飞鸟,太山之于丘垤(dié迭),河海之于行潦(lǎo老),类也。圣人之于民,亦类也。出于其类,拔乎其萃(cuì脆),自生民以来,未有盛于孔子也。'"

【注释】

① 告子:名不害,与孟子同时代人。
② 北宫黝:姓北宫,名黝,齐国人。
③ 孟施舍:人名,生平事迹不详。
④ 子夏:孔子弟子。
⑤ 子襄:曾子弟子。
⑥ 宰我、子贡:皆孔子弟子。
⑦ 冉牛、闵子、颜渊:皆孔子弟子。
⑧ 子游、子张:皆孔子弟子。
⑨ 伯夷、伊尹:伯夷,商末孤竹君长子,因与其弟互让王位而出逃。周武王伐纣时,伯夷兄弟扣马而谏,反对出兵。武王灭商后,他们逃到首阳山上,不吃周朝的粮食而饿死。伊尹,商初大臣,原为汤王妻子的陪嫁奴隶,后辅佐汤王攻灭夏桀,被任命为相。据说他曾经五次投到汤的门下,又五次投到桀的门下,见本书《告子下》篇。
⑩ 有若:孔子弟子。

【译文】

公孙丑问道:"如果老师您做了齐国的卿相,能够实行自己的主张,即使从此成就霸业或王业,也毫不足怪。假如真有这样的机会,您是否会因为困难挫折而意志动摇吗?"

孟子说:"不会。我从四十岁以来就不会因困难挫折而意志动摇了。"

公孙丑说:"如此看来,老师可真远远胜过古勇士孟贲了。"

孟子说:"这并不难做到,告子能够矢志不渝比我还早呢。"

公孙丑说:"做到矢志不渝有什么门道吗?"

孟子说:"有。北宫黝这个人锻炼刚勇的门道是:肌肤被刺也不屈挠退却,眼睛被刺连眼珠子也不转;精神上哪怕受到别人丝毫侮辱,就感到好像在大庭广众之下受到鞭打一样;既不能忍受身穿粗布大褂的卑贱人的侮辱,也不能忍受万乘大国君主的侮辱;把刺杀万乘大国的君主看做刺杀卑贱人一样;他心目中没有值得畏惧的诸侯,受到辱骂必然予以反击。

"孟施舍锻炼自己刚勇的门道又不一样,他说:'我把不可战胜的对手,看做能够战胜的一样。要是先估量敌人力量然后才进攻,先考虑有必胜把握然后才交锋,这种人是害怕面对大军的人,不是真勇士。我哪里能够做到必定胜利呢?我只能做到无所畏惧罢了。'

"孟施舍跟曾子相似,北宫黝跟子夏相似。这两个人的刚勇,我不知道谁更加厉害,但相比之下孟施舍更能掌握要领。从前曾子对子襄说:'你喜欢刚勇吗?我曾经从孔夫子那儿听到过关于大勇的话:反躬自问,如果自己理亏,那么即使对方是卑贱的人,我也不会去吓唬他;反躬自问,如果自己是正义的,那么即使对方是千军万马,我也将勇往直前。'由此看来孟施舍坚守那股无所畏惧的盛气,又比不上曾子的坚守正义更为得其要领了。"

公孙丑说:"我斗胆问一下,老师您的矢志不渝与告子的矢志不渝有什么区别,能讲给我听听吗?"

孟子答道:"告子说:'言辞不能取胜别人,不必从自己内心找原因(而于心不安);内心找不到原因,不必求助于意气(而情绪波动)。'我认为,内心找不到原因,不必求助于意气,还可以说得过去;言辞不能取胜别人,不必从自己内心找原因,那就错了。因为思想意志是意气感情的主帅,意气感情充满于整个人体。思想意志到那儿,意气感情也会跟着表现在那儿。所以说:'要坚定自己的思想意志,又不要扰乱意气感情。'"

公孙丑说:"您既说'思想意志到那儿,意气感情也会跟着表现在那儿',又说'要坚守自己的思想意志,又不要扰乱意气感情',

这是什么道理呢?"

孟子说:"思想意志专一,就会促动意气感情;意气感情专一也会促动思想意志。譬如失足跌倒和飞速奔跑,这会使意气感情激动,反过来也影响他的思想意志。"

公孙丑说:"我再斗胆问您,您擅长什么?"

孟子说:"我知晓言辞的门道,我善于培养我的浩然之气。"

公孙丑曰:"请问什么叫浩然之气?"

孟子说:"很难用言语形容,它作为一种意气,最宏大,最刚健,最正直,培养它而不伤害它,就会在天地之间充塞遍布。它作为一种意气,要配上正义与道德,没有正义与道德,它就会干瘪无力。这种意气是汇集一贯的正义行为所产生的,而不是偶然做一点合于道义的事就能突然取得的。只有行为有一点欠缺而感到遗憾,这种意气就会干瘪无力。所以我说,告子还没有真正弄懂什么是正义,因为他将正义看成是可以袭取的心外之物。

"培养浩然正气,一定要做具体的事,但不可预先期望效果;心里时刻不能忘记它,但又不能违背规律帮助它生长。不要像宋人那样:有个宋国人担忧自己的禾苗长得太慢,就把它们拔高了一些。他筋疲力尽地回到家里,告诉家里人说:'今天我累坏了!我帮助禾苗长高了好些!'他的儿子赶紧跑去看,禾苗都已经枯萎了。天下不想帮助禾苗生长的人是很少的。有的人认为培养正气一时得不到好处而放弃不干,这好比是种田不除草的懒汉;有的人违反规律硬性帮助正气生长,这就好比拔苗的人——不但没有好处,反而会伤害它。"

公孙丑又问:"怎样才算知晓言辞的门道呢?"

孟子说:"言辞偏颇的,我知道他被什么所蒙蔽;言辞虚夸的,我知道他被什么所沉迷;言辞邪僻的,我知道他那儿偏离了真理;言辞支吾的,我知道他理屈在那里。这些言辞,如果在心里形成,就会在政治上产生危害;如果体现在政治上,就会危害国事。要是圣人再度出现,一定会赞同我这番话。"

公孙丑说:"宰我、子贡善于言谈,冉牛、闵子、颜渊善于阐述德行。孔子两方面都兼备，但他却说：'我对于辞令不怎么行。'那么，老师您已经达到圣人的境界了吗？"

孟子说："嗨！这是什么话？从前子贡问孔子说：'老师已经达到圣人的境界了吗？'孔子回答说：'圣人的境界我是达不到的，我只不过能做到学习不满足，教人不厌倦。'子贡说：'学习不满足，是智慧；教人不厌倦，是仁德。又有智慧又仁德，老师已经到了圣人的境界了！'圣人的境界，孔子都不敢自居，你却说我已经达到了，这是什么话？"

公孙丑说："以前我曾听说过：子夏、子游、子张都已具备了孔子的一方面长处，冉牛、闵子、颜渊各方面都具备了孔子的水平，但没有孔子那样博大精深。请问老师您处于什么程度？"

孟子说："姑且不谈这一点。"

公孙丑说："您认为伯夷、伊尹怎么样？"

孟子说："他们的处世之道不同。不是他认可的君主不服事，不是他认可的百姓不使唤，天下太平就当官，天下混乱就退隐，这是伯夷的做法。什么君主都可以服事，什么百姓都可以使唤，天下太平当官，天下混乱也当官，这是伊尹的做法。可以做官就做官，可以辞官就辞官，可以长久干就长久干，可以马上走就马上走，这就是孔子的做法。他们都是古代圣人，我不能做到像他们那样行事。至于我的愿望，则是愿效法孔子。"

公孙丑说："伯夷、伊尹与孔子相比，是一个水平的吗？"

孟子说："不是一个水平的。自从有人类以来，没有孔子这么杰出的人。"

公孙丑说："那么，他们有相同之处吗？"

孟子说："有。如果有方圆百里的国土让他们做国君，他们都能凭这小小的国土使诸侯来朝见，统一天下。为了得天下而做一件不义的事、杀一个无辜的人，他们都是不愿意干的。这些就是他们的相同之处。"

公孙丑说："请问他们不同之处在哪里？"

孟子说："宰我、子贡、有若、他们三人的智慧足以了解圣人的行事，即使他们言辞夸大一点，也不至于曲意奉承他们所好爱的人。宰我说：'根据我对孔夫子的了解，孔夫子远远胜过尧舜。'子贡说：'看到一国的礼仪就可以了解它的政治，听到一国的音乐就可以了解它的德教，即使在百世之后来评判，这一百代的君王，没有哪个君王能背离孔子的学说。自从有人类以来，没有孔子这么杰出的人。'有若说：'难道只有人类有高下之分吗？麒麟对于走兽，凤凰对于飞鸟，泰山对于土丘，河海对于水沟，都是同一类事物。圣人对于普通人来说，也是同类。圣人高出于他的同类，而孔子又超越众圣人之上，自从有人类以来，没有比孔子更伟大的了。'"

【原文】

孟子曰："以力假仁者霸，霸必有大国；以德行仁者王，王不待大，汤以七十里，文王以百里。以力服人者，非心服也，力不赡也；以德服人者，中心悦而诚服也，如七十子之服孔子也。《诗》云：'自西自东，自南自北，无思不服。'此之谓也。"

【译文】

孟子说："凭仗武力却假借仁义进行战争的人可以称霸于诸侯，称霸一定要有很强大的国力；凭仗道德施行仁义的人可以称王于天下，称王不一定要有强大的国力，商汤仅凭着方圆七十里国土，周文王仅凭着方圆一百里国土。凭着武力使别人降服，别人不是从内心真正归服，而是力量不够不得已；凭着道德使别人归附，别人内心很高兴地真诚信服，就像孔门七十个大弟子拜服孔子一样。《诗经》上说：'从东到西，从南到北，无不诚服。'说的就是这个道理。"

【原文】

孟子曰："仁则荣，不仁则辱；今恶辱而居不仁，是犹恶湿而居下也。如恶之，莫如贵德而尊士，贤者在位，能者在职；国家闲暇，及是时，明其政刑。虽大国，必畏之矣。《诗》云：'迨（dài 代）天之未阴雨，彻彼桑土（dù 杜），绸缪牖（yǒu 有）

户。今此下民，或敢侮予？'孔子曰：'为此诗者，其知道乎！能治其国家，谁敢侮之？'今国家闲暇，及是时，般（pán 盘）乐怠敖，是自求祸也。祸福无不自己求之者。《诗》云：'永言配命，自求多福。'《太甲》曰：'天作孽，犹可违；自作孽，不可活（huàn 患，同"逭"）。'此之谓也。"

【译文】

孟子说："施行仁政就会荣光，不行仁政就会受辱；现在一些诸侯不愿受辱却做出不仁义的事，这就好比讨厌潮湿却居住在处于低洼的地方。如果真的不愿受辱，最好的办法是看重道德，尊重士人，让有德行的人处在合适的官位上，有才能的人担任相当的职务；趁着国家太平安宁的时机，修明政治和法纪。这样，即使是大国，也一定会敬畏它了。《诗经》上说：'趁着天晴没阴雨，把那桑根皮儿剥取，修理房门和窗户。这些下面的人们，有谁敢把我欺侮？'孔子说：'做这首诗的人，大概很精通治国之道吧！如果能治理好他的国家，谁敢欺侮他！'现在国家很安定，却趁这个时候沉溺享乐。懈怠游玩，这是自找灾祸。祸与福没有不是自己找来的。《诗经》上说：'永远配合上苍的安排，多福要靠自己寻求。'《尚书·太甲篇》说：'上天降下的灾祸还可以躲避，自己作下的罪孽就没法逃脱了。'说的就是这个道理。"

【原文】

孟子曰："尊贤使能，俊杰在位，则天下之士皆悦，而愿立于其朝矣；市，廛（chán 缠）而不征，法而不廛，则天下之商皆悦，而愿藏于其市矣；关，讥而不征，则天下之旅皆悦，而愿出于其路矣；耕者，助而不税，则天下之农皆悦，而愿耕于其野矣；廛，无夫里之布①，则天下之民皆悦，而愿为之氓矣。信能行此五者，则邻国之民仰之若父母矣。率其子弟，攻其父母，自生民以来未有能济者也。如此，则无敌于天下。无敌于天下者，天吏也。然而不王者，未之有也。"

【注释】

①布：古时的钱币。夫布，相当于后世的免役钱；里布，相当于后世的地税。

【译文】

孟子说："尊重有德行的人，任用有才能的人，让优秀杰出的人担当合适的职位，那么，天下的士人都很高兴，就希望在他的朝廷里求职了；市场上提供货栈，而不征收营业税，如果货物卖不出去，依法定价收购，不让它们积压，那么，天下的商人都很高兴，就希望到他的市场里做生意了；关口只是查问但不征关税，那么，天下的旅客都很高兴，就希望从他的道路上经过了；对农民只让他们出力助种公田但不收租税，那么，天下的农民都很高兴，就希望在他的田野上耕作了；居住民宅不收人口税和地税钱，那么，天下的百姓都很高兴，就希望成为他的百姓了。真能实行这五个方面，那么邻国的百姓就会像对父母一般敬仰他了。假如邻国的国君带领这样的百姓来攻打他，就等于是带着儿女来攻打他们的父母，这是自从有人类以来都没有成功过的事。这样，在全天下就没有敌手了。在全天下没有敌手的人，是奉天命治理百姓的人。做到这样却不能使天下归顺而称王的，是从来没有过的事。"

【原文】

孟子曰："人皆有不忍人之心。先王有不忍人之心，斯有不忍人之政矣。以不忍人之心，行不忍人之政，治天下可运之掌上。所以谓人皆有不忍人之心者，今人乍见孺子将入于井，皆有怵（chù 处）惕恻隐之心，非所以内（同"纳"）交于孺子之父母也，非所要（yāo 邀）誉于乡党朋友也，非恶其声而然也。由是观之，无恻隐之心，非人也；无羞恶之心，非人也；无辞让之心，非人也；无是非之心，非人也。恻隐之心，仁之端也；羞恶之心，义之端也；辞让之心，礼之端也；是非之心，智之端也。人之有是四端也，犹其有四体也。有是四端而自谓不能者,自贼者也;谓其君不能者,贼其君者也。凡有四端于我者,知皆扩而充之矣,若火之始然,泉之始达。苟能充之,足以保四海;苟不能充之,不足以事父母。"

【译文】

孟子说:"人都有怜惜别人的心地。先王有怜惜别人的心地,这就有怜惜人民的政治了。用怜惜别人的心地,实行怜惜人民的政治,治理天下就可以如在手掌上转动东西一样容易了。我说人都有怜惜别人的心地的根据是:如果突然间看到一个小孩就要掉进井里去,任何人都会产生惊怕同情的心理,这不是想借此跟孩子的父母攀交情,不是想借此博取乡族朋友的赞誉,也不是因为厌恶小孩的惊叫声才这样做的。从这一点可以看出,没有同情心的人,不是人;没有羞耻憎恶心的人,不是人;没有退让心的人,不是人;没有是非观念的人,不是人。同情之心,是仁爱的开端;羞耻憎恶之心,是道义的开端;退让之心,是礼仪的开端;是非之心,是智慧的开端。人有这四方面,就好比他有四肢。有这四方面却还以为自己不行,是自己伤害自己的人;他的君王有了这四方面,却以为他的君王不行,是伤害他的君王的人。凡是自己具备了这四方面的人,只要懂得进一步扩大它,充实它,那就好比火刚开始燃烧,泉刚开始喷涌。如果能发扬光大,就足以安抚天下的人民;如果不发扬光大,就连服侍父母也做不到。"

【原文】

孟子曰:"矢人岂不仁于函人哉?矢人唯恐不伤人,函人唯恐伤人。巫匠亦然。故术不可不慎也。孔子曰:'里仁为美。择不处仁,焉得智?'夫仁,天之尊爵也,人之安宅也。莫之御而不仁,是不智也。不仁不智,无礼无义,人役也。人役而耻为役,由弓人而耻为弓,矢人而耻为矢也。如耻之,莫如为仁。仁者如射:射者正己而后发;发而不中,不怨胜己者,反求诸己而已矣。"

【译文】

孟子说:"造箭的人难道要比造铠甲的人不仁爱吗?造箭的人就怕箭不伤人,造甲的人只怕铁甲衣不护人。巫师和木匠也这样,巫师总想治好病,木匠总想病死好请他做棺材。所以,选择一门技艺,不能不慎重。孔子说:'与仁德一起相处就是美。选择了不与仁德共处的道路,怎能说是有智慧?'仁德是上天最尊贵的爵位、人们最安全的宅居。没有谁阻拦他实行仁德,却不仁德,这是不聪明的表现。不仁德,不聪明,没有礼仪,没有道义,这种人只配做人家的仆役。做了人家的仆役却以此为耻,就像造弓的人把造弓当作耻辱,造箭的人把造箭当作耻辱。如果感到耻辱,最好是行仁德。仁德的人好比射箭;射箭的人先端正自己的姿势再射出箭去;射出去不中靶,不怪赢了自己的人,回过头来从自己身上找原因罢了。"

【原文】

孟子曰:"子路,人告之以有过,则喜;禹闻善言,则拜。大舜有(同"又")大焉,善与人同,舍己从人,乐取于人以为善。自耕稼、陶、渔以至为帝,无非取于人者。取诸人以为善,是与人为善者也。故君子莫大乎与人为善。"

【译文】

孟子说:"子路这个人,别人指出他的过错,他就很高兴;夏禹听了对他有好处的话,就向人施礼。大舜又要超过他们,把好的东西看成是大家所共有的,放弃自己的偏见,听从别人的正确意见,乐于吸取别人的长处来做好事。从耕种、烧陶器、打鱼一直到做天子,他的优点没有一点不是从别人那儿吸取来的。吸取别人的长处来做好事,这也是帮助、鼓励别人一道做好事。所以君子的最高美德就是帮助别人一道做好事。"

【原文】

孟子曰:"伯夷,非其君不事,非其友不友;不立于恶人之朝，不与恶人言；立于恶人之朝，与恶人言，如以朝衣朝冠坐于涂炭。推恶恶之心，思与乡人立，其冠不正，望望然去之，若将浼（měi美）焉。是故诸侯虽有善其辞命而至者，不受也。不受也者，是亦不屑就已。柳下惠①不羞污君，不卑小官；进不隐贤，必以其道；遗佚而不怨，阨穷而不悯。故曰：'尔为尔，我为我，虽袒裼（xī西）裸裎（chéng程）于我侧，尔焉能浼我哉？'故由由然与之偕而不自失焉，援而止之而止，援而止之而止者，是亦不屑去已。"

孟子曰："伯夷隘，柳下惠不恭。隘与不恭，君子不由也。"

【注释】

①柳下惠：鲁国大夫展禽的谥号。

【译文】

孟子说："伯夷，不是自己认可的君主不服事，不是自己认可的朋友不结交；不在坏人的朝廷里当官，不跟坏人交谈；在坏人的朝廷里当官，跟坏人交谈，他就像穿戴着上朝用的衣帽坐在烂泥和炭灰上一样难受。推广这种憎恶坏人坏事的思想，他要是跟乡里俗人一起站着，而那个人的帽子歪戴着，就会头也不回赶忙离开，因为他想到好像会玷污了自己。所以虽然有些诸侯花言巧语要来请他，他却不肯接受邀请。不肯接受的原因，是他不屑于接近他们。柳下惠不同，他不因为服事做坏事的国君而觉得羞耻，也不因为职务低微而感到卑贱；被举荐当了官，不隐藏自己的才干，但一定按照自己的原则办事；不能被举荐当官也不怨恨，处境困苦也不忧愁。所以他说：'你是你，我是我，即使你在我身旁赤身裸体，但哪能就玷污了我呢？'所以跟谁在一起都悠然自得，一点都不失常态，挽留他不让走就不走。挽留他不让走就不走，这也是因为他觉得离不离开都无所谓。"

孟子又说："伯夷胸襟太狭，柳下惠不够严肃。胸襟太狭与不够严肃，都是君子不可学习的。"

公孙丑(下)

【原文】

孟子曰:"天时不如地利,地利不如人和。三里之城,七里之郭,环而攻之而不胜。夫环而攻之,必有得天时者矣;然而不胜者,是天时不如地利也。城非不高也,池非不深也,兵革非不坚利也,米粟非不多也;委而去之,是地利不如人和也。故曰:域民不以封疆之界,固国不以山溪之险,威天下不以兵革之利。得道者多助,失道者寡助。寡助之至,亲戚畔(同"叛")之;多助之至,天下顺之。以天下之所顺,攻亲戚之所畔;故君子有不战,战必胜矣。"

【译文】

孟子说:"天时的重要性不如地利,地利的重要性不如人和。譬如有一座内城三里见方、外城七里见方的小城,团团围住进攻它却不能取得胜利。包围进攻它,肯定选好了有利于作战的时令、气候,但是不能取胜,原因就在于有利于作战的时令、气候,比不上守城的人有地形的便利。又譬如另一座城,城墙并不是不高,城河并不是不深,武器装备并不是不锐利坚固,粮食并不是不充足,但是敌人一攻打,就弃城逃走,这又说明地理形势再好也比不上人心所向、上下团结重要。所以说:管辖百姓不能光靠划定国家的疆界,巩固国防不能光靠山川的险阻,威慑天下不能光靠武器装备的精良。符合道义的人帮助他的就多,违背道义的人帮助他的就少。帮助的人少到极点,连骨肉至亲都要背离他;帮助的人多到极点,普天下的人都会归顺他。用普天下归顺的力量去攻打连亲戚都背离的人,一定会胜利。所以讲道义的国君要么不打仗,如果打仗,一定会胜利。"

【原文】

孟子将朝王，王使人来曰："寡人如就见者也，有寒疾，不可以风。朝，将视朝，不识可使寡人得见乎？"

对曰："不幸而有疾，不能造朝。"

明日。出吊于东郭氏。公孙丑曰："昔者辞以病，今日吊，或者不可乎？"

曰："昔者疾，今日愈，如之何不吊？"

王使人问疾，医来。孟仲子[①]对曰："昔者有王命，有采薪之忧[②]，不能造朝。今病小愈，趋造于朝，我不识能至否乎？"使数人要于路，曰："请必无归，而造于朝！"

不得已而之景丑氏宿焉。景子曰："内则父子，外则君臣，人之大伦也。父子主恩，君臣主敬。丑见王之敬子也，未见所以敬王也。"

曰："恶！是何言也！齐人无以仁义与王言者，岂以仁义为不美也？其心曰'是何足与言仁义也'云尔，则不敬莫大乎是。我非尧舜之道，不敢以陈于王前，故齐人莫如我敬王也。"

景子曰："否，非此之谓也。礼曰：'父召，无诺；君命召，不俟驾。'固将朝也，闻王命而遂不果，宜与夫礼若不相似然。"

曰："岂谓是与？曾子曰：'晋楚之富，不可及也。彼以其富，我以吾仁；彼以其爵，我以吾义。吾何慊乎哉？'夫岂不义而曾子言之？是或一道也。天下有达尊三：爵一，齿一，德一。朝廷莫如爵，乡党莫如齿，辅世长民莫如德。恶得有其一以慢其二哉？

"故将大有为之君，必有所不召之臣。欲有谋焉，则就之。其尊德乐道不如是，不足与有为也。故汤之于伊尹，学焉而后臣之，故不劳而王；桓公之于管仲，学焉而后臣之，故不劳而霸。今天下地丑德齐,莫能相尚,无他,好臣其所教,而不好臣其所受教。汤之于伊尹,桓公之于管仲,则不敢召。管仲且犹不可召,而况不为管仲者乎?"

【注释】

①孟仲子:孟子的堂弟,又是孟子的学生。
②采薪之忧:字面的意思是连打柴都没有力气,古人习惯以这个词语作为生病的代称。

【译文】

孟子准备去朝见齐王,齐王派人来说:"我本当来看您的,但患了感冒,不能让风吹。假如您能来朝廷,我就支撑着临朝办公,不知能否让我见到您?"

孟子回答说:"真不幸,刚好我也有病,不能到朝廷去。"

第二天,孟子到齐大夫东郭氏家里去吊丧。公孙丑说:"昨天以有病为由谢绝了齐王的召请,今天却又出去吊丧,恐怕不太好吧?"

孟子说:"昨天有病,今天好了,为什么不能去吊丧?"

齐王派人来探病,还带了医生来。孟仲子对来人说:"昨天大王有命令来,不巧他身体不适,不能上朝。今天他病稍好了点儿,赶紧上朝去了,不知他能不能赶到。"一面派了好几个人等候在路上,挡住孟子说:"请您一定不要回家,赶快上朝去!"

孟子不得已,只好到齐大夫景丑家里住宿。景丑说:"家庭里有父子,家庭外有君臣,这是人与人之间最重要的关系。父子间以慈爱为根本,君臣间以恭敬为根本。我只看到大王尊重您,却没有看到您尊敬大王的任何表示。"

孟子说:"嗨!这是什么话!齐国没有人把仁义的道理讲给齐王听,难道是因为齐人认为仁义不好吗?不,这是因为他们心想'这国王哪里值得跟他谈仁义'罢了。那才是最大的不敬。而我呢,如果不是尧舜治天下的道理,就不敢在齐王面前乱说,所以齐国人没有一个比我更尊敬齐王的。"

景丑说:"不是,我不是说这个。礼书上说:'父亲召唤,不能慢吞吞地说"好吧",而应说"是"并立即起身;君王下令召见,连马车都等不及套好就走。'您本来要去朝见,听到齐王召见的命令反而不去了,也许与礼规不相一致吧。"

孟子说:"你难道说的是这个吗?曾子说:'晋国和楚国的富有,是达不到的。不过,他们凭仗他们的富有,我依靠我的仁德;他们凭仗他们的爵位,我依靠我的道义。我有什么可遗憾的呢?'如果没有道理,曾子难道会说这话?其中或许是有道理的。天下全都尊重的东西有三样:一是爵位,一是年龄,一是德行。在朝廷,最尊重爵位;在民间,最讲究年龄;辅佐时世抚养百姓,最要紧的是德行。怎么能够凭着爵位就怠慢年龄与德行呢?"

"所以凡是大有作为的君王,一定有他不能随意召见的大臣;如果有事要商量,就主动到大臣那里去。他如果不是这样尊重德行,爱好道义,就不值得跟他一起有所作为。所以商汤对伊尹,先向他请教,然后任命他为大臣,因而不用费大力气就称王于天下;齐桓公对管仲,也是先向他请教,然后任命他为大臣,因而不用费大力气就称霸于诸侯。现在天下各国,国土大小差不多,君王的德行高低也差不多,没有哪一个国家能占上风,这没有别的原因,就因为只喜欢用听从他们教导的人做大臣,而不喜欢用能够教导他们的人做大臣。商汤对伊尹,齐桓公对管仲,就不敢召唤。管仲尚且不可以召唤,何况不屑于做管仲的人呢?"

【原文】

陈臻①问曰:"前日于齐,王馈(kuì溃)兼金一百而不受;于宋,馈七十镒而受;于薛,馈五十镒而受。前日之不受是,则今日之受非也;今日之受是,则前日之不受非也。夫子必居一于此矣。"

孟子曰:"皆是也。当在宋也,予将有远行,行者必以赆(jìn尽);辞曰:'馈赆,'予何为不受?当在薛也,予有戒心;辞曰:'闻戒,故为兵馈之,'予何为不受?若于齐,则未有处也。无处而馈之，是货之也。焉有君子而可以货取乎？"

【注释】

①陈臻：孟子弟子。

【译文】

陈臻问道："以前在齐国，齐王送给您好金子一百镒，您不收；后来在宋国，宋君送给您七十镒，您收下了；在薛国，薛君送给您五十镒，您也收下了。如果先前不收是对的，那后来收下就错了；如果后来收下是对的，那先前不收就错了。上述两种情况，老师一定属于其中的一种。"

孟子说："都是对的。当在宋国的时候，我要远行，按惯例对出远门的人一定要送点盘缠。当时宋君说：'送给您一点盘缠。'我为什么不收下？当在薛国时，我有戒备不测的想法，当时薛君说：'听说您需要防着点，所以送给您一点买武器的钱。'我为什么不收下？至于在齐国，就没有什么理由了。没有理由却送钱给我，这无异于拿钱收买我。哪有贤德君子可以拿钱收买的呢？"

【原文】

孟子之平陆①，谓其大夫曰："子之持戟之士，一日而三失伍，则去之否乎？"

曰："不待三。"

"然则子之失伍也亦多矣，凶年饥岁，子之民，老羸（léi雷）转于沟壑、壮者散而之四方者，几千人矣。"

曰："此非距心之所得为也。"

曰："今有受人之牛羊而为之牧之者，则必为之求牧与刍矣。求牧与刍而不得，则反诸其人乎？抑亦立而视其死与？"

曰："此则距心之罪也。"

他日，见于王曰："王之为都者，臣如五人焉。知其罪者，惟孔距心。为王诵之。"

王曰："此则寡人之罪也。"

【注释】

①平陆：当时齐国边境城邑。

【译文】

孟子来到平陆，跟那里的大夫孔距心说："如果您的兵士一天三次掉队，那您是否要开除他呢？"

孔大夫说："等不到三次，我就要开除他。"

孟子说："既然这么说，那么您的失职如同战士掉队一样，也够多的了。闹饥荒的年头，您管辖的百姓，年老体弱者中弃尸在山沟里的，年轻力壮者中失散到四方逃荒的，几乎上千人了。"

大夫说："这不是我孔距心所能管得了的。"

孟子说："如果有一个人接受了别人的牛羊并替他牧放，那就一定要给牛羊找到牧场与草料。牧场和草料找不到，就把牛羊送还给主人呢，还是站在一旁看着它们饿死呢？"

大夫说："看来，这的确是我的罪过了。"

隔了些天，孟子去见齐王，说："大王的城邑长官，我认识了五个。明白自己罪过的，只有孔距心。我给您说说怎么回事。"

齐王听后说："这样说来，是我的罪过了。"

【原文】

孟子谓蚳（chí 池）鼃（wā 蛙）①曰："子之辞灵丘②而请士师，似也，为其可以言也。今既数月矣，未可以言与？"

蚳鼃谏于王而不用，致为臣而去。齐人曰："所以为蚳鼃，则善矣；所以自为，则吾不知也。"

公都子③以告。曰："吾闻之也：有官守者，不得其职则去；有言责者，不得其言则去。我无官守，我无言责也，则吾进退，岂不绰绰然有余裕哉？"

【注释】

①蚳䵷：齐国大夫名。
②灵丘：齐国边境城邑名。
③公都子：孟子弟子。

【译文】

孟子对蚳䵷说："您辞去灵丘城长官的职务而请求当狱官，似乎有点道理，因为当狱官就可以有机会向国王进言了。现在你当狱官已经好几个月了，还不能进言吗？"蚳䵷向齐王进谏，却没有被采纳，蚳䵷就辞职离去了。齐国人说："孟子为蚳䵷考虑的主意是好的，为他自己考虑些什么，我们就不清楚了。"

公都子把这话告诉了孟子。孟子说："我听说过这话：有官吏职责的人，如果不能尽职责，就该离职；有进言责任的人，如果进言不能被采纳，也该离职。我既没有官职，也没有进言的责任，那么我的进退难道不是非常宽绰有余吗？"

【原文】

孟子为卿于齐，出吊于滕，王使盖（gě 舸）①大夫王驩（huān 欢）②为辅行。王驩朝暮见，反齐滕之路，未尝与之言行事也。

公孙丑曰："齐卿之位，不为小矣；齐滕之路，不为近矣，反之而未尝与言行事，何也？"

曰："夫既或治之，予何言哉？"

【注释】

①盖：齐国城邑名。
②王驩：齐人。因善于奉承，得宠于齐宣王，当时任盖邑大夫（相当于今县长）。他一贯自以为是，不屑向人求教。

【译文】

孟子在齐国当卿相，出使到滕国吊丧，齐王派了盖邑的邑令王驩做他的副使。王驩与孟子朝暮相处，往返于齐国到滕国的路途上，孟子却从没有跟王驩谈起过政事。

公孙丑说："齐卿爵位，不算小；齐国到滕国的路途，不算近，但是一起往返您却不曾跟他谈过政事，这是为什么呢？"

孟子说："既然有人已经在办那些事了，我还说什么呢？"

【原文】

孟子自齐葬于鲁，反于齐，止于嬴（yíng 迎）。充虞①请曰："前日不知虞之不肖，使虞敦匠事。严，虞不敢请。今愿窃有请也：木若以美然。"

曰："古者棺椁（guǒ 果）无度，中古棺七寸，椁称之。自天子达于庶人，非直为观美也，然后尽于人心。不得，不可以为悦；无财，不可以为悦。得之为有财，古之人皆用之，吾何为独不然？且比化者无使土亲肤，于人心独无恔（xiào 效）乎？吾闻之：君子不以天下俭其亲。"

【注释】

①充虞：孟子弟子。

【译文】

孟子从齐国到鲁国为母亲出丧，返回齐国时，在嬴城逗留。充虞问道："前些日子您不嫌我没本事，让我负责督促木匠做棺材的事。当时事情紧急，我不敢打扰请示您。现在希望能向您请示：棺材的木料似乎太好了。"

孟子说："上古时对内棺外棺没有尺寸规定，中古时规定内棺厚度为七寸，外棺厚度要相称。从天子到百姓，讲究棺木，不只是为了看起来美观，而是这样做，才是尽了人的孝心。礼制规定不能做，就不可以称心而为；没有财力讲究不起，也不可以称心而为。礼制允许又有财力讲究，古人都用上等木料做棺材，我为什么不这样呢？再说棺材做得厚实些，不让死者遗体接近泥土，孝子的心里岂不就舒坦一点了吗？我听说过这样的话：懂孝道的君子决不会为了爱惜天下物力而在父母身上省俭。"

【原文】

沈同①以其私问曰："燕可伐与？"

孟子曰："可。子哙（kuài 块）②不得与人燕，子之不得受燕于子哙。有仕（同"士"）于此而子悦之，不告于王而私与之吾子之禄爵；夫士也，亦无王命而私受之于子，则可乎？何以异于是？"

齐人伐燕。

或问曰："劝齐伐燕，有诸？"

曰："未也。沈同问'燕可伐与'，吾应之曰'可。'彼然而伐之也。彼如曰：'孰可以伐之？'则将应之曰：'为天吏，则可以伐之。'今有杀人者，或问之曰：'人可杀与？'则将应之曰：'可。'彼如曰：'孰可以杀之？'则将应之曰：'为士师，则可以杀之。'今以燕伐燕，何为劝之哉？"

【注释】

①沈同：齐国臣子。
②子哙：燕国国君。当时他把王位让给国相子之，国人不服，发生内乱。齐宣王趁机伐燕，很快取得了胜利。

【译文】

沈同以个人身份问孟子说："燕国，可以攻打它吗？"

孟子答道："可以。子哙不能随意把燕国让给人家，子之也不能从子哙那儿接受燕国。如果有这么一个士人，您很喜欢他，不跟国王说就私自把您的俸禄官爵给了他；那士人呢，也在没有得到国王命令的情况下就私自接受了您的俸禄官爵，那行吗？现在子哙、子之私相授受王位的事跟这有什么区别呢？"

齐国人攻打燕国。

有人问孟子:"你鼓动齐国攻打燕国,有这事吗?"

孟子说:"没有。沈同问我:'燕国可以攻打吗?'我回答他说:'可以。'他们就这样去攻打燕国了。他如果问:'谁可以攻打燕国?'我就会回答他:'是奉天命来治理百姓的人,才可以攻打燕国。'如果有一个杀人犯,有人问我:'这人可以杀吗?'我会回答他说:'可以。'他如果问:'谁可以杀他?'我就会回答他说:'做司法官的人,才可以杀他。'现在是一个与燕国一样无道的国家去攻打燕国,本不应该,我怎么会去鼓动他们呢?"

【原文】

燕人畔①。王曰:"吾甚惭于孟子②。"

陈贾曰:"王无患焉。王自以为与周公孰仁且智?"

王曰:"恶!是何言也?"

曰:"周公使管叔③监殷,管叔以殷畔。知而使之,是不仁也;不知而使之,是不智也。仁智,周公未之尽也,而况于王乎?贾请见而解之。"

见孟子,问曰:"周公何人也?"

曰:"古圣人也。"

曰:"使管叔监殷,管叔以殷畔也,有诸?"

曰:"然。"

曰:"周公知其将畔而使之与?"

曰:"不知也。"

"然则圣人且有过与?"

曰:"周公,弟也;管叔,兄也。周公之过,不亦宜乎?且古之君子,过则改之;今之君子,过则顺之。古之君子,其过也,如日月之食(同"蚀"),民皆见之;及其更也,民皆仰之。今之君子,岂徒顺之,又从为之辞。"

【注释】

①燕人畔:齐王趁燕内乱伐燕,子哙死,子之逃亡。后来燕人拥立

太子平为王，即燕昭王。昭王力图恢复，报齐破国杀父之仇。齐国吞并燕国不成而遭燕人反抗，所以从齐王看来，这是"燕人背叛"。

②惭于孟子：孟子曾劝齐王"速出令，反其旄倪，止其重器，谋于燕众，置君而后去之"，齐王未予采纳。事见《梁惠王下》。

③管叔：周武王之弟，周公之兄。武王灭商后，封纣之子武庚为殷君，并派自己的弟弟管叔、蔡叔、霍叔监督殷国。武王死后，成王年幼，由周公摄政。管叔不服，联合武庚反叛周朝，被周公平定。

【译文】

燕国人反对齐国。齐王说："我对孟子感到很惭愧。"

齐国大夫陈贾说："大王不要忧虑。您自己认为与周公相比，哪个更仁德而又睿智？"

齐王说："嗨！这是什么话？"

陈贾说："周公派管叔监管殷商遗民，管叔却带他们反叛。如果周公明知管叔有反叛念头却派遣他去监管，这是不仁德；如果事先不知道而派遣他，这是不睿智。仁德与睿智，周公尚且没有完全做到，何况大王您呢？我愿意去见孟子做些解释。"

陈贾见到孟子，问道："周公是个怎样的人？"

孟子说："古代圣人。"

陈贾说："他派管叔监管殷商遗民，管叔却带着他们反叛，有这事吗？"

孟子说："不错。"

陈贾说："周公是知道管叔会反叛却还要派遣他去的吗？"

孟子说："周公不知道。"

陈贾说："那么圣人也有过失了？"

孟子说："周公是弟弟，管叔是哥哥，周公的过失不是情有可原的吗？况且，古代的君子，有了过失就改正，现在的'君子'，有了过失却将错就错。古代的君子，他们的过失就像日蚀月蚀，百姓全都看到；当他们改正的时候，百姓也全都抬头望着。现在的'君子'，哪里只是将错就错，而且为了掩盖过失还要制造种种借口。"

【原文】

孟子致为臣而归。王就见孟子，曰："前日愿见而不可得，得侍同期，甚喜；今又弃寡人而归，不识可以继此而得见乎？"

对曰："不敢请耳，固所愿也。"

他日，王谓时子①曰："我欲中国而授孟子室，养弟子以万钟②，使诸大夫国人皆有所矜（jīn今）式。子盍为我言之！"

时子因陈子③而以告孟子，陈子以时子之言告孟子。

孟子曰："然。夫时子恶知其不可也？如使予欲富，辞十万而受万，是为欲富乎？季孙曰：'异哉子叔疑④！使己为政，不用，则亦已矣，又使其子弟为卿。人亦孰不欲富贵？而独于富贵之中有私龙断焉。'古之为市也，以其所有易其所无者，有司者治之耳。有贱丈夫焉，必求龙断而登之，以左右望，而罔市利。人皆以为贱，故从而征之。征商自此贱丈夫始矣。"

【注释】

①时子：齐国臣子。
②钟：古代容量单位，六石四斗为一钟。
③陈子：即陈臻，孟子弟子。
④季孙、子叔疑：均为人名，生平不详。

【译文】

孟子辞职回家。齐王去看孟子，说："以前希望见到您而没有能够，后来能在一个朝廷共事，我很高兴；今天您却又要丢下我回乡去，不知道今后能够再见到您吗？"

孟子回答说："我只是不敢向您提请求罢了，这本来是我的愿望。"

过了几天，齐王对时子说："我想在国都中心地带送给孟子一幢房子，用万钟粮食来供养他的弟子，使我国的官员和平民都有可以效法的榜样。你为什么不替我跟孟子说说！"

时子托陈子把这话转告孟子，陈子就把时子的话跟孟子说了。

孟子说:"唔,时子又怎能知道这件事是不行的呢!如果我想富贵,我拒绝了十万钟的俸禄却接受一万钟的馈赠,这是我想富贵吗?季孙说过:'子叔疑这人真怪!自己想从政,不被任用,就算了吧,又设法让他的子弟当官。人谁不想高官厚禄?他却偏要在升官发财当中又搞个人垄断,'什么叫垄断呢?古代做生意,用自己拥有的东西交换自己没有的东西,有关官员只要稍加管理就行了。有一个卑鄙的汉子在那里,一定要找个高处爬上去,东张西望投机取巧来渔利。人们都认为他太卑鄙,因此要征收他的税钱。征收商税,就是从这个贱汉子开始的。"

【原文】

孟子去齐,宿于昼①。有欲为王留行者,坐而言。不应,隐几而卧。客不悦,曰:"弟子斋宿而后敢言,夫子卧而不听,请勿复敢见矣。"

曰:"坐!我明语子,昔者鲁缪(同"穆")公②无人乎子思③之侧,则不能安子思;泄柳④、申详⑤无人乎缪公之侧,则不能安其身。子为长者虑,而不及子思。子绝长者乎?长者绝子乎?"

【注释】

①昼:齐国西南的城邑。
②鲁穆公:春秋时鲁国国君。
③子思:孔子弟子,孟子之师。
④泄柳:鲁国贤人。
⑤申详:孔子弟子子张的儿子。

【译文】

孟子离开齐国,在昼城过夜。有一个想替齐王挽留孟子的人,端坐好然后跟孟子说话。孟子不答理他,伏在小桌上睡觉。那人不高兴了,说:"我对您很恭敬,斋戒了一宿才敢来跟您说话,您却装睡不理我，那我再也不敢来见您了。"

孟子说："坐下！我明白告诉你。从前鲁穆公如果不常派人在子思身旁表达自己的诚意，就不能使子思安心；而泄柳、申详这两位，如果无人常在穆公身旁称誉他们的贤能，他们就不能安下身来。你现在替我这老头考虑，却及不上对待子思一样的待遇，是你要跟我绝交呢，还是我要跟你绝交？"

【原文】

孟子去齐。尹士①语人曰："不识王之不可以为汤武，则是不明也；识其不可，然且至，则是干泽也。千里而见王，不遇故去，三宿而后出昼，是何濡滞也？士则兹不悦。"

高子②以告。

曰："夫尹士恶知予哉？千里而见王，是予所欲也；不遇故去，岂予所欲哉？予不得已也。予三宿而出昼，于予心犹以为速，王庶几改之！王如改诸，则必反予。夫出昼而王不予追也，予然后浩然有归志。予虽然，岂舍王哉？王由足用为善；王如用予，则岂徒齐民安，天下之民举安。王庶几改之！予日望之！予岂若是小丈夫然哉：谏于其君而不受则怒，悻悻（xìng 幸）然见（同"现"）于其面，去则穷日之力而后宿哉？"

尹士闻之，曰："士诚小人也。"

【注释】

①尹士：齐国人。
②高子：齐国人，孟子弟子。

【译文】

孟子离开齐国。尹士告诉别人说："不知道齐王成不了商汤王、周武王那样的人，这就是孟子的不明智；知道齐王不行，却还要来，这就是贪图富贵。千里迢迢赶来见齐王，没有得到赏识所以离去，过了三夜才离开昼城，这多不爽快？我就是对这点看不惯。"

高子把这话告诉了孟子。

孟子说:"尹士哪能了解我呢?千里迢迢赶来见齐王,这是我自愿的;没有得到赏识所以离去,难道也是我的愿望?我是不得已。我过了三夜才离开昼城,在我心里还觉得太快了,当时希望齐王会改变主意!齐王如果改变主意,就一定会让我回齐国。我离开昼城,齐王没有来追回我,这样我才毅然决然有了回家的心思。尽管这样,难道我愿丢下齐王吗?齐王还是完全能够担当行善的使命的。他如任用我,那就不仅是齐国百姓安定了,天下的百姓全都会安定。我总希望齐王改变主意!我每天希望着!我难道是这样的小气人模样——向国君进谏没有被接受,就大发脾气,脸上显得忿忿不平,离去时非得把所有力气都使出来跑够一天路程才肯歇脚?"

尹士听了这番话,说:"我真是个没见识的小人。"

【原文】

孟子去齐,充虞路问曰:"夫子若有不豫色然。前日虞闻诸夫子曰:'君子不怨天,不尤人。'"

曰:"彼一时,此一时也。五百年必有王者兴,其间必有名世者。由周而来,七百有余岁矣。以其数,则过矣;以其时考之,则可矣。夫天未欲平治天下也;如欲平治天下,当今之世,舍我其谁也?吾何为不豫哉?"

【译文】

孟子离开齐国。充虞在途中问道:"老师您好像有点不愉快的样子。以前我曾从您那儿听说:'有德行的人不埋怨天,也不怪罪人。'"

孟子说:"那时是那时,现在是现在。自古以来,每隔五百年一定有个统一天下的圣君兴起,在这期间还必然有闻名于当世的杰出人才出现。从周代以来,已有七百多年了。从年头看,已经超过了五百年;从时势看,正该产生圣君贤相了。上天不想使天下安定也罢;如果想要安定天下,在当今世上,除了我还有谁能担此重任呢?我为什么不愉快呢?"

【原文】

孟子去齐，居休。公孙丑问曰："仕而不受禄，古之道乎？"

曰："非也。于崇，吾得见王，退而有去志，不欲变，故不受也。继而有师命，不可以请。久于齐，非我志也。"

【译文】

孟子离开齐国，在休地居留。公孙丑问道："当官不要俸禄，是古代传下来的原则吗？"

孟子说："不是。在崇地，我第一次见到齐王，回来后就有离开的念头，后来虽然为卿也不想改变，所以就不接受俸禄了。后来打仗有军令，我不能要求离开。在齐国长久待下去，这不是我的意愿。"

滕文公(上)

【原文】

滕文公为世子,将之楚,过宋而见孟子。孟子道性善,言必称尧舜。

世子自楚反,复见孟子。孟子曰:"世子疑吾言乎?夫道一而已矣。成覸(jiàn 见)①谓齐景公曰:'彼丈夫也,我丈夫也,吾何畏彼哉?'颜渊曰:'舜何人也?予何人也?有为者亦若是。'公明仪②曰:'文王我师也,周公岂欺我哉?'今滕,绝长补短,将五十里也,犹可以为善国。《书》曰:'若药不瞑眩(míng xuàn 明渲),厥疾不瘳(chōu 抽)。'"

【注释】

①成覸:人名,齐国勇士。
②公明仪:姓公明,名仪,鲁国贤人,曾子弟子。

【译文】

滕文公当太子时,去楚国,经过宋国,会见了孟子。孟子跟他说人性善良的道理,总是提到尧舜。

太子从楚国返回,又去见孟子。孟子说:"太子怀疑我的话吗?真理就只这么一条罢了。成覸曾对齐景公说,'他是个男子汉,我也是个男子汉,我干吗要怕他呢?'颜渊曾说:'舜是怎样的人?我又是怎样的人?有作为的人也可以像他一样。'公明仪曾说:'周文王是我的老师,周公难道会骗我吗?'现在的滕国,如果把国土截长补短拼成方形,有将近方圆五十里,还是可以治理成好国家的。《尚书》中说:'如果药吃下去全无晕乎乎的感觉,那就是药力不足,他的病是好不了的。'"

【原文】

滕定公①薨（hōng 烘），世子谓然友②曰："昔者孟子尝与我言于宋，于心终不忘。今也不幸至于大故，吾欲使子问于孟子，然后行事。"

然友之邹问于孟子。

孟子曰："不亦善乎！亲丧，固所自尽也。曾子曰：'生，事之以礼；死，葬之以礼，祭之以礼，可谓孝矣。'诸侯之礼，吾未之学也；虽然，吾尝闻之矣：三年之丧，斋（zī 资）疏之服，飦（zhān 沾）粥之食，自天子达于庶人，三代共之。"

然友反命，定为三年之丧。父兄百官皆不欲也，故曰："吾宗国鲁先君莫之行，吾先君亦莫之行也，至于子之身而反之，不可。且《志》③曰：'丧祭从先祖。'曰，吾有所受之也。"

谓然友曰："吾他日未尝学问，好驰马试剑；今也父兄百官不我足也，恐其不能尽于大事。子为我问孟子。"

然友复之邹问孟子。

孟子曰："然。不可以他求者也。孔子曰：'君薨，听于冢（zhǒng 肿）宰。歠（chuò 绰）粥，面深墨。即位而哭，百官有司莫敢不哀，先之也。'上有好者，下必有甚焉者矣。君子之德，风也；小人之德，草也。草上之风必偃。是在世子。"

然友反命。

世子曰："然，是诚在我。"

五月居庐，未有命戒。百官族人可，谓曰知。及至葬，四方来观之，颜色之戚，哭泣之哀，吊者大悦。

【注释】

①滕定公：滕文公之父。
②然友：滕文公的老师。
③《志》：史官编写的一部记事的书，到底何书已难稽考。

【译文】

滕定公逝世，太子对然友说："以前孟子在宋国跟我谈过话，我在心中始终没有忘记。现在不幸，遇上父亲亡故，我想让您到孟子那儿请教一下再办丧事。"

然友到邹国向孟子请教。

孟子说："这个问题提得很好哇！父母的丧事，本当竭尽自己的心力。曾子说过：'父母在世，据礼服侍他们；父母亡故，也据礼送葬，据礼祭祀，这就称得上孝敬了。'诸侯的丧礼，没有学习过；尽管如此，我却曾经听说过：守三年丧，穿缝边的粗布孝衣，喝稀粥，从天子到百姓，夏、商、周三个朝代都一样。"

然友回国汇报后，太子决定守丧三年。宗族长辈和朝中百官都不肯，说："我们同一个祖宗的鲁国历代君王都没有守过三年丧，我们滕国历代君王也没有守过三年丧，到了你这代却一反常规，这不行。况且《志》这本书上说：'丧事祭事按祖宗规矩办。'所以说，我们这个意见是有依据的。"

太子对然友说："我过去没有好好学习请教，只喜欢骑马舞剑；现在亲戚百官对我不满，恐怕我难以在丧事中做到尽心尽力了。您再替我问问孟子吧。"

然友又到邹国问孟子。

孟子说："唔。这事是不能求于他人的。孔子说：'君王去世，太子把所有政务都交付给宰相，喝粥，面色深黑，到孝子的位子上哭丧。这样，大臣官吏，没有谁敢不悲哀，因为太子带头哭了。'身份高的人喜好什么，身份低的人一定喜好得更厉害。君子的德像是风，小人的德像是草，风吹到草上，草一定会随风向后倒伏。这丧事关键在于太子。"

然友返回滕国将孟子的话作了汇报。

太子说："不错，这事的确决定于我。"

于是太子在守丧窝棚里住了五个月，没有发布什么禁戒和命令。亲戚百官很赞成。都说太子懂礼。到了安葬那天，四面八方的人都来观看。太子神色的悲戚，哭泣的哀伤，使吊丧的人感到很满意。

【原文】

滕文公问为国。

孟子曰:"民事不可缓也。《诗》云:'昼尔于茅,宵尔索绹(táo 淘),亟其乘屋,其始播百谷。'民之为道也,有恒产者有恒心,无恒产者无恒心。苟无恒心,放辟邪侈,无不为已。及陷于罪,然后从而刑之,是罔民也。焉有仁人在位,罔民而可为也?是故贤君必恭俭礼下,取于民有制。阳虎①曰:'为富,不仁矣;为仁,不富矣。'

"夏后氏五十而贡,殷人七十而助,周人百亩而彻,其实皆什一也。彻者,彻也;助者,藉也。龙子②曰:'治地莫善于助,莫不善于贡。'贡者,校数岁之中以为常。乐岁,粒米狼戾(lì 利),多取之而不为虐,则寡取之;凶年,粪其田而不足,则必取盈焉。为民父母,使民盻盻(xì 系)然,将终岁勤动,不得以养其父母,又称贷而益之,使老稚转乎沟壑,恶在其为民父母也?夫世禄,滕固行之矣。《诗》云:'雨我公田,遂及我私。'惟助为有公田。由此观之,虽周亦助也。

"设为庠(xiáng 祥)序学校以教之。庠者,养也;校者,教也;序者,射也。夏曰校,殷曰序,周曰庠;学则三代共之,皆所以明人伦也。人伦明于上,小民亲于下。有王者起,必来取法,是为王者师也。

"《诗》云:'周虽旧邦,其命惟新。'文王之谓也。子力行之,亦以新子之国!"

使毕战③问井地。

孟子曰:"子之君将行仁政,选择而使子,子必勉之!夫仁政,必自经界始。经界不正,井地不钧,谷禄不平,是故暴君污吏必慢其经界。经界既正,分田既禄可坐而定也。

"夫滕,壤地褊小,将为君子焉,将为野人焉。无君子莫治野人,无野人莫养君子。请野九一而助,国中什一使自赋。卿以下必有圭田,圭田五十亩;余夫二十五亩。死徙无出乡,乡田同井，出入相友，守望相助，疾病相扶持，则百姓亲睦。方里而井，井九百亩，其中为公田。八家皆私百亩，同养公田；公事毕，然后敢治私事，所以别野人也。此其大略也；若夫润泽之，则在君与子矣。"

【注释】

①阳虎：孔子同时人，鲁国正卿季氏的总管。季氏长期把持鲁国国政，阳虎则把持季氏的权柄。
②龙子：古代贤人。
③毕战：滕国大臣。

【译文】

滕文公问怎么治国。

孟子说："百姓的事不可迟缓。《诗经》上说：'白天割茅草，夜晚把绳绞，快点修房屋，来春播五谷。'百姓的规律是：有固定产业的人就有坚定的道德观念，没有固定产业的人就没有坚定的道德观念。如果没有坚定的道德观念，就会为非作歹，违法乱纪，无所不为了。待到犯了罪，再加以惩处，这是坑害百姓。哪有仁爱的人执政却做出坑害百姓的事情来的呢？所以贤明的君主必然谦恭节俭，尊重臣下，向百姓征收赋税有一定制度。阳虎说：'追求发财致富，就不讲仁爱了；要讲仁爱，就不能发财致富了。'

"夏朝每户给五十亩田，按'贡'法征税；商朝每户给七十亩田，按'助'法征税；周朝每户给一百亩田，按'彻'法征税。他们实际上都实行十分之一的税率。'彻'是通的意思，'助'是借助的意思。龙子说：'土地管理的税制最好的是助法，最不好的是贡法。'贡法就是比较几年的收成，定个平均数为标准。年成好，粮食到处抛撒，多征收赋税不算暴虐，却不多征收一点；年成荒，收成连弥补肥田费用都不够，却非得按标准征足。作为百姓的父母官，使百姓终年辛劳，结果连父母也不能养活，还要借高利贷凑够定额去完税，致使老人和幼童饿死，尸体扔在山沟里，那么百姓父母官的作用又在哪里呢？大官的俸禄可以世代传下去的制度，滕国本来就在实行了。（但对百姓有利的税制——助法没有实行）《诗经》上说：'愿上天先降雨到公田，而后滋润到我的私田。'只有实行助法才会有公田。从这首诗看来，就是周朝也是实行助法的。

"（百姓生活安定了，再）设立庠、序、学、校来教育百姓。'庠'，就是培养；'校'，就是教育；'序'，就是陈列。（地方学校）夏朝叫'校'，殷朝叫'序'，周朝叫'庠'；国立的叫'学'，三个朝代都一样。这都是为了使人们明确人的等级关系而设立的。地位高的人明确了人的等级关系，地位低的百姓自然就会依附。如果有圣王兴起，一定会来仿效取法，这就成了圣王的老师了。

"《诗经》上说：'周国历史虽悠久，承受天命气象新。'这里说的是周文王。您努力实行这些，也可以使您的国家面貌一新！"

滕文公派毕战问井田制的事。

孟子说："您的国君准备施行仁政，经过选择决定派您来问我，您一定要努力啊！施行仁政，一定要从划分田界开始。田界划分不正确，井田就大小不匀，作为官员俸禄的田租也就不公平，所以暴君污吏一定要搞乱划分的田界。田界划分正确了，分配田地和制定官员俸禄就可以毫不费力地办妥了。

"滕国虽国土狭小，但也有官吏，也有农民。没有官吏，便没有人管理农民；没有农民，便没有人养活官吏。希望你们在郊野实行九分抽一的助税法，在城市实行十分抽一的贡税法。卿相以下的官吏一定要有供祭祀用的圭田。圭田每人五十亩；（农民每户仅给一人分田）如果家中有其他劳力，就每人再分二十五亩。死亡和搬迁都不离开本乡本土，全乡的土地都属同一块井田，人们无论外出或居家都互相友爱，防御把守互相帮助，有了疾病互相照顾，那么，百姓就会团结和睦。方圆一里为一块井田，每块井田九百亩，中间的一百亩是公田。周围八家每家一百亩私田，八家的人一起耕种公田；公田里的农事完成了，才能做私田的农事，以此来区别百姓与官吏。这些只是井田制的大概情况，至于具体怎么修饬调整，那就在于您的国君和您本人了。"

【原文】

有为神农①之言者许行，自楚之滕，踵门而告文公曰："远方之人闻君行仁政，愿受一廛而为氓（méng萌）。"文公与之处。其徒数十人，皆衣褐，捆屦（jù具）织席以为食。

陈良②之徒陈相与其弟辛，负耒（lěi垒）耜（sì四）而自宋之滕，曰："闻君行圣人之政，是亦圣人也，愿为圣人氓。"

陈相见许行而大悦，尽弃其学而学焉。

陈相见孟子，道许行之言曰："滕君，则诚贤君也；虽然，未闻道也。贤者与民并耕而食，饔（yōng拥）飧（sūn孙）而治。今也滕有仓廪（lǐn凛）府库，则是厉民而以自养也，恶得贤？"

孟子曰："许子必种粟而后食乎？"

曰："然。"

"许子必织布而后衣乎？"

曰："否，许子衣褐。"

"许子冠乎？"

曰："冠。"

曰："奚冠？"

曰："冠素。"

曰："自织之与？"

曰："否，以粟易之。"

曰："许子奚为不自织？"

曰："害于耕。"

曰："许子以釜（fǔ斧）甑（zèng赠）爨（cuàn窜），以铁耕乎？"

曰："然？"

"自为之与？"

曰："否，以粟易之。"

"以粟易械器者，不为厉陶冶；陶冶亦以其械器易粟者，岂为厉农夫哉？且许子何不为陶冶，舍皆取诸其宫中而用之？何为纷纷然与百工交易？何许子之不惮烦？"

曰："百工之事固不可耕且为也。"

"然则治天下独可耕且为与？有大人之事，有小人之事。且一人之身，而百工之所为备，如必自为而后用之，是率天下而路也。故曰：或劳心，或劳力；劳心者治人，劳力者治于人；治于人者食人，治人者食于人，天下之通义也。

"当尧之时，天下犹未平，洪水横流，泛滥于天下。草木畅茂，禽兽繁殖，五谷不登，禽兽偪（同"逼"）人。兽蹄鸟迹之道，交于中国。尧独忧之，举舜而敷治焉。舜使益③掌火，益烈山泽而焚之，禽兽逃匿。禹疏九河，瀹（yuè月）济漯（tà踏），而注诸海；决汝汉，排淮泗，而注之江；然后中国可得而食也。当是时也，禹八年于外，三过其门而不入，虽欲耕，得乎？

"后稷④教民稼穑（sè色），树艺五谷，五谷熟而民人育。人之有道也，饱食、暖衣、逸居而无教，则近于禽兽。圣人有忧之，使契（xiè卸）⑤为司徒，教以人伦：父子有亲，君臣有义，夫妇有别，长幼有序，朋友有信。放勋⑥曰：'劳之来之，匡之直之，辅之翼之，使自得之，又从而振德之。'圣人之忧民如此，而暇耕乎？

"尧以不得舜为己忧，舜以不得禹、皋陶⑦（gāo yáo高姚）为己忧。夫以百亩之不易为己忧者，农夫也。分人以财谓之惠，教人以善谓之忠，为天下得人者谓之仁。是故以天下与人易，为天下得人难。孔子曰：'大哉，尧之为君！惟天为大，惟尧则之，荡荡乎，民无能名焉！君哉，舜也！巍巍乎，有天下而不与焉！'尧舜之治天下，岂无所用其心哉？亦不用于耕耳。

"吾闻用夏变夷者，未闻变于夷者也。陈良，楚产也，悦周公、仲尼之道，北学于中国。北方之学者，未能或之先也。彼所谓豪杰之士也。子之兄弟事之数十年，师死而遂倍之。昔者孔子没，三年之外，门人治任将归，入揖于子贡，相向而哭，皆失声，然后归。子贡反，筑室于场，独居三年，然后归。他日，子夏、子张、子游以有若⑧似圣人，欲以所事孔子事之，强曾子。曾子曰：'不可。江汉以濯（zhuó 浊）之，秋阳⑨以暴之，皓皓（hào 号）乎不可尚已。'今也南蛮鴃（jué 决）之人，非先王之道，子倍子之师而学之，亦异于曾子矣。吾闻出于幽谷迁于乔木者，未闻下乔木而入于幽谷者。《鲁颂》曰：'戎狄是膺，荆舒是惩。'⑩周公方且膺之。子是之学，亦为不善变矣。"

"从许子之道，则市贾（同"价"）不贰，国中无伪，虽使五尺⑪之童适市，莫之或欺。布帛长短同，则贾相若；麻缕丝絮轻重同，则贾相若；五谷多寡同，则贾相若；屦大小同，则贾相若。"

曰："夫物之不齐，物之情也；或相倍蓰（xǐ 洗）或相什百，或相千万。子比而同之，是乱天下也。巨屦小屦同贾，人岂为之哉？从许子之道，相率而为伪者也，恶能治国家？"

【注释】

①神农：即传说中的炎帝，相传他是第一个教人类耕种的远古帝王。文中"神农之言"指战国时农家学派的学说，这个学派假托神农之言，主张"君民并耕"。
②陈良：当时楚国的儒家人物。
③益：人名，又称伯益，舜的大臣。上古设有五行之官，分别掌管金木水火土，益掌管火政，官名"火正"。
④后稷：周的始祖，相传名叫弃，尧舜时代做农官。
⑤契：商朝的祖先，传说是舜的臣。
⑥放勋：尧的号。
⑦皋陶：舜的司法官。
⑧有若：人名，孔子弟子。
⑨秋阳：夏天的太阳。周历秋季相当于今农历夏季。
⑩"鲁颂曰"三句：引诗见《诗经·鲁颂·闷宫》。戎、狄是古代

西方和北方的部族。荆，楚国。舒：邻近楚的小国。

⑪ 五尺：古代的尺短，五尺约相当今三尺半。

【译文】

  有一个奉行神农学说名叫许行的人，从楚国来到滕国，登门告诉滕文公说："我这个来自远方的人听说您施行仁政，希望得到一个住处做您的百姓。"滕文公给了他住处。他的徒弟有几十个，都穿粗布衣服，靠编草鞋、织席子来谋生。

  陈良的弟子陈相和他弟弟陈辛，背着农具从宋国来到滕国，对滕文公说："听说您实行圣人的政治，那您也是圣人了，我愿做您的百姓。"

  陈相见到许行，非常高兴，把他以前学的全抛弃了，转而向许行学习。

  陈相去见孟子，转述许行的话说："滕国国君，倒确实是一个贤明的君王；尽管如此，却还不懂得真谛。古代贤君跟百姓一起耕作来供给生活，自己又要做饭，又要治国。现在呢，滕国有粮仓国库，那么，这就是损害百姓来奉养自己了，哪里算得上贤明呢？"

  孟子说："那位许先生一定自己种粮才吃饭吗？"

  陈相说："是的。"

  孟子说："许先生一定自己织布才穿衣吗？"

  陈相说："不是，许先生穿粗布衣服。"

  "许先生戴帽子吗？"

  陈相说："戴的。"

  孟子说："戴什么帽子？"

  陈相说："生绢做的帽子。"

  孟子说："他自己织的吗？"

  陈相说："不是，是用粮食换来的。"

  孟子说："许先生为什么不自己织呢？"

  陈相说："那要妨碍耕种。"

  孟子说："许先生用锅甑做饭，用铁器耕田吗？"

陈相说:"是的。"

"自己做的锅甑和铁器吗?"

陈相说:"不是,是用粮食换来的。"

"用粮食换锅甑农具,不算损害陶工铁匠;陶工铁匠用他们的锅甑农具换粮食,难道就算损害农夫吗?况且许先生为什么不自己烧陶冶铁,所有的东西都自己做好放在家里随用随拿?为什么忙忙碌碌与各种工匠做买卖?怎么许先生如此不怕麻烦?"

陈相曰:"各种工匠的事,实在不可能一边耕种一边做得了的。"

"那么治理天下的事就可以一边耕种一边做得了的吗?当官者有当官者的事,小百姓有小百姓的事。而且一个人自身,就需要具备各种工匠所做的东西。如果一定要自己做成的东西才能用,这是让天下的人都疲于奔忙。所以说:有的人费心思,有的人耗气力;费心思的人管理别人,耗气力的人被别人管理;被管理的人养活别人,管理别人的人被别人养活,这是全天下都通行的道理。

"在尧的时候,天下还没有稳定,洪水到处奔流泛滥。草木长得茂盛,鸟兽繁殖兴旺,谷物没有收成,凶禽猛兽威胁着人类的安全,中原大地上到处是纵横交错的鸟兽足迹。尧暗自忧虑这种情况,选拔舜主持治理。舜命令伯益主管火政,伯益焚烧了山野沼泽的草木,飞禽走兽都纷纷逃跑躲藏起来了。禹疏通了九条河流,治理济水、漯水,引流入海;掘通汝水、汉水,排除淮河、泗水的淤塞,引流入长江,这样中原地带才可以种庄稼养活人们。在那个时候,禹在外面八年,三次经过自己的家门却不进去,他即使想自己耕种,但可能吗?

"后稷教百姓种庄稼,种植各种谷物,谷物成熟了,人们才能养育自己。人有一种规律,吃得饱饱的,穿得暖暖的,住得安安逸逸的,如果没有教育,就跟禽兽差不多。圣人又为这种情况忧虑,命令契当司徒,把做人的伦理道德教给百姓:父子间要有骨肉之情,君臣间要有忠义之道,夫妻间要有内外区别,长幼间要有尊卑次序,朋友间要有诚信交谊。尧说:'使他们勤劳,使他们正直,帮助他们,让他们自己培养美好的品德,然后再对他们施加恩惠。'圣人为百姓这样操心，还有空暇耕种吗？

"尧把得不到舜这样的贤人作为自己的忧虑，舜把得不到禹、皋陶这样的贤人作为自己的忧虑。把一百亩田耕种不好作为自己的忧虑的，是农夫。把财物分给别人叫做惠，把好品德教给别人叫做忠，替天下物色到贤才叫做仁。所以把天下托付给别人容易，替天下物色到贤才却很困难。孔子说：'真伟大啊，尧做天子！只有天最伟大，也只有尧能够效法天！尧的圣德博大无边啊，人们找不到恰当的言语赞美他。真正的君主，舜啊！多么崇高啊，他虽有天下，却好像跟自己不相干！'尧、舜的治理天下，难道不用心思吗？只不过不用在耕种上罢了。

"我听说过因受中原文化影响而改变了边远落后民族，却没有听说过因受边远落后民族文化影响而改变了中原。陈良，出生在楚国，喜爱周公和孔子的学说，北上到中原学习。北方的读书人，没有谁能超过他。他就是人们所说的豪杰之士。你们兄弟俩跟他学习了几十年，老师一死竟背叛了他！从前孔子逝世，三年之后，弟子们守丧完毕打点行李准备回家，又到子贡住处作揖告别，面对面哭了起来，一个个泣不成声，就这样哭了一场才回家。子贡送走他们回来，在墓地边盖了一间房子，一个人住了三年才回家。过了些时间，子夏、子张、子游因为有若有点像孔子，想要用对待孔子的礼节对待他，硬要曾子同意。曾子说：'不行。孔子的道德学业好比用长江、汉水的水洗涤过，用夏季猛烈的太阳曝晒过，光亮洁白，不可能有谁比得上他了。'现在许行这个南方蛮子，说起话来像鸟叫一样怪里怪气，对祖先圣王之道说三道四，你却背叛你的老师而向他学，这跟曾子比实在相差太远了。我听说过鸟儿从深暗的山谷里飞出来，飞到高大的树木上，没听说过从高大树木上飞下来，飞到深暗的山谷里。《鲁颂》这首诗说：'打击西戎和北狄，惩治楚国和舒国。'周公正是要惩治他们，你反而向他们学，也真是越变越不对路了。"

陈相说："依从许先生的学说，那就能做到市场上物价一致，国都里没有欺诈行为。即使让小孩子到市场去，也没有谁会欺骗他。

布匹绸缎长短一样，价格就一样；麻线丝绵轻重一样，价格就一样；谷物多少一样，价格就一样；鞋子大小一样，价格就一样。"

孟子说："东西的品种质量不一样，是事物的实际情况。有的相差一倍或五倍，有的相差十倍或百倍，有的相差千倍或万倍。你把它们等同起来，这是搅乱天下。做工粗糙的鞋和做工精细的鞋一样价格，人们难道肯做精细的鞋吗？听从那位许先生的学说，是把人们引向弄虚作假的邪路，怎能治理国家呢？"

【原文】

墨者①夷之②因徐辟③而求见孟子。孟子曰："吾固愿见，今吾尚病，病愈，我且往见，夷子不来！"

他日，又求见孟子。孟子曰："吾今则可以见矣。不直，则道不见；我且直之。吾闻夷子墨者，墨之治丧也，以薄为其道也。夷子思以易天下，岂以为非是而不贵也？然而夷子葬其亲厚，则是以所贱事亲也。"

徐子以告夷子。夷子曰："儒者之道，古之人'若保赤子'，此言何谓也？之则以为爱无差等，施由亲始。"

徐子以告孟子。孟子曰："夫夷子，信以为人之亲其兄之子为若亲其邻之赤子乎？彼有取尔也。赤子匍匐（pú fú 蒲扶）将入井，非赤子之罪也。且天之生之物也，使之一本，而夷子二本故也。盖上世尝有不葬其亲者，其亲死，则举而委之于壑。他日过之，狐狸食之，蝇蚋（ruì 瑞）姑嘬（chuài 踹）之。其颡（sǎng 嗓）有泚（cǐ 音此），睨（nì 逆）而不视。夫泚也，非为人泚，中心达于面目，盖归反虆梩（lěi lí 垒离）而掩之。掩之诚是也，则孝子仁人之俺其亲，亦必有道矣。"

徐子以告夷子。夷子怃（wǔ 五）然为间曰："命之矣。"

【注释】

①墨者：指信崇墨家学说的人。墨家，墨翟创始的学派。
②夷之：人名，姓夷名之，事迹已不可考。

③徐避：孟子弟子。

【译文】

墨家的夷之通过徐辟的关系求见孟子。孟子说："我本来愿意见他，可今天我还病着，病好了，我会去见他，他不必来。"

过了几天又求见孟子。孟子说："今天我倒可以见他。不直言，真理就显示不出来；我打算说直话。我听说夷子是墨家人物，墨家治办丧事，以俭省为原则。夷子想用这个原则来改变天下的习俗，莫非认为不这样做就不值得崇尚吗？但是他葬他的父母亲却丧仪很丰厚，这就是用他看不起的方法对待父母亲了。"

徐子把这话告诉了夷子。夷子说："儒家的说法，古代帝王对待百姓'好像爱护婴孩一样'，这话是什么意思呢？我认为是说人对人的爱护没有差别等次，只是实行起来得从父母开始。"

徐子把这话告诉了孟子。孟子说："那个夷先生，真的认为别人爱护他哥哥的儿子，如同爱护他邻居的婴孩吗？他不过是抓住了这样一个例子：婴孩在地上爬，快要掉入井里，（无论谁都会去救）但这并不是婴孩的罪过。（婴孩无知，人们出于同情心才去救他，然而这并不说明爱无差别）而且天生万物，只有一个根源，可是夷子当作有两个根源（认为别人父母等于自己父母），他说什么'爱无差别'的原因就在此。大约老早的时候，曾经有过父母死了不埋葬的人。他的父母死了，就抬到山沟里扔了。过几天路过这里，狐狸在吃尸体，蝇蚊在上面叮吮。他的额上流出汗水，斜着眼不敢直视。这汗水，不是由于愧对他人而流的，而是自己悔恨心情在脸上的表现。大约他就回家拿了畚箕铁锹去掩埋了尸体。掩埋尸体确实是对的，所以孝子仁人掩埋他们死去的父母亲，也是一定有道理的。"

徐子把这些话告诉了夷子。夷子茫然若失，愣了一会儿，说："我领教了。"

滕文公（下）

【原文】

陈代①曰："不见诸侯，宜若小然；今一见之，大则以王，小则以霸。且《志》曰：'枉尺而直寻'，宜若可为也。"

孟子曰："昔齐景公田，招虞人②以旌（jīng 精），不至，将杀之。志士不忘在沟壑，勇士不忘丧其元，孔子奚取焉？取非其招不往也，如不待其招而往，何哉？且夫枉尺而直寻者，以利言也。如以利，则枉寻直尺而利，亦可为与？昔者赵简子③使王良④与嬖奚⑤乘，终日而不获一禽，嬖奚反命曰：'天下之贱工也。'或以告王良。良曰：'请复之。'强而后可，一朝而获十禽。嬖奚反命曰：'天下之良工也。'简子曰：'我使掌与女乘。'谓王良。良不可，曰：'吾为之范我驰驱，终日不获一；为之诡遇，一朝而获十。《诗》云："不失其驰，舍矢如破。"我不贯与小人乘，请辞。'御者且羞与射者比；比而得禽兽，虽若立陵，弗为也。如枉道而从彼，何也？且子过矣：枉己者，未有能直人者也。"

【注释】

①陈代：孟子弟子。

②虞人：官职名，主管园林。按古代礼规，君王召唤虞人只能用打猎用的皮帽，而不能用召唤大夫的饰有五色羽毛的旌旗。

③赵简子：晋国的正卿。

④王良：春秋末晋国人，善驾车马。

⑤奚：人名。

【译文】

陈代说:"不愿去见诸侯,好像太讲究小节了吧;如果去见诸侯,成大事可以称王天下,成小事可以称霸诸侯。况且《志》上说:'屈曲时只有一尺,却伸直了八尺。'似乎可以去见一见。"

孟子说:"从前齐景公要打猎,用旌旗召唤园林主管,主管不去,齐景公就想杀他。有志气的人随时准备弃尸山沟,有勇气的人随时准备掉脑袋。孔子这样称赞主管取他哪一点呢?就是取他在不合礼规的召唤下拒不应召这一点。如果我不待诸侯们的招聘自动找上门去,像什么样呢?况且你所说的屈曲一尺伸直八尺,是从利益方面而言的。如果单从利益方面考虑,那么即使屈曲的是八尺,伸直的只是一尺,也不无小利,你认为也可以干么?从前赵简子派王良给他所宠幸的小臣奚驾车打猎,结果整整一天没有猎获一只鸟兽。奚回去向赵简子报告说:'王良是天下最差的驾车手。'有人把这话告诉了王良。王良说:'希望再去一次。'奚勉强同意了,这一次才一个早晨就猎获了十只鸟兽。奚回去后汇报说:'王良是天下最好的驾车手。'赵简子说:'我派他专门给你驾车。'就跟王良说了。王良不肯,说:'我替他按规矩驾车,整整一天连一只鸟兽也没打到;替他违反规矩驾车,才一个早晨就打到了十只鸟兽。《诗经》上说:"往来驰驱有章法,一箭射出便杀伤。"我不习惯给小人驾车,请辞去这个差使。'一个驾车的人尚且羞于与不体面的打猎人为伍,如果勉强迎合一起去打猎,即使猎物堆积如山,他也不愿干。如果我违背正道去屈从诸侯,这像什么样?而且你错了:自己不正直的人,是没有能使别人正直的。"

【原文】

景春^①曰:"公孙衍^②、张仪^③岂不诚大丈夫哉?一怒而诸侯惧,安居而天下熄。"

孟子曰:"是焉得为大丈夫乎?子未学礼乎?丈夫之冠也,父命之;女子之嫁也,母命之,往送之门,戒之曰:'往之女家,必敬必戒,无违夫子!'以顺为正者,妾妇之道也。居天下之广居，立天下之正位，行天下之大道。得志，与民由之；不得志，独行其道。富贵不能淫，贫贱不能移，威武不能屈，此之谓大丈夫。"

【注释】

①景春：当时人，好合纵连横之术。
②公孙衍：魏国人，当时著名的说客。起初在秦任大良造，掌军政大权；后入魏主张合纵抗秦，曾佩五国相印。
③张仪：魏国人，当时著名的说客。他任秦相期间，用连横之计破坏六国的合纵，为秦统一六国奠定了基础。

【译文】

景春说："公孙衍、张仪难道不是真正的大丈夫吗？他们一发怒诸侯就要害怕，一平静下来天下就会太平。"

孟子说："这样的人难道也能算大丈夫吗？你学过礼吗？男子成年举行加冠仪式时，父亲教导他；女子举行婚礼时，母亲教导她，把她送到门口，告诫说：'去到你夫家，一定要恭敬，一定要谨慎，不要违背丈夫的意愿！'以温顺为正道，是妇人女子的准则。居住在'仁'这个天下最大的住宅里，站立在'礼'这个天下最正确的位置上，行走在"义"这条天下最宽广的道路上；得志时跟百姓一起沿这条大路走，不得志时一个人走自己的路；荣华富贵不能使他惑乱，贫贱困苦不能使他动摇，权势强暴不能使他屈服，这样的人才叫大丈夫。"

【原文】

周霄①问曰："古之君子仕乎？"

孟子曰："仕。《传》曰：'孔子三月无君，则皇皇如也，出疆必载质（同"贽"）。'公明仪曰：'古之人三月无君，则吊。'"

"三月无君则吊，不以急乎？"

曰："士之失位也，犹诸侯之失国家也。《礼》曰：'诸侯耕助②，以供粢（zī资）盛；夫人蚕缫（sāo骚），以为衣服。牺牲不成，粢盛不洁，衣服不备，不敢以祭。惟士无田，则亦不祭。'牲杀、器皿、衣服不备，不敢以祭，则不敢以宴，亦不足吊乎？"

"出疆必载质，何也？"

曰："士之仕也，犹农夫之耕也；农夫岂为出疆舍其耒耜哉？"

曰："晋国亦仕国也，未尝闻仕如此其急。仕如此其急也，君子之难仕，何也？"

曰："丈夫生而愿为之有室，女子生而愿为之有家，父母之心，人皆有之。不待父母之命、媒妁之言，钻穴隙相窥，逾墙相从，则父母国人皆贱之。古之人未尝不欲仕也，又恶不由其道。不由其道而往者，与钻穴隙之类也。"

【注释】

①周霄：战国时魏国人。

②耕助：指耕种籍田。古时天子有籍田千亩，诸侯百亩，每年春耕前帝王要亲耕农田，以奉祀宗庙，并表示重视农业。所谓亲耕，不过是装样子而已，实际上还是借助农民劳力去耕。

【译文】

周霄问道："古代的君子做官吗？"

孟子回答说："做官。史书上记载：'孔子三个月没有得到君王的任用，就心神不定了，他到别国去，一定带着送给君王的见面礼。'公明仪说：'古代的人三个月没有得到君王的任用，就要去安慰他。'"

周霄说："三个月没有得到君王的任用就要去安慰，不是太着急了吗？"

孟子说："士人失去了职位，犹如诸侯失去了国家。《礼》书上说：'诸侯耕作籍田，是为了供给祭品；他们的夫人养蚕缫丝，是为了供给祭服。献祭的牲畜不肥壮，谷物不干净，祭服不完备，不敢用来祭祀。士人失去了职位就没有祭祀用的田地，也就不能祭祀。'牲畜、器具、祭服不完备，就不敢祭祀，心里也就不敢安乐，这还不应该去安慰他吗？"

周宵又问："到别国去一定要带上见面礼，为什么？"

孟子说："士人出去做官，犹如农夫耕地，农夫难道会因为离开田界就抛弃他的农具吗？"

周宵说："我们晋国也是可以做官的国家，没有听说过想做官急到如此地步的。想做官急到如此地步，有道德的人却又不肯轻易做官，为什么呢？"

孟子说："男子一生下来父母就希望给他找妻室，女子一生下来父母就希望给她找夫家。当父母的这种心情，人人都有。不等到父母允许、媒人介绍，就自己钻洞扒门缝见面，爬墙幽会，那父母和社会上的人都会看不起他们。古代的人并不是不想做官，但又厌恶不通过正当的途径做官。不通过正当的途径去讨官做，与钻洞扒门缝是一样的事。"

【原文】

彭更①问曰："后车数十乘，从者数百人，以传食于诸侯，不以泰乎？"

孟子曰："非其道，则一箪食不可受于人；如其道，则舜受尧之天下不以为泰，子以为泰乎？"

曰："否。士无事而食，不可也。"

曰："子不通功易事，以羡补不足，则农有余粟，女有余布；子如通之，则梓匠轮舆皆得食于子。于此有人焉，入则孝，出则悌，守先王之道，以待后之学者，而不得食于子。子何尊梓匠轮舆，而轻为仁义者哉？"

曰："梓匠轮舆，其志将以求食也；君子之为道也，其志亦将以求食与？"

曰:"子何以其志为哉？其有功于子，可食而食之矣。且子食志乎？食功乎？"

曰:"食志。"

曰:"有人于此，毁瓦画墁（màn慢），其志将以求食也，则子食之乎？"

曰:"否。"

曰:"然则子非食志也，食功也。"

【注释】

①彭更：孟子弟子。

【译文】

彭更问道："您身后跟着数十辆车，数百名随从，辗转于诸侯各国接受他们的供养，不也不太过分了吗？"

孟子说："不按正道，那么就是一筐饭食也不能接受；按正道，那么就是舜接受了尧的天下，也不算是过分；你认为过分吗？"

彭更说："不。我是说士人无功吃白饭，是不应该的。"

孟子说："你如果不实现行业分工、互通有无，以多余的补充不足的，那么农夫就会有多余的粮食，织女就会有多余的布匹；你如果使他们互通有无，那么木匠车工就都能从你这里获得食物。如果这里有一个人，在家孝顺双亲，出门尊重长辈，遵守古代圣王的法规，还拿它来扶持培养后辈求学的人，但却不能从你这里获得食物。你怎么能尊重木匠车工却看轻行仁义的人呢？"

彭更说："木匠车工，他们的目的是要有饭吃；君子推行仁义之道也是想要有饭吃吗？"

孟子说："你为什么要论他们的动机呢？只要他们对你有功，该给食物就给他们食物。况且你是根据动机给食物呢，还是根据功劳给食物？"

彭更说："根据动机。"

孟子说："如果这里有个人，打碎了瓦片在把你的墙壁乱画，他的动机是要东西吃,那么你给他食物吗?"

彭更说:"不。"

孟子说:"那么,你并不是按动机给食物,而是按功劳给食物了。"

【原文】

万章①问曰:"宋,小国也,今将行王政,齐楚恶而伐之,则如之何?"

孟子曰:"汤居亳(bó 勃),与葛为邻,葛伯②放而不祀。汤使人问之曰:'何为不祀?'曰:'无以供牺牲也。'汤使遗之牛羊。葛伯食之,又不以祀。汤又使人问之曰:'何为不祀?'曰:'无以供粢盛也。'汤使亳众往为之耕,老弱馈食。葛伯率其民,要其有酒食黍稻者夺之,不授者杀之。有童子以黍肉饷,杀而夺之。《书》曰:'葛伯仇饷(xiǎng 想)。'此之谓也。为其杀是童子而征之,四海之内皆曰'非富天下也,为匹夫匹妇复仇也。''汤始征,自葛载,'十一征而无敌于天下。东面而征,西夷怨;南面而征,北狄怨,曰:'奚为后我?'民之望之,若大旱之望雨也。归市者弗止,芸者不变,诛其君,吊其民,如时雨降。民大悦。《书》曰:'徯我后,后来其无罚。''有攸不惟臣,东征,绥厥士女;匪(同"篚")厥玄黄,绍我周王见休,惟臣附于大邑周。'其君子实玄黄于匪以迎其君子,其小人箪食壶浆以迎其小人。救民于水火之中,取其残而已矣。《太誓》③曰:'我武惟扬,侵于之疆,则取于残,杀伐用张,于汤有光。'不行王政云尔,苟行王政,四海之内皆举首而望之,欲以为君。齐楚虽大,何畏焉?"

【注释】

①万章:孟子弟子。
②葛伯:古代葛国的君主。

③《太誓》:《尚书》中的一篇。

【译文】

万章问道:"宋国是个小国,现在打算施行王道政治,齐国楚国为此讨厌它,并且攻打它,那该怎么办呢?"

孟子说:"商汤居住在亳城时,与葛国为邻,葛伯放纵无道,不祭祀先祖。商汤派人问他说:'为什么不祭祀?'葛伯说:'没有供祭祀用的牲畜。'汤就派人给他送去了牛羊。葛伯把牛羊吃了,还是不用来祭祀。商汤又派人问他说:'为什么不祭祀?'葛伯说:'没有供祭祀用的谷物。'商汤便派了亳地的民众前往替葛国耕种,老弱的人给耕田的送饭。葛伯带领他的百姓,拦住携有酒菜米饭的送饭人抢夺,不交出来的就杀死。有一个小孩给耕田人送去饭和肉,葛伯把这小孩杀死,抢去了食物。《尚书》中说:'葛伯把送田饭的人当作仇人。'就是说的这件事。商汤因为葛伯杀了这个孩童,于是征伐葛伯,普天下的人都说:'商汤征伐葛国,不是为了贪图得到天下,而是为了替平民百姓报仇。'《尚书》说:'商汤初征伐,从葛国开始。'出征11次,天下没有人能抗拒得了。向东征伐,西方部族就埋怨;向南征伐,北方部族就埋怨,都说'为什么后征伐我们这儿呢?'百姓盼望他,好比大旱天盼望雨水一般。征伐期间,做生意的照样做生意,耕耘的照样耕耘,商汤诛杀了那些暴君,安抚那里的百姓,好比下了及时雨一样,百姓非常高兴。《尚书》中说:'等待我们的圣君,圣君一来到我们就不再受罪了。'又说:'攸国不服从,周王便出师东征,安抚那里的男女民众;官吏们把黑绸黄绸放在竹筐里作礼品,跟随在我们周王后面,蒙受光荣,希望做大周朝的臣子。'当地的官吏把黑绸黄绸放在竹筐里来迎接周朝的官吏,百姓提着饭篮和饮料迎接周朝的兵士。这是因为周王把百姓从水深火热中解救了出来,只是杀掉了那残害人民的暴君罢了。《太誓》中说:'我们的威武要发扬,攻到邢国的疆土上,杀死那凶残的暴君,因此杀伐的功绩更张扬,比商汤还要荣光。'不施行王政就没有什么好说的了;如果施行王政,普天下的百姓都会仰首盼望,要拥戴他做君王。齐国楚国虽然强大,但有什么好怕的呢?"

【原文】

孟子谓戴不胜①曰:"子欲子之王之善与?我明告子。有楚大夫于此,欲其子之齐语也,则使齐人傅诸?使楚人傅诸?"

曰:"使齐人傅之。"

曰:"一齐人傅之,众楚人咻(xiū 休)之,虽日挞而求其齐也,不可得矣;引而置之庄、岳②之间数年,虽日挞而求其楚,亦不可得矣。子谓薛居州③,善士也,使之居于王所。在于王所者,长幼卑尊皆薛居州也,王谁与为不善?在王所者,长幼卑尊皆非薛居州也,王谁与为善?一薛居州,独如宋王何?"

【注释】

①戴不胜:宋国臣子。
②庄、岳:齐国街名和里名。
③薛居州:宋国贤士。

【译文】

孟子对戴不胜说:"你想要你的国王做好国王吗?我明白告诉你。如果楚国有一个大夫在这里,想要他的儿子学齐国话,那么,是让齐国人教他呢,还是让楚国人教他?"

戴不胜说:"让齐国人教他。"

孟子说:"一个齐国人教他,许多楚国人喧嚷干扰他,即使每天打他要他说齐国话,也是办不到的;把他带到齐国闹市区里呆上几年,即使每天打他让他说楚国话,同样也是不可能的。你说薛居州是位贤士,让他住在国王住的地方。在国王的住所里,无论年岁长幼、地位高低,如果都是薛居州一样的人,那国王去与谁一起干坏事?在国王的住所里,无论年岁长幼地位高低,如果都不是薛居州一样的人,那国王去与谁一起做好事?一个薛居州,又能拿宋王怎么样呢?"

【原文】

公孙丑问曰:"不见诸侯何义?"

孟子曰:"古者不为臣不见。段干木①逾垣(yuán园)而辟(同"避")之②,泄柳闭门而不内(同"纳")③,是皆已甚。迫,斯可以见矣。阳货④欲见孔子而恶无礼,大夫有赐于士,不得受于其家,则往拜其门。阳货瞰(kàn看)孔子之亡也,而馈孔子蒸豚;孔子亦瞰其亡也,而往拜之。当是时,阳货先,岂得不见?曾子曰:'胁肩谄笑,病于夏畦(qí其)。'子路曰:'未同而言,观其色赧(nǎn 蝻)赧然,非由之所知⑤也。'由是观之,则君子之所养可知已矣。"

【注释】

①段干木:春秋时魏人。

②踰垣而辟之:魏文侯去看段干木,段干木不愿从政,于是跳墙避开。

③闭门而不内:鲁穆公去看泄柳,泄柳不愿,于是关门不接待。

④阳货:即阳虎,参见本书《滕文公上》"滕文公问为国"一章的注释。

⑤非由之所知:原意是"我真不明白",这里表示非常厌恶的情绪。由,子路的名。

【译文】

公孙丑问道:"不愿见诸侯是什么意思?"

孟子说:"古代不当诸侯的臣属就不愿见诸侯。段干木跳墙避开魏文侯,泄柳关门不接待鲁穆公,这些都是过分了。如果诸侯很迫切要见,也就可以一见。阳货想使孔子来见自己,又怕这样做不合礼规。(因此他就利用礼节上一条规矩)大夫对士人有赏赐,如果士人不在家,不能亲自接受,就要去大夫家上门拜谢。于是阳货就在得知孔子不在家时,送给孔子一个蒸小猪;孔子也趁阳货不在家时,上门拜谢。当时,阳货如果放下架子先去看孔子,孔子哪会避开不见？曾子说：'耸着肩膀装出笑脸，真比夏天干菜地活儿还劳累。'子路说：'明明与对方没有共同语言却硬要找话说，看他脸上一副尴尬相，我实在最讨厌这种人。'从这些事例看，就可以明白君子修炼的是什么了。"

【原文】

戴盈之①曰："什一，去关市之征，今兹未能。请轻之，以待来年，然后已，何如？"

孟子曰："今有人日攘其邻之鸡者，或告之曰：'是非君子之道。'曰：'请损之，月攘一鸡，以待来年，然后已。'如知其非义，斯速已矣。何待来年？"

【注释】

①戴盈之：宋国大夫。

【译文】

戴盈之说："实行十分抽一的田税，免去关口与市场征收的商业税，今年无法做到。打算先减轻税收，等到明年，再彻底实行您的办法，怎么样？"

孟子说："如果有一个人，每天要偷他邻居的鸡，有人告诫他说：'这不是君子的做法。'他说：'希望先少偷一点，每个月偷一只，等到明年，再彻底不偷。'如果明白了这种做法是不合道义的，就应尽快停止，为什么要等到明年？"

【原文】

公都子①曰："外人皆称夫子好辩，敢问何也？"

孟子曰："予岂好辩哉？予不得已也。天下之生久矣，一治一乱。当尧之时，水逆行，氾（同"泛"）滥于中国。蛇龙居之，民无所定。下者为巢，上者为营窟。《书》曰：'洚（jiàng降）水警余。'洚水者，洪水也。使禹治之。禹掘地而注之海，驱蛇龙而放之菹（zū租）。水由地中行，江、淮、河、汉是也。险阻既远，鸟兽之害人者消，然后人得平土而居之。

"尧舜既没，圣人之道衰。暴君代作，坏宫室以为汙（污）池，民无所安息；弃田以为园囿，使民不得衣食。邪说暴行又作，园囿、汙池、沛泽多而禽兽至。及纣之身，天下又大乱。周公相武王，诛纣伐奄②，三年讨其君，驱飞廉③于海隅而戮之，灭国者五十，驱虎、豹、犀、象而远之，天下大悦。《书》曰：'丕显哉，文王谟！丕承哉，武王烈！佑启我后人，咸以正无缺。'

"世衰道微，邪说暴行有作，臣弑其君者有之，子弑其父者有之。孔子惧，作《春秋》④。《春秋》，天子之事也，是故孔子曰：'知我者，其惟《春秋》乎！罪我者，其惟《春秋》乎！'

"圣王不作，诸侯放恣，处士横议，杨朱⑤、墨翟⑥之言盈天下。天下之言，不归杨则归墨。杨氏为我，是无君也；墨氏兼爱，是无父也。无父无君，是禽兽也。公明仪曰：'庖有肥肉，厩有肥马，民有饥色，野有饿莩，此率兽而食人也。'杨、墨之道不息，孔子之道不著，是邪说诬民，充塞仁义也。仁义充塞，则率兽食人，人将相食。

"吾为此惧，闲先圣之道，距杨、墨，放淫辞，邪说者不得作。作于其心，害于其事；作于其事，害于其政，圣人复起，不易吾言矣。

"昔者禹抑洪水而天下平，周公兼夷狄驱猛兽而百姓宁，孔子成《春秋》而乱臣贼子惧。《诗》云：'戎狄是膺，荆舒是惩，则莫我敢承。'无父无君，是周公所膺也。我亦欲正人心，息邪说，距诐（bì闭）行，放淫辞，以承三圣者；岂好辩哉？予不得已也。能言距杨、墨者，圣人之徒也。"

【注释】

①公都子：孟子弟子。

②奄：商的盟国，助纣为虐，周成王时被周公所灭。
③飞廉：纣所宠幸的大臣。
④《春秋》：相传为孔子所作，按年代记载春秋时各国历史，是我国第一部编年史。
⑤杨朱：春秋末战国初人。
⑥墨翟：战国初人，墨家学派始祖。

【译文】

公都子说："外人都说您喜欢辩论，我斗胆问一下，这是为什么？"

孟子说："我哪里是喜欢辩论呢？我是迫不得已。人类社会产生已经很久了，总是一会儿太平，一会儿混乱。在尧的时代，大水倒流，到处泛滥。龙蛇盘踞，百姓没有安身的地方。地势低下，人们就在树上筑巢居住；地势太高，人们就在地下打洞居住。《尚书》中说：'洚水在警告我。'洚水，就是洪水。派禹治理，禹挖掘阻塞水流的淤泥，把洪水放到大海里，驱逐蛇龙，把它们赶到草泽里。水沿着低于地面的河道奔流，这就是长江、淮河、黄河、汉水。地势平整，洪水消除，害人的鸟兽也没有了，然后人们才能在平地上安居下来。

"尧、舜死了以后，圣人之道衰落了。暴虐的君主交替出现，他们拆毁住宅改建水池，使百姓无处安身；荒弃农田改作园林，使百姓得不到衣食。邪说和暴行又兴起，园林、水池、草泽多了起来，禽兽又来了。到了商纣这一代，天下又大乱。周公辅助武王，攻打商纣，又讨伐奄国，三年当中杀死了纣王和奄君，又把飞廉赶到海边杀掉。前后灭掉的共有五十个国家，把老虎、豹子、犀牛、大象赶到很远的地方，天下人都兴高采烈。《尚书》中说：'多么英明啊，文王的谋略！多么伟大啊，武王的功业！启发帮助了我们的后代，全都完美无缺地坚守正道。'

"后来，社会风气败坏，邪说暴行又兴起了，臣子杀君主的有，儿子杀父亲的也有。孔子很担忧，编写了《春秋》。《春秋》（褒善贬恶），是天子权限内的事，所以孔子说：'了解我的人，他们大约就是根据《春秋》吧！责怪我的人，他们大约也是根据《春秋》吧！'

"圣明的君王不再出现，诸侯放纵骄横，没做官的士人乱发议论，杨朱、墨翟的学说充斥天下。天下的主张，不是属于杨派，就是属于墨家。杨派只为自己，这是目中无君；墨家对谁都讲博爱，这是心中无父。无父无君，这简直就是禽兽。公明仪说：'厨房里有肥美的肉食，马棚里有肥壮的马匹，可是百姓面黄肌瘦，野外倒着饿死的尸体，这简直是率领野兽去吃人。'杨、墨的主张不清除，孔子的学说不发扬，这就是邪说蒙骗百姓，阻塞仁义的道路。仁义的道路一阻塞，那就等于是率领野兽去吃人，甚至人也会互相残害。

"我为这些状况担忧，所以要捍卫前代圣王的正道，抵制杨、墨，驳斥浮夸失实的言辞，让宣扬邪说的人不再猖狂。邪说在心里产生，就要危害工作，在工作中表现出来，就要危害国政。如果圣人再出现，也不会改变我的上述说法。

"过去禹止住了洪水，天下才得以太平；周公兼并了夷狄、驱逐了猛兽，百姓才得以安宁；孔子写成了《春秋》，不守臣道、心怀鬼胎的臣子才有所戒惧。《诗经》上说：'打击西戎和北狄，惩治荆国和舒国，就没有谁敢抵挡我了。'无父无君，这就是周公所抨击的。我也要端正人心，消除邪说，抵制偏颇不正的行为，驳斥浮夸失实的言辞，来继承禹、周公、孔子三位圣人的事业。我哪里是喜欢辩论呢？我是迫不得已。再说，能用言论抵制杨、墨的人，是圣人的门徒。"

【原文】

匡章①曰："陈仲子②岂不诚廉士哉？居於（wū 乌）陵，三日不食，耳无闻，目无见也。井上有李，螬（cáo 曹）食实者过半矣，匍匐往将食之，三咽，然后耳有闻，目有见。"

孟子曰："于齐国之士，吾必以仲子为巨擘（bò）③焉。虽然，仲子恶能廉？充仲子之操，则蚓而后可者也。夫蚓，上食槁壤，下饮黄泉。仲子所居之室，伯夷之所筑与？抑亦盗跖

(zhí 直）④之所筑与？所食之粟，伯夷之所树与？抑亦盗跖之所树与？是未可知也。"

曰："是何伤哉？彼身织屦，妻辟纑（lú 卢），以易之也。"

曰："仲子，齐之世家也。兄戴，盖禄万钟。以兄之禄为不义之禄而不食也，以兄之室为不义之室而不居也，辟（同"避"）兄离母，处于於陵。他日归，则有馈其兄生鹅者，已频（同颦）顣（cù 醋同"蹙"）曰：'恶用是鶂（yí 义）鶂者为哉？'他日，其母杀是鹅也、与之食之。其兄自外至，曰：'是鶂鶂之肉也！'出而哇之。以母则不食，以妻则食之；以兄之室则弗居，以於陵则居之；是尚为能充其类也乎？若仲子者，蚓而后充其操者也。"

【注释】

①匡章：齐国人。
②陈仲子：齐国隐士。
③巨擘：手的大拇指，比喻最杰出的人。
④盗跖：相传为春秋时的大盗，名跖。

【译文】

匡章说："陈仲子难道不是真正的廉洁之士吗？住在於陵，三天没有吃东西，饿得耳朵听不见，眼睛看不见。井上有颗李子，已被蠐虫咬去大半果肉了，他爬过去拿来吃了，吞了三口，耳朵才听得见，眼睛才看得见。"

孟子说："在齐国的士人中，我总是把陈仲子当作首屈一指的。尽管这样，仲子怎能算廉洁？要彻底体现仲子的操守，那就得变成蚯蚓才行。那蚯蚓吃地上的干土，饮地下的泉水。仲子住的房子，是伯夷造的呢？还是盗跖造的呢？吃的粮食，是伯夷种的呢？还是盗跖种的呢？这些都是没法弄清的。"

匡章说："这有什么关系呢？他自己编织草鞋，他妻子绩麻练麻，用来交换住房和食物。"

孟子说:"仲子,出身于齐国世代显贵的家族。他的哥哥陈戴,盖邑的俸禄有几万石。仲子认为哥哥的俸禄是不义的,就不吃;认为哥哥的房子是不义的,就不住。他避开哥哥,离开母亲,自己住到於陵去。有一天回家,刚好有人送给他哥哥一只活鹅,他就皱起眉头说:'要这呃呃叫的东西做什么用呢?'另一天,他母亲杀了这只鹅,给他吃了。他哥哥从外面回来,说:'这就是呃呃叫的那个东西的肉呀!'他马上跑出门吐了起来。因为是母亲的食物就不吃,是妻子的食物就吃;因为是哥哥的房子就不住,是於陵就要住。这还算能把自己的操守体现在一切行动当中吗?像仲子这样的人,只有先变成蚯蚓才能彻底体现他的操守。"

离 娄（上）

【原文】

孟子曰："离娄①之明，公输子②之巧，不以规矩，不能成方员（同"圆"）；师旷③之聪，不以六律④，不能正五音⑤；尧、舜之道，不以仁政，不能平治天下。

"今有仁心仁闻而民不被其泽，不可法于后世者，不行先王之道也。故曰，徒善不足以为政，徒法不能以自行。《诗》云：'不愆（qiān千）不忘，率由旧章。'遵先王之法而过者，未之有也。

"圣人既竭目力焉，继之以规矩准绳，以为方圆平直，不可胜用也；既竭耳力焉，继之以六律正五音，不可胜用也；既竭心思焉，继之以不忍人之政，而仁覆天下矣。故曰，为高必因丘陵，为下必因川泽。为政不因先王之道，可谓智乎？

"是以惟仁者宜在高位。不仁而在高位，是播其恶于众也。上无道揆（kuí葵）也，下无法守也，朝不信道，工不信度，君子犯义，小人犯刑，国之所存者幸也。故曰，城郭不完，兵甲不多，非国之灾也；田野不辟，货财不聚，非国之害也。上无礼，下无学，贼民兴，丧无日矣。

"《诗》曰：'天之方蹶（guì贵），无然泄（yì异）泄。'泄泄，犹沓沓也。事君无义，进退无礼，言则非先土之道者，犹沓沓也。故曰，责难于君谓之恭，陈善闭邪谓之敬，吾君不能谓之贼。"

【注释】

①离娄：又名离朱，相传是黄帝时人，视力出众，能百步之外，见

秋毫之末。

②公输子：姓公输名般，又称鲁班，春秋时鲁国人，古代著名的巧匠。

③师旷：春秋时晋国人，古代著名的乐师。

④六律：古代乐音标准名。古人以长短不同的竹管为定音器，分出声音的高低清浊和乐器的音调，定为十二种音律，阴阳各六种，阳的叫"律"，阴的叫"吕"。

⑤五音：我国古代音乐的五个音阶。分别为宫、商、角、徵（zhǐ纸）、羽。

【译文】

孟子说："即使有离娄的视力，公输子的技巧，如果不用圆规和角尺，也不能画成方形和圆形；即使有师旷对音乐的听力，如果不用六律，也不能校正五音；即使有尧、舜之道，如果不推行仁政，也不能整治好天下。

"现在有些诸侯虽然有仁爱的心肠和仁爱的名声，但百姓却没有受到他的恩惠，不能成为后世学习的榜样，原因就在于不施行先代圣王的正道。所以说，空有善心不足以搞好政治，空有法度不可能自动实行。《诗经》上说：'不犯过错不忘本，一节遵循旧规章。'遵照先代圣王的法度却犯错误的，是从来没有的事。

"圣人既用尽视力，接着又用圆规、角尺、水平仪和墨线制作方、圆、平、直的物品，这样的物品用都用不尽；即用尽听力，接着又用六律校正五音，经校正的音调用都用不尽；既用尽心思，接着又采用仁政，仁爱就遍布天下了。所以说，造高台一定要凭借丘陵，挖深池一定要利用洼地。理政不依靠先王之道，能说得上聪明吗？

"所以，只有具备仁德的人适宜处在高的官位上。不仁的人却处在高位，这是向民众宣扬他的恶行。上面的人不按义理标准衡量事物，下面的人就不按法度来履行职守，朝廷不信道义，工匠不信尺度，官吏触犯义理，百姓触犯刑律，这样的国家能存在的，完全是侥幸。所以说，城墙不坚牢，武器装备不充足，还不是一个国家的灾难；田野荒芜，财物贫乏，还不是一个国家的祸害。如果在上的人没有礼规，在下的人没有受教育，作恶的人兴起，那国家的灭亡就没有几天了。

"《诗经》上说：'上天正在变动，不要这样泄泄。'泄泄，就是喋喋不休。服事君王不合道义，进退没有礼规，一开口就指责先王之道，就是喋喋不休。所以说，要求君王做艰难的事（实行仁政）叫做恭，劝君王行善积德、杜绝邪念叫做敬，认为自己的君王不能行善积德叫做贼。"

【原文】

孟子曰："规矩，方圆之至也；圣人，人伦之至也。欲为君，尽君道；欲为臣，尽臣道。二者皆法尧舜而已矣。不以舜之所以事尧事君，不敬其君者也；不以尧之所以治民治民，贼其民者也。孔子曰：'道二，仁与不仁而已矣。'暴其民甚，则身弑国亡；不甚，则身危国削。名之曰'幽厉'[①]虽孝子慈孙，百世不能改也。《诗》云：'殷鉴不远，在夏后之世。'此之谓也。"

【注释】

①幽厉：西周的厉王和末代国君幽王因昏庸暴虐，所以死后朝廷给他们"厉"、"幽"这样的谥号。"厉"有杀戮无辜的意思，"幽"有昏暗不明的意思。

【译文】

孟子说："圆规和角尺是方圆的标准，圣人是为人的标准。要做君王，就要尽君王之道；要做臣子，就要尽臣子之道。二者都以尧舜为榜样就行了。不按舜服事尧那样服事的君主，是不敬他的君主；不按尧管理百姓那样管理百姓，是残害他的百姓。孔子说：'最根本的原则只有二条，仁德和不仁德罢了。'糟蹋百姓过分，就会自身被杀，国家灭亡；即使不过分，也会危及自身，国势削弱。死后蒙上

"幽"、"厉"的恶名,即使他有孝敬父母的子孙,过一百代还是改不了。《诗经》上说:'殷商的历史镜子并不远,就是夏桀那个朝代。'说的就是这个道理。"

【原文】

孟子曰:"三代①之得天下也以仁,其失天下也以不仁。国之所以废兴存亡者亦然,天子不仁,不保四海;诸侯不仁,不保社稷;卿大夫不仁,不保宗庙;士庶人不仁,不保四体。今恶死亡而乐不仁,是犹恶醉而强酒。"

【注释】

①三代:指夏、商、周三个朝代。

【译文】

"三代得到天下是因为仁德,他们失天下是因为不仁德。国家衰败和兴盛、存在和灭亡的原因,也是这样。天子不仁,不能保全天下;诸侯不仁,不能保全国家;卿大夫不仁,不能保全宗庙;士人百姓不仁,连自家性命都不能保全。现在有些人害怕死亡却喜欢不仁,这好比害怕酒醉却硬要喝酒一样。"

【原文】

孟子曰:"爱人不亲,反其仁;治人不治,反其智;礼人不答,反其敬。行有不得者,皆反求诸己,其身正而天下归之。《诗》云:'永言配命,自求多福。'"

【译文】

"爱别人而别人不来亲近,就该反省自己是否真做到仁爱了;管理别人却管不好,就该反省自己是否真有聪明才干了;礼貌待人而别人不以礼回报,就该反省自己是否真做到恭敬了。任何行动如果没有收到预期效果,都应反过来从自己身上找原因,自己正直了，天下都会归顺。《诗经》上说：'永远合于天命，自己求取各种福禄。'"

【原文】

孟子曰："人有恒言，皆曰'天下国家。'天下之本在国，国之本在家，家之本在身。"

【译文】

孟子说："人们常说这样一句话，都说：'天下国家。'天下的基础是国，国的基础是家，家的基础是自己。"

【原文】

孟子曰："为政不难，不得罪于巨室。巨室之所慕，一国慕之；一国之所慕，天下慕之；故沛然德教溢乎四海。"

【译文】

孟子说："从政不难，只要不得罪世家大族。世家大族钦慕的事物，整个国家都会钦慕；整个国家钦慕的事物，全天下都会钦慕；于是德行教化就风靡天下了。"

【原文】

孟子曰："天下有道，小德役大德，小贤役大贤；天下无道，小役大，弱役强。斯二者，天也。顺天者存，逆天者亡。齐景公曰：'既不能令，又不受命，是绝物也。'涕出而女于吴。今也小国师大国而耻受命焉，是犹弟子而耻受命于先师也。如耻之，莫若师文王。师文王，大国五年，小国七年，必为政于天下矣。《诗》云：'商之孙子，其丽不亿。上帝既命，侯于周服。侯服于周，天命靡常。殷士肤敏①，裸（guàn灌）将于京。'孔子曰：'仁不可为众也。夫国君好仁，天下无敌。'今也欲无敌于天下而不以仁，是犹执热而不以濯也。《诗》云：

'谁能执热，逝不以濯？'"

【注释】

①肤敏：有美德而能及早适应时势。肤，美。敏，疾。

【译文】

孟子说："天下政治清明时，品德低的听凭品德高的驱使，才能低的听凭才能高的驱使；天下政治黑暗时，力量小的听凭力量大的驱使，弱者听凭强者驱使。这两种情况，是天意决定的。顺从天意的就生存，违背天意的就灭亡。齐景公说：'既不能命令别人，又不肯接受别人命令，这是自绝于人。'于是流着泪将女儿嫁到吴国。现在小国效法大国却又把接受大国命令看成耻辱，这就好像做学生却又把接受老师命令看成耻辱一样。如果真的以接受命令为耻，最好以文王为师。以文王为师，大国用五年、小国用七年时间，一定可以统治整个天下了。《诗经》上说：'殷商的子孙，数量不止十万。上帝已经发命，都要服从周朝。都要服从周朝，可见天命无常。殷商优秀人才，全到周京助祭。'孔子说：'仁德的威力是不能按人数众寡来计算的。国君如果重视仁德，就能无敌于天下。'现在有些国家想无敌于天下却不讲仁德，这就好比热得难受却不用凉水洗澡。《诗经》上说：'酷热实在难解脱，谁能不去洗个澡？'"

【原文】

孟子曰："不仁者可与言哉？安其危而利其菑（同"灾"），乐其所以亡者。不仁而可与言，则何亡国败家之有？有孺子歌曰：'沧浪（láng狼）①之水清兮，可以濯我缨；沧浪之水浊兮，可以濯我足。'孔子曰：'小子听之！清斯濯缨，浊斯濯足矣，自取之也。'夫人必自侮，然后人侮之；家必自毁，而后人毁之；国必自伐，而后人伐之。《太甲》曰：'天作孽，犹可违；自作孽，不可活。'此之谓也。"

【注释】

①沧浪：河流名。

【译文】

孟子说："不仁的人怎能跟他谈论呢？这些人处于危急中却以为很安全，灾难临头却以为很吉利，津津有味地干着导致灭亡的事。不仁的人如果还可以跟他谈论，那怎么会有亡国败家的事呢？从前有个儿童唱道：'沧浪的水清啊，可以用来洗我的帽缨；沧浪的水浊啊，可以用来洗我的脚丫。'孔子说：'弟子们听着！水清就洗缨，水浊就洗脚，这都取决于水本身。'人哪，一定先有自取侮辱之处，别人才会来侮辱他；家呢，一定先有自招毁灭之处，别人才会来毁灭它；国呢，一定先有自讨攻伐之处，别人才会来攻伐它。《尚书·太甲篇》说：'上天降下的灾祸还可以躲避，自己作下的罪孽，就没法逃脱了。'说的正是这个道理。"

【原文】

孟子曰："桀、纣之失天下也，失其民也；失其民者，失其心也。得天下有道：得其民，斯得天下矣；得其民有道：得其心，斯得民矣；得其心有道：所欲与之聚之，所恶勿施尔也。民之归仁也，犹水之就下、兽之走圹（同"旷"）也。故为渊驱鱼者，獭（tǎ 塔）也；为丛驱爵（同"雀"）者，鹯（zhān 沾）也；为汤、武驱民者，桀与纣也。今天下之君有好仁者，则诸侯皆为之驱矣。虽欲无王，不可得已。今之欲王者，犹七年之病求三年之艾也。苟为不畜，终身不得。苟不志于仁，终身忧辱，以陷于死亡。《诗》云：'其何能淑，载胥及溺。'此之谓也。"

【译文】

孟子说："桀、纣失去天下，是因为失去了天下的百姓；失去百姓，是因为失去了百姓的心。得到天下有门道：得到天下的百姓，就得到天下了；得到百姓有门道：得百姓的心，就得到百姓了；得到百姓的心有门道：百姓所想要的，就给他们积聚起来，百姓所憎恶的，就不要加在他们头上，如此而已。百姓归附仁德，犹如水往低处流，兽往旷野奔。所以替深潭把鱼赶来的，是水獭；替丛林把鸟雀赶来的，是鹯鹰；替商汤王、周武王把百姓赶来的，是夏桀和商纣。如果天下的国君有爱好仁政的，那么诸侯都会替他把百姓赶来了。即使不想得到天下，也推辞不掉了。可是现在想统一天下的人，犹如病了7年却要找3年的陈艾来灸治，如果平日不收藏，一辈子也找不到。如果不决意行仁政，一辈子都会忧愁受辱，以至陷入身死国亡的结局。《诗经》上说：'国事怎能办得好，只能大家都淹死。'说的就是这个意思。"

【原文】

孟子曰："自暴者，不可与有言也；自弃者，不可与有为也。言非礼义，谓之自暴也；吾身不能居仁由义，谓之自弃也。仁，人之安宅也；义，人之正路也。旷安宅而弗居，舍正路而不由，哀哉！"

【译文】

孟子说："作践自己的人，不能跟他谈论什么；抛弃自己的人，不能跟他从事什么。一开口就指责礼义，叫做作践自己；认为自己不能坚持遵循仁义，叫做抛弃自己。仁，是人最安乐的住宅，义，是人最确当的道路。空着安乐的住宅不居住，放弃正当的道路不去走，太可悲了！"

【原文】

孟子曰："道在迩而求诸远，事在易而求诸难。人人亲其亲、长其长而天下平。"

【译文】

孟子说："路本来就在近处却到远处去找，事情本来很容易却要往难处去着手。其实，只要人人亲爱自己的父母、尊敬自己的长辈，天下就太平了。"

【原文】

孟子曰："居下位而不获于上，民不可得而治也。获于上有道，不信于友，弗获于上矣；信于友有道，事亲弗悦，弗信于友矣；悦亲有道，反身不诚，不悦于亲矣；诚身有道，不明乎善，不诚其身矣。是故诚者，天之道也；思诚者，人之道也。至诚而不动者，未之有也；不诚，未有能动者也。"

【译文】

孟子说："处在低下的职位又不能从上级获得信任，百姓是不可能治理得好的。获得上级的信任有它的办法，要是得不到朋友的信任，便不能获得上级的信任；获得朋友的信任有它的办法，要是服侍父母不能取得他们的欢心，便得不到朋友的信任；获得父母的欢心有它的办法，要是自我反思是不真诚的，便得不到父母的欢心；使自己真诚有它的办法，要是不明白什么是善，便不能使自己真诚。所以，真诚是自然的规律，思求真诚是做人的规律。真诚到了极点却还不能感动别人的，从来没有过；不真诚，没有能感动别人的。"

【原文】

孟子曰："伯夷辟纣，居北海①之滨，闻文王作，兴曰：'盍归乎来！吾闻西伯②善养老者。'太公③辟纣，居东海之滨，闻文王作，兴曰：'盍归乎来！吾闻西伯善养老者。'二老者，天下之大老也，而归之，是天下之父归之也。天下之父归之，其子焉往？诸侯有行文王之政者，七年之内，必为政于天下矣。"

【注释】

①北海：即今渤海。

②西伯：即周文王。商纣时为西方诸侯之长，故称西伯。
③太公：姜姓，吕氏，名尚，俗称姜太公。相传他在水边垂钓时遇周文王，被立为师，号为太公望。后辅佐武王灭商，封于齐。

【译文】

孟子说："伯夷躲避商纣，隐居在北海边，听到文王兴起，就满怀激情地说'为什么不去归附呢！我听说西伯是个精心赡养老人的人。'太公躲避商纣，隐居在东海边，听到文王兴起，就满怀激情地说："为什么不去归附呢！我听说西伯是个精心赡养老人的人。'这两位老人，是天下最有名望的老人，他们投奔文王，这就使全天下的父老都投奔文王了。全天下的父老都投奔文王了，他们的儿辈会往哪儿投奔呢？如果有诸侯施行文王的仁政，七年之内，一定会掌管天下的政治了。"

【原文】

孟子曰："求①也为季氏②宰，无能改于其德，而赋粟倍他日。孔子曰：'求非我徒也，小子鸣鼓而攻之可也。'由此观之，君不行仁政而富之，皆弃于孔子者也。况于为之强战？争地以战，杀人盈野；争城以战，杀人盈城。此所谓率土地而食人肉，罪不容于死。故善战者服上刑，连诸侯者次之，辟草莱，任土地者次之。"

【注释】

①求：冉求，孔子弟子。
②季氏：春秋后期鲁国贵族，世代为卿，把持鲁国政权。这里是指季康子。

【译文】

孟子说："冉求当了季氏的总管，不能改变季氏的德行，反而把田租比以往提高了一倍。孔子说：'冉求不是我们的人了，弟子们可以公开声讨他。'从这一点看来，国君不实行仁政，那些帮助他搜刮钱财致富的臣子，都是被孔子所唾弃的人。何况那些为国君拼命打仗的人呢？为争夺土地而打仗，杀死的人遍野都是；为争夺城池而打仗，杀死的人遍城都是。这就叫做为了争地盘而吃人肉，他们的罪恶，即使处死都抵偿不了。所以擅长打仗的人应该受重刑；联结诸侯兴兵攻伐的人受次一等刑罚；迫使百姓开垦荒地、承担耕种责任以求增加田税收入的人受再次一等刑罚。"

【原文】

孟子曰："存乎人者，莫良于眸（móu谋）子。眸子不能掩其恶。胸中正，则眸子瞭焉；胸中不正，则眸子眊（mào冒）焉。听其言也，观其眸子，人焉廋（sōu搜）哉？"

【译文】

孟子说："在人身上的器官，没有什么东西比眼睛更好的了。眼睛不会掩盖一个人的邪恶。心里正，眼睛就明亮了；心里不正，眼睛就浑浊。听一个人说话，只要看他的眼睛，这个人到底怎样哪能掩盖得住呢？"

【原文】

孟子曰："恭者不侮人，俭者不夺人。侮夺人之君，惟恐不顺焉，恶得为恭俭？恭俭岂可以声音笑貌为哉？"

【译文】

孟子说："恭敬的人不会侮辱别人，俭省的人不会掠夺别人。侮辱、掠夺别人的君王，只怕别人不顺从他的意志，哪能做得到恭敬、俭省？恭敬、俭省哪能单凭动听的好话与和颜悦色就能做到的呢？"

【原文】

淳于髡（kūn坤）①曰："男女授受不亲，礼与？"

孟子曰："礼也。"

曰："嫂溺，则援之以手乎？"

曰："嫂溺不援，是豺狼也。男女授受不亲，礼也；嫂溺援之以手者，权也。"

曰："今天下溺矣，夫子之不援，何也？"

曰："天下溺，援之以道；嫂溺，援之以手。子欲手援天下乎？"

【注释】

①淳于髡：齐中人，姓淳于，名髡。

【译文】

淳于髡说："男人和女人不亲手递接东西，这是礼规吗？"

孟子说："是礼规。"

淳于髡说："嫂嫂掉到水里，那是否可以用手拉他？"

孟子说："嫂嫂落水不拉，这是豺狼。男女不亲手交接东西，是礼规；嫂嫂落水用手去拉，是应变。"

淳于髡说："现在全天下都掉在水里，您不去拉一把，是为什么呢？"

孟子说："天下掉到水里，用道义去拉；嫂嫂掉到水里，用手去拉。你要我用手去挽救天下吗？"

【原文】

公孙丑曰："君子之不教子，何也？"

孟子曰："势不行也。教者必以正；以正不行，继之以怒。继之以怒，则反夷矣。'夫子教我以正，夫子未出于正也。'则是父子相夷也。父子相夷，则恶矣。古者易子而教之，父子之间不责善。责善则离，离则不祥莫大焉。"

【译文】

公孙丑曰："君子不亲自教育儿子，是为什么？"

孟子说:"情势行不通。教育者一定是用正道来教人,用正道教育没效果,接着就靠发脾气。接着靠发脾气,就反而伤害了父子关系了。儿子会说:'您用正道教育我,但您处事却不是从正道出发的。'这样,就父子互伤感情了。父子互伤感情,就坏事了。古时人彼此交换儿子进行教育,这样,父子之间就不会拿正道来要求对方。拿正道要求对方。父子间就会产生隔阂。隔阂了,就是最不好的事了。"

【原文】

孟子曰:"事孰为大?事亲为大;守孰为大?守身为大。不失其身而能事其亲者,吾闻之矣;失其身而能事其亲者,吾未之闻也。孰不为事?事亲,事之本也;孰不为守?守身,守之本也。

"曾子养曾晳①,必有酒肉;将彻,必请所与;问有余,必曰'有。'曾晳死,曾元②养曾子,必有酒肉;将彻,不请所与;问有余,曰'亡矣。'将以复进也。此所谓养口体者也。若曾子,则可谓养志也。事亲若曾子者,可也。"

【注释】

①曾晳:曾子之父,父子都是孔子弟子。
②曾元:曾子的儿子。

【译文】

孟子说:"服侍谁最重要?服侍父母最重要;守护什么最重要?守护自身最重要。保持自身节操又能服侍父母的人,我听说过;丧失自身节操却能服侍父母的人,我没有听说过。谁不做服侍之事呢?但服侍父母,是服侍的根本;哪个没有该守护的呢?但是守护自己,是守护的根本。

"曾子奉养他的父亲曾晳,每顿一定有酒和肉;快要收拾碗筷时,一定会请示:剩下的给谁;问起有没有多余的,一定说'有。'

曾晳死了之后，曾元奉养曾子，也每顿一定有酒和肉；快要收拾时，不再请示剩下的给谁了；问起有没有多余的，便说'没有了。'他是打算将剩下的用来下次再送奉给父亲吃。这叫做供养父母的口腹。像曾子那样侍养，那才可以叫做顺从父母的心意。服侍父母像曾子一样，就可以了。"

【原文】

孟子曰："人不足与适（zhé折，同"谪"）也，政不足与间（jiàn见）也。惟大人为能格君心之非。君仁莫不仁，君义莫不义，君正莫不正。一正君而国定矣。"

【译文】

孟子说："君主用人不当不值得指责，政事的失误也不值得批评；只有德行高尚的人才能感化纠正君主思想上的错误。君主仁爱，就没有谁会不仁爱；君主坚守道义，就没有谁会违背道义；君主正派，就没有谁会不正派。一旦端正了国君的思想，国家就安定了。"

【原文】

孟子曰："有不虞之誉，有求全之毁。"

【译文】

孟子说："有料想不到的赞誉，也有本来追求完美无缺反而招致诋毁的。"

【原文】

孟子曰："人之易其言也，无责耳矣。"

【译文】

孟子说："人讲话很轻率，原因在于没有承担什么责任罢了。"

【原文】

孟子曰:"人之患在好为人师。"

【译文】

孟子说:"人的毛病在于喜欢充当别人的老师。"

【原文】

乐正子从于子敖①之齐。

乐正子见孟子。孟子曰:"子亦来见我乎?"

曰:"先生何为出此言也?"

曰:"子来几日矣?"

曰:"昔者。"

曰:"昔者,则我出此言也,不亦宜乎?"

曰:"舍馆未定。"

曰:"子闻之也,舍馆定,然后求见长者乎?"

曰:"克②有罪。"

【注释】

①子敖:晋大夫王驩的字。
②克:乐正子之名。

【译文】

乐正子跟着子敖到了齐国。

乐正子去见孟子。孟子说:"你也来看我吗?"

乐正子说:"老师为什么说这话呢?"

孟子说:"你什么时候来的?"

乐正子说:"昨天。"

孟子说:"既然是昨天来的,那我说这话不是应该的吗?"

乐正子说:"我住的地方没有找好。"

孟子说:"你听说过要找好住处,才求见长辈这样的规矩吗?"

乐正子说:"我有过错。"

【原文】

孟子谓乐正子曰:"子之从于子敖来,徒餔啜(chuò 绰)也。我不意子学古之道而以餔啜也。"

【译文】

孟子对乐正子说:"你跟着子敖来,只是为了吃喝。我没想到你学习古圣人之道却是为了吃喝。"

【原文】

孟子曰:"不孝有三①,无后为大。舜不告而娶,为无后也,君子以为犹告也。"

【注释】

①不孝有三:封建礼教,认为不孝的表现有三种。一是"阿意曲从,陷亲不义",二是"家贫亲老,不为禄仕",三是"不娶无子,绝先祖祀"。

【译文】

孟子说:"不孝顺的表现有三种,其中没有后代最为重要。舜不请示父母就娶亲,就是因为怕没有后代,所以君子认为这等于向父母请示过一样。"

【原文】

孟子曰:"仁之实,事亲是也;义之实,从兄是也;智之实,知斯二者弗去是也;礼之实,节文斯二者是也;乐之实,乐斯二者,乐则生矣;生则恶可已也,恶可已,则不知足之蹈之手之舞之。"

【译文】

孟子说:"仁的主要内容是服侍父母;义的主要内容是顺从兄长;智的主要内容是懂得上述两条并坚守不舍;礼的主要内容是把上述两条加以调节、修饰;乐的主要内容是乐于实行这两条,那么快乐就产生了;快乐一产生哪能抑止呢。不可抑止,就自然而然手舞足蹈起来了。"

【原文】

孟子曰:"天下大悦而将归己,视天下悦而归己,犹草芥也,惟舜为然。不得乎亲,不可以为人;不顺乎亲,不可以为子。舜尽事亲之道而瞽瞍(gǔ sǒu 鼓擞)①厎(zhǐ 只)②豫,瞽瞍厎豫而天下化,瞽瞍厎豫而天下之为父子者定,此之谓大孝。"

【注释】

①瞽瞍:舜的父亲,目盲。他性情顽固,曾多次谋害舜。参见本书《万章下》第二、四章。

②厎豫:由不欢到欢乐。厎,致。豫,乐。

【译文】

孟子说:"天下的人都很高兴而且将归附自己了,把这一切看做草芥一般不当回事,只有舜才做得到这样。不能得到父母的欢心,不可以做人;不能顺从父母,不可以做儿子。舜遵照服侍父母的准则竭尽心力去做,他父亲瞽瞍终于变得高兴了,瞽瞍高兴,天下就风气大变了,瞽瞍高兴,天下父子之间的关系准则也就确定了,这叫做大孝。"

离 娄（下）

【原文】

孟子曰："舜生于诸冯，迁于负夏，卒于鸣条①，东夷之人也。文王生于岐周②，卒于毕郢③（yǐng 影），西夷之人也。地之相去也，千有余里；世之相后也，千有余岁。得志行乎中国，若合符节④，先圣后圣，其揆一也。"

【注释】

①诸冯、负夏、鸣条：都是地名，大致在我国东部，今已不明其详。
②岐周：周朝兴于岐一带，故称岐周。岐，山名，在今陕西岐山县。
③毕郢：地名，在今陕西咸阳市东。
④符节：古代朝廷用作凭证的信物，用竹、木或金属制成，剖成两半，各执其一，使用时以两片相合来验真假。这里用来比喻事物两相吻合。

【译文】

孟子说："舜出生于诸冯，迁居到负夏，死于鸣条，应该说是一个东方人。文王出生于岐周，死于毕郢，应该说是一个西方人。他们两个人，生活的地方相距一千多里，时代相差一千多年，但能使自己的理想在中国实现，就像符节相合，完全一样。一个先代圣王。一个后代圣王，他们的准则却是一样的。"

【原文】

子产①听郑国之政，以其乘舆济人于溱（zhēn 真）洧（wěi

伟)。孟子曰:"惠而不知为政。岁十一月,徒杠成;十二月,舆梁成,民未病涉也。君子平其政,行辟人可也,焉得人人而济之?故为政者,每人而悦之,日亦不足矣。"

【注释】

①子产:春秋时郑国大夫,姓公孙,名侨,字子产。

【译文】

子产主持郑国的政治,用他所乘的车子帮助别人渡过溱水和洧水。孟子说:"子产虽然给人带来点恩惠,却不懂得搞政治。假如十一月修成人行桥,十二月修成车行桥,百姓就不担心过河了。君子如果搞好了政治,出行时驱使路人回避都可以,怎能一个人一个人地帮他们过河呢?所以执政的人,如果一个个地讨人们欢心,时间就太不够用了。"

【原文】

孟子告齐宣王曰:"君之视臣如手足,则臣视君如腹心;君之视臣如犬马,则臣视君如国人,君之视臣如土芥,则臣视君如寇仇。"

王曰:"礼,为旧君有服,何如斯可为服矣?"

曰:"谏行言听,膏泽下于民;有故而去,则使人导之出疆,又先于其所往;去三年不反,然后收其田里。此之谓三有礼焉。如此,则为之服矣。今也为臣,谏则不行,言则不听,膏泽不下于民;有故而去,则君搏执之,又极之于其所往;去之日,遂收其田里。此之谓寇仇。寇仇何服之有?"

【译文】

孟子告诉齐宣王说:"君王把臣子看做手足,那臣子就会把君王看做腹心;君王把臣子看做犬马,那臣子就会把君王看做平民;君王把臣子看做泥土小草,那臣子就会把君王看做仇敌。"

齐宣王说:"按照礼规,臣子要为曾服侍过的君王穿一段时间孝服,在怎样的情况下臣子才会为他穿孝服呢?"

孟子说:"臣子的劝谏要照办,臣子的建议要听取,恩惠要落实到百姓;臣子因故离开本国,君王就要派人当向导带他出境,还要先派人到他要去的目的地作安置;离开三年不回来,才收回他的田地住房。这叫做三有礼。这样,臣子就会为他穿孝服了。现在做臣子的,劝谏不被采纳,建议不能听取,恩惠落实不到百姓;臣子因故离开,君王就把他拘留起来,还想尽办法在他要去的目的地设置种种障碍;离开当天,就收回他的田地和住房。这叫做仇敌,既然是仇敌,哪有为他穿孝服的呢?"

【原文】

孟子曰:"无罪而杀士,则大夫可以去,无罪而戮民,则士可以徙。"

【译文】

孟子说:"没有罪却把士人杀掉,那么大夫就可以离去;没有罪却把百姓杀死,那么士人就可以搬迁。"

【原文】

孟子曰:"君仁莫不仁,君义莫不义。"

【译文】

孟子说:"君王仁爱就没有谁会不仁爱,君王坚守道义就没有谁会违背道义。"

【原文】

孟子说:"非礼之礼,非义之义,大人弗为。"

【译文】

孟子说:"似是而非的礼,似是而非的义,高尚的人是不干的。"

【原文】

孟子曰:"中也养不中,才也养不才,故人乐有贤父兄也。如中也弃不中,才也弃不才,则贤不肖之相去,其间不能以寸。"

【译文】

孟子说:"中正的人帮助不中正的人,有才能的人提携才能低的人,所以人们乐意有贤能的父兄。如果中正的人鄙弃不中正的人,有才能的人鄙弃才能低的人,那么,贤能与不贤能的距离,相近得连寸也量不出来了。"

【原文】

孟子曰:"人有不为也,而后可以有为。"

【译文】

孟子说:"人只有对某些事舍弃不干,然后才可能有所作为。"

【原文】

孟子曰:"言人之不善,当如后患何?"

【译文】

孟子说:"揭别人的短处,有后患该怎么办?"

【原文】

孟子曰:"仲尼不为已甚者。"

【译文】

孟子说:"孔子不做过分的事。"

【原文】

孟子曰:"大人者,言不必信,行不必果,惟义所在。"

【译文】

孟子说:"高尚的人,讲话不一定要完全守信,办事不一定要处处果断,只是要一切根据道义办理。"

【原文】

孟子曰:"大人者,不失其赤子之心者也。"

【译文】

孟子说:"高尚的人,就是不丧失婴孩纯真之心的人。"

【原文】

孟子曰:"养生者不足以当大事,惟送死可以当大事。"

【译文】

孟子说:"赡养在世的父母还不能够当作大事,只有给他们送终安葬才能当作大事。"

【原文】

孟子曰:"君子深造之以道,欲其自得之也。自得之,则居之安;居之安,则资之深;资之深,则取之左右逢其原,故君子欲其自得之也。"

【译文】

孟子说:"君子在学问上达到精深的境界靠正确的方法,这就是要做到自己有所体会。自己有体会,就掌握得牢固;掌握得牢固,就积累得深厚;积累得深厚,就能左右逢源,取之不尽,所以君子总想要自己有所体会。"

【原文】

孟子曰:"博学而详说之,将以反说约也。"

【译文】

孟子说:"广博地学习,详备地解说,为的是要融会贯通后反过来能简明扼要地解说。"

【原文】

孟子曰:"以善服人者,未有能服人者也;以善养人,然后能服天下。天下不心服而王者,未之有也。"

【译文】

孟子说:"用善来取胜别人,是没有能够取胜的;用善来熏陶别人,才能使天下人归顺。天下人心不服却能统一天下的事,从来没有过。"

【原文】

孟子曰:"言无实不祥。不祥之实①,蔽贤者当之。"

【注释】

①不祥之实:这句话费解,古人也曾怀疑文中可能有漏掉的字。

【译文】

孟子说:"言论没有真实内容是不好的。不好的结果,应由埋没贤才的人承担。"

【原文】

徐子①曰:"仲尼亟(qì弃)称于水,曰:'水哉,水哉!'何取于水也?"

孟子曰:"原泉混混,不舍昼夜,盈科而后进,放乎四海。有本者如是,是之取尔。苟为无本,七八月之间雨集,沟浍(kuài快)皆盈;其涸(hé河)也,可立而待也。故声闻(wèn问)过情,君子耻之。"

【注释】

①徐子：名辟，孟子弟子。

【译文】

徐子说："孔子对水几次称赞，说'水啊，水啊！'他赞美水的什么呢？"

孟子说："有源头的泉水滚滚奔流，日夜不停，灌满坑洼，又向前进，一直流到大海。有源头的水就是这样，孔子正是赞美它这一点。"如果是没有源头，七八月间，雨水集中，大水沟渠都满了，但干枯起来快得很。所以名声超过实际，君子认为是可耻的。"

【原文】

孟子曰："人之所以异于禽兽者几希，庶民去之，君子存之。舜明于庶物，察于人伦，由仁义行，非行仁义也。"

【译文】

孟子说："人与禽兽不同的地方很少，百姓把这点不同抛弃掉，君子把这点不同保留住。舜既明了万物，又洞察人类，于是自然沿着仁义之路走，而不是勉强推行仁义。"

【原文】

孟子曰："禹恶旨酒而好善言。汤执中，立贤无方。文王视民如伤，望道而未之见。武王不泄迩（ěr 尔），不忘远。周公思兼三王，以施四事；其有不合者，仰而思之，夜以继日；幸而得之，坐以待旦。"

【译文】

孟子说："夏、禹不喜欢美酒，却喜欢有益的话；商汤坚持中正，选拔贤才却不拘于常规；周文王把百姓看做受了伤的人一样，（百般安抚），追求真理（永不满足），发现了却好似没发现一样；

周武王不轻慢朝廷近臣，也不遗忘边疆远臣。周公想要兼有三代君王的长处，来施行四位君王的事业；他们的经验有不适合现实的，就仰头思考，黑夜接着白天继续思索；一旦侥幸豁然领悟了，便坐着急等天亮好去实行。"

【原文】

孟子曰："王者之迹熄而《诗》亡，《诗》亡然后《春秋》作。晋之《乘》，楚之《梼杌》（táo wù 桃物）①，鲁之《春秋》，一也。其事则齐桓、晋文，其文则史。孔子曰：'其义则丘窃取之矣。'"

【注释】

①《乘》、《梼杌》：分别为晋国与楚国的史书名。

【译文】

孟子说："圣王的业绩消亡了，《诗经》也就不再有新篇章了；《诗经》没有新篇章，孔子就编写了《春秋》。晋国的《乘》，楚国的《梼杌》，鲁国的《春秋》，都是一样的：事迹都是关于齐桓公、晋文公称霸之类，行文都是历史书的写法。（但《春秋》有它的独到之处，）孔子说：'《诗经》扬善贬恶的要旨都被我吸取了。'"

【原文】

孟子曰："君子之泽五世而斩，小人之泽五世而斩。予未得为孔子徒也，予私淑诸人也。"

【译文】

孟子说："君子的影响，过了五代就断绝了；小人的影响，过了五代也断绝了。我没能当上孔子的学生，我是私下向别人学习（孔子之道）的。"

【原文】

孟子曰:"可以取,可以无取,取伤廉;可以与,可以无与,与伤惠;可以死,可以无死,死伤勇。"

【译文】

孟子说:"可以拿,可以不拿,拿了就损害廉洁;可以给,可以不给,给了就损害恩惠;可以死,可以不死,死了就损害勇武。"

【原文】

逢(páng 旁)蒙①学射于羿(yì 易)②,尽羿之道,思天下惟羿为愈己,于是杀羿。孟子曰:"是亦羿有罪焉。"

公明仪曰:"宜若无罪焉。"

曰:"薄乎云尔,恶得无罪?郑人使子濯孺子③侵卫,卫使庾(yú 余)公之斯④追之。子濯孺子曰:'今日我疾作,不可以执弓,吾死矣夫!'问其仆曰:'追我者谁也?'其仆曰'庾公之斯也。'曰:'吾生矣。'其仆曰:'庾公之斯,卫之善射者也,夫子曰吾生,何谓也?'曰:'庾公之斯学射于尹公之他⑤,尹公之他学射于我。夫尹公之他,端人也,其取友必端矣。'庾公之斯至,曰:'夫子何为不执弓?'曰:'今日我疾作,不可以执弓。'曰:'小人学射于尹公之他,尹公之他学射于夫子。我不忍以夫子之道反害夫子。虽然,今日之事,君事也,我不敢废。'抽矢扣轮,去其金,发乘矢而后反。"

【注释】

①逄蒙:人名,是羿的家人,也是羿的学生。
②羿:相传是夏代有穷氏部落首领,善于射箭。他推翻了夏代统治,夺得王位,不久因喜狩猎,不理民事,被家众杀死。逄蒙亦参与其事。
③子濯孺子:人名,郑国的大夫。
④庾公之斯:人名,卫国的大夫。名中"之"字是助字,古人名字

中常夹一助字，下文的"尹公之他"亦是如此。

⑤尹公之他：人名，卫国人。

【译文】

逢蒙向羿学习射箭，把羿的技术全学完了，心想天下只有羿超过自己了，于是杀了羿。孟子说："这事羿自己也有错。"

公明仪说："好像没有什么错吧。"

孟子说："错误不过小一点罢了，怎能没有错呢？从前郑国派子濯孺子侵犯卫国，卫国派庾公之斯去追击他。子濯孺子说：'今天我的病发作了，不能拿弓，我要被杀死了！'问他的驾车人说：'追击我的人是谁？'驾车人说：'是庾公之斯。'子濯孺子说：'我能活命了。'车夫说：'庾公之斯是卫国善于射箭的人，您倒反说"我能活命"，这是什么意思呢？'子濯孺子说：'庾公之斯跟尹公之他学射，尹公之他跟我学射。尹公之他是个正派人，他所选择的学友一定也是正派的。'庾公之斯追上了，问：'您为什么不拿弓？'子濯孺子说：'今天我的病发作了，不能拿弓。'庾公之斯说：'我跟尹公之他学射，尹公之他跟您学射。我不忍心用您的技术反过来害您。尽管这样，但今天的事，是国家的公事，我不敢不执行。'他就抽出箭，在车轮上敲了几下，折去了金属箭头，发射了四箭才回去。"

【原文】

孟子曰："西子①蒙不洁，则人皆掩鼻而过之；虽有恶人，斋戒沐浴②，则可以祀上帝。"

【注释】

①西子：即古代美女西施。
②斋戒沐浴：古人在祭祀前沐浴更衣，不饮食，不吃荤，不与妻妾同寝，整洁心身，以示虔诚。

【译文】

孟子说："要是西施身上沾染了脏东西，那么人们都会捂着鼻子走过她身边；即使有一个丑陋的人，如果他斋戒沐浴，就可以祭祀上帝。"

【原文】

孟子曰："天下之言性也，则故而已矣。故者以利为本。所恶于智者，为其凿也。如智者若禹之行水也，则无恶于智矣。禹之行水也，行其所无事也。如智者亦行其所无事，则智亦大矣。天之高也，星辰之远也，苟求其故，千岁之日至，可坐而致也。"

【译文】

孟子说"天下谈论万物的本性，只要寻求缘由就行了。这个缘由，是以顺乎自然为根本的。人们讨厌聪明的原因，是在于聪明也往往会穿凿附会。如果聪明人像禹疏导水流一样，就没有人讨厌聪明了。禹疏导水流，就是顺着自然去做。如果聪明人也能顺着自然去做，那就相当聪明了。天很高，星辰很远，如果能推求事物的缘由，那么千年之后的冬至日，也可以坐着推算出来。"

【原文】

公行子①有子之丧，右师②往吊。入门，有进而与右师言者，有就右师之位而与右师言者。孟子不与右师言，右师不悦曰："诸君子皆与欢言，孟子独不与欢言，是欢简也。"

孟子闻之，曰："礼，朝廷不历位而相与言，不逾阶而相揖也。我欲行礼，子敖以我为简，不亦异乎？"

【注释】

①公行子：齐国大夫。
②右师：官名，这里指齐王宠臣王驩，字子敖。

【译文】

公行子举办儿子的丧事，右师前去吊唁。一进门，有人在他进门时就跟他说话，有的人等他坐下后到他座位旁跟他说话。孟子没有跟右师说话，右师不高兴地说："诸位大夫都跟我打招呼，唯独孟子不跟我说话，这是怠慢我。"

孟子听说这件事后，说"礼节规定，在朝廷中不能跨过座位互相说话，也不能越过台阶相互拱手行礼。我按礼节办，子敖却以为我怠慢，不是太奇怪了吗？"

【原文】

孟子曰："君子所以异于人者，以其存心也。君子以仁存心，以礼存心。仁者爱人，有礼者敬人。爱人者，人恒爱之；敬人者，人恒敬之。有人于此，其待我以横逆，则君子必自反也：我必不仁也，必无礼也，此物奚宜至哉？其自反而仁矣，自反而有礼矣，其横逆由是也，君子必自反也：我必不忠。自反而忠矣，其横逆由是也，君子曰：'此亦妄人也已矣。如此，则与禽兽奚择哉？于禽兽又何难焉？'

"是故君子有终身之忧，无一朝之患也。乃若所忧则有之：舜，人也；我，亦人也。舜为法于天下，可传于后世，我由未免为乡人也，是则可忧也。忧之如何？如舜而已矣。若夫君子所患则亡矣。非仁无为也，非礼无行也。如有一朝之患，则君子不患矣。"

【译文】

孟子说："君子与平常人的区别，在于他们所怀的心思。君子把仁放在心上，把礼放在心上。仁爱的人爱别人，有礼的人尊敬别人。爱别人的人，别人会持久不变地爱他；尊敬别人的人，别人会持久不变地尊敬他。如果这里有个人，他对我蛮横不讲理，那么君子必然反省自己：我一定是不仁爱了，我一定是失礼了。要不这事怎么会发生呢？他通过反省，自己是仁爱的，自己是有礼的，而那人还这样横蛮不讲理，君子必然再反省自己：我一定不忠诚。要是反省自己是忠诚的，那人还是这样横蛮不讲理，君子就会说：'这不过是个狂人罢了。像这样，跟禽兽有什么区别呢？跟禽兽又有什么好计较的呢？'所以君子有终生的忧虑，没有突如其来的祸患。这样的忧虑是有的：舜是人，我也是人。舜成为天下的榜样，可流传到后世，我却还不免是一个普通人。这是可忧虑的。忧虑又怎么办呢？力求像舜一样就行了。至于君子所担心的祸患，却是没有的。不是仁爱的事不做，不合礼节的事不干。即使有突如其来的祸患，君子也就不怕了。"

【原文】

禹、稷当平世，三过其门而不入，孔子贤之。颜子①当乱世，居于陋巷，一箪食，一瓢饮；人不堪其忧，颜子不改其乐，孔子贤之。

孟子曰："禹、稷、颜回同道。禹思天下有溺者，由己溺之也；稷思天下有饥者，由己饥之也，是以如是其急也。禹、稷、颜子易地则皆然。今有同室之人斗者，救之，虽被（pī 披）发缨冠而救之，可也；乡邻有斗者，被发缨冠而往救之，则惑也，虽闭户可也。"

【注释】

①颜子：孔子弟子，即颜回，名渊。

【译文】

禹、稷处在政治清明的时代，三次经过自己的家门却不进去，孔子称赞他们。颜子处在政治混乱的时代，住在窄巷里，一筐饭，一瓢水，别人都吃不消这个苦，颜子却一点都不改变他的乐观态度，孔子也称赞他。

孟子说："禹、稷和颜回（处世态度不同），道理却是一样的。禹想着天下有被大水淹没的人，好像是自己淹没他们；稷想着天下饥饿的人，好像是自己使他们饥饿，所以这样着急。禹、稷同颜子要是换一换处境，都会这样做的（颜子也会急百姓所急，禹、稷也会自得其乐。)如果现在有同屋的人在斗殴,就要去制止他们,哪怕披头散发帽带都没有结好就去制止也行(禹、稷就像这样);如果地方上有人在斗殴,也披头散发顾不上结帽带就去制止,就是糊涂了,哪怕关起门来都是可以的(颜子就像这样)。"

【原文】

公都子曰:"匡章,通国皆称不孝焉,夫子与之游,又从而礼貌之,敢问何也?"

孟子曰:"世俗所谓不孝者有五:惰其四支,不顾父母之养,一不孝也;博弈好饮酒,不顾父母之养,二不孝也;好货财,私妻子,不顾父母之养,三不孝也;从(同"纵")耳目之欲,以为父母戮,四不孝也;好勇斗很(同"狠"),以危父母,五不孝也。章子有一于是乎?夫章子,子父责善而不相遇也[1]。责善,朋友之道也;父子责善,贼恩之大者。夫章子,岂不欲有夫妻子母之属哉?为得罪于父,不得近,出妻屏子,终身不养焉。其设心以为不若是,是则罪之大者,是则章子已矣。"

【注释】

[1]子父责善而不相遇:据《战国策·齐策》记载,匡章的母亲得罪父亲,父亲要杀她。匡章苦苦劝阻,父亲依然不听,杀了她并埋在马棚下面。从此,父子关系便弄僵了。

【译文】

公都子说:"匡章,全国人都说他不孝,您却与他交往,还很有礼貌地对待他,请问这是为什么?"

孟子说:"世俗认为不孝的表现有五条:四肢不勤,不顾对父母的供养,是一不孝;赌博下棋喜欢喝酒,不顾对父母的供养,是二不孝;喜欢钱财,偏爱妻子儿女,不顾对父母的供养,是三不孝;放纵耳目的欲望,因此使父母受耻辱,是四不孝;喜欢蛮勇,斗殴凶暴,因此危及父母,是五不孝。章子在这五条里占一条吗?章子是因为父子间督策为善才彼此合不来的。督策他人为善,是朋友之间的原则;父子间相互督策为善,是最伤感情的。章子难道不想有夫妻、母子的天伦之乐吗?因为得罪了父亲,不能亲近,于是把妻子赶走了,把孩子也赶走了,一辈子不要人侍奉。他的设想,认为不这样做,就是更大的罪过,这就是章子的品行呢。"

【原文】

曾子居武城①,有越寇。或曰:"寇至,盍去诸?"曰:"无寓人于我室,毁伤其薪木。"寇退,则曰:"修我墙屋,我将反。"寇退,曾子反。左右曰:"待先生如此其忠且敬也,寇至,则先去以为民望;寇退,则反,殆于不可。"沈犹行②曰:"是非汝所知也。昔沈犹有负刍③之祸,从先生者七十人,未有与焉。"

子思④居于卫,有齐寇。或曰:"寇至,盍去诸?"子思曰:"如伋(jí 及)去,君谁与守?"

孟子曰:"曾子、子思同道。曾子,师也,父兄也;子思,臣也,微也。曾子、子思易地则皆然。"

【注释】

①武城:鲁国邑名。
②沈犹行:曾子弟子,姓沈犹,名行。
③负刍:人名。
④子思:孔子的孙子孔伋,字子思。

【译文】

曾子住在武城,有越国军队来进犯。有人说:"敌寇来到了,为什么不离开这里呢?"曾子(临行前)说:"不要让别人寄居在我的屋子里,毁坏那些草木。"敌寇退了,曾子就说:"把我的墙屋修理好,我要回来了。"敌寇退了,曾子回来了。他的弟子说:"武城守官待您这样忠诚而且恭敬,敌寇到来,就先撤离,使百姓看您的样;

敌寇一退，您就回来，恐怕不太好吧。"沈犹行说："这不是你所了解的。以前先生住在我那儿，负刍作乱起祸，跟从先生的有70个人，没有一个过问这件事的。"

子思住在卫国，有齐国军队入侵。有人说："敌寇到了，为什么不离开呢？"子思说："如果我离开，君王跟谁一起来守卫呢？"

孟子说："曾子、子思所走的道路是一样的。曾子，是老师，是父兄一辈的人；子思，是臣子，是地位低微的小官。曾子、子思如果换一换地位，也都会这样做。"

【原文】

储子①曰："王使人瞷（jiàn 见）夫子，果有以异于人乎？"孟子曰："何以异于人哉？尧舜与人同耳。"

【注释】

①储子：齐国人。

【译文】

储子说："齐王派人暗中偷看您，您真有什么地方与别人不同吗？"孟子说："有什么与别人不同的呢？就是尧舜也跟普通人是相同的。"

【原文】

齐人有一妻一妾而处室者，其良人①出，则必餍酒肉而后反。其妻问所与饮食者，则尽富贵也。其妻告其妾曰："良人出，则必餍酒肉而后反，问其与饮食者，尽富贵也，而未尝有显者来，吾将瞷良人之所之也。"

蚤起，施（yí 移）从良人之所之，遍国中无与立谈者。卒之东郭墦（fán 烦）间，之祭者，乞其余；不足，又顾而之他。此其为餍足之道也。

其妻归，告其妾，曰："良人者，所仰望而终身也，今若此!"与其妾讪(shàn善)其良人,而相泣于中庭,而良人未之知也,施施从外来,骄其妻妾。

由君子观之,则人之所以求富贵利达者,其妻妾不羞也,而不相泣者,几希矣。

【注释】
①良人:当时称丈夫为良人。

【译文】
有个齐国人,同一妻一妾住在一起。她们的丈夫每次出门,就一定吃饱了酒肉才回家。他妻子问他同哪些人一块吃喝,他就说都是些有钱有势的人。他妻子告诉他的小妾说:"丈夫出去,就一定吃饱了酒肉才回家,问他跟谁一块吃喝,他说都是些有钱有势的人,但从来没看到有显达体面的人上我们家来,我要暗暗察看他到底去了些什么地方。"

早上起来,她躲躲闪闪地跟在丈夫后面,看他往哪里去,但全城没有一个人站下来跟他说话。最后他到了城东坟地,走向祭扫坟墓的人,乞讨剩余的祭食。吃不够,又张望着到别的扫墓人那儿去讨。这就是他吃饱喝足的门道。

他的妻子回到家里,把实情告诉了他的小妾,又说:"丈夫,是我们巴望靠他一辈子的人,可是现在他居然像这个样子!"她就跟小妾在庭院里把她们的丈夫咒骂了一顿,一起哭泣着。但丈夫并不知道这事,歪歪倒倒、神气活现地从外面进来,在他的妻妾面前摆起架子来。

从君子看来,人们用来追求当官发财的手段,能不使他们的妻妾感到羞耻而相对哭泣的,真是太少了。

万 章（上）

【原文】

万章问曰："舜往于田，号泣于旻（mín民）天，何为其号泣也？"

孟子曰："怨慕也。"

万章曰："父母爱之，喜而不忘；父母恶之，劳而不怨①。然则舜怨乎？"

曰："长息②问于公明高曰③：'舜往于田，则吾既得闻命矣；号泣于旻天，于父母，则吾不知也。'公明高曰：'是非尔所知也。'夫公明高以孝子之心，为不若是恝（jiá颊）：我竭力耕田，共（同"恭"）为子职而已矣，父母之不我爱，于我何哉？帝④使其子九男二女，百官牛羊仓廪备，以事舜于畎（quǎn犬）亩之中，天下之士多就之者，帝将胥天下而迁之焉。为不顺于父母，如穷人无所归。天下之士悦之，人之所欲也，而不足以解忧；好色，人之所欲，妻帝之二女，而不足以解忧；富，人之所欲，富有天下，而不足以解忧；贵，人之所欲，贵为天子，而不足以解忧。人悦之、好色、富贵，无足以解忧者，惟顺于父母，可以解忧。人少，则慕父母；知好色，则慕少女；有妻子，则慕妻子；仕则慕君，不得于君则热中。大孝终身慕父母。五十而慕者，予于大舜见之矣。"

【注释】

①这四句话是曾子说的。
②长息：公明高的弟子。
③公明高：曾子的弟子。

④帝：指尧。

【译文】

万章问道："舜到田里去时，向着老天哭诉，他为什么要哭诉呢？"

孟子说："因为怨恨和依恋。"

万章说："'父母喜欢自己，固然高兴，但不能忘记尽责；父母讨厌自己，固然忧愁，但不能心存怨恨。'那么舜怨恨父母吗？"

孟子说："长息曾问公明高说：'舜到田里去耕作，我听了您的教诲已弄懂了；他向着老天哭诉，这样对待父母，我就不懂了。'公明高说：'这不是你能懂得的。'公明高大约认为，孝子之心是不会像这样毫不介意的：自己尽力耕田，尽到儿子的本分就行了，父母不喜欢我，对我有什么关系呢？尧派他的九男二女，配齐了百官、牛羊、粮仓，为在田野里种地的舜服务。天下的士子不少人投奔他，尧还要把整个天下都交给他。舜却因为不顺父母的心，依旧像一个走投无路的人找不到归宿一样。天下的士子都热爱自己，这是人们所希望的，却不能够解除舜的忧愁；美色，这是人们所希望的，有了尧的两个女儿做妻子，却不能够解除舜的忧愁；富有，这是人们所希望的，富有到拥有整个天下，却不能够解除舜的忧愁；尊贵，这是人们所希望的，尊贵到做了天子，却不能够解除舜的忧愁。人们的热爱、美色、富贵，都不能够解除舜的忧愁，只有顺父母的心，才可以解除他的忧愁。人年幼时，就会依恋父母；懂得了美色，就会倾慕年轻姑娘；娶了妻子，就会爱恋妻子；做了官就仰慕君王，得不到君王的赏识就心急如焚。只有最孝顺的人才一辈子都依恋父母。到了五十岁还依恋父母的，我在伟大的舜身上看到了。"

【原文】

万章问曰："《诗》云：'娶妻如之何？必告父母。'信斯言也，宜莫如舜。舜之不告而娶，何也？"

孟子曰："告则不得娶，男女居室，人之大伦也。如告，则废人之大伦，以怼（duì 对）父母，是以不告也。"

万章曰："舜之不告而娶，则吾既得闻命矣；帝之妻舜而不告，何也？"

曰："帝亦知告焉则不得妻也。"

万章曰："父母使舜完廪，捐阶，瞽瞍焚廪。使浚井，出，从而掩（同"掩"）之。象①曰：'谟盖都君咸我绩。牛羊父母，仓廪父母，干戈朕，琴朕，弤（dǐ 底）朕，二嫂使治朕栖。'象往入舜宫，舜在床琴。象曰：'郁陶（yào 摇）思君尔。'忸怩。舜曰：'惟兹臣庶，汝其于予治。'不识舜不知象之将杀己与？"

曰："奚而不知也？象忧亦忧，象喜亦喜。"

曰："然则舜伪喜者与？"

曰："否。昔者有馈生鱼于郑子产，子产使校人畜之池。校人烹之，反命曰：'始舍之圉圉（yǔ 雨）焉，少则洋洋焉，攸然而逝。'子产曰：'得其所哉！得其所哉！'校人出，曰：'孰谓子产智，予既烹而食之，曰：'得其所哉，得其所哉。'故君子可欺以其方，难罔以非其道。彼以爱兄之道来，故诚信而喜之，奚伪焉？"

【注释】

①象：舜的同父异母弟。

【译文】

万章问道："《诗经》上说：'娶妻应怎么办？一定要禀告父母。'相信这话的，应该说没有像舜一样的了。为什么舜不禀告父母就娶妻呢？"

孟子曰："禀告了就不能娶。男女成亲，是人与人之间的重要关系。如果禀告了，就会破坏这种关系。他就会怨恨父母，所以不禀告了。"

万章说："舜不禀告父母就娶妻的道理，我听了您的教导已明白了；那尧把女儿嫁给舜却也不告诉舜的父母，这又是为什么呢？"

孟子说:"尧也知道告诉了他们就不能嫁。"

万章说:"舜的父母叫舜修缮粮仓,却抽去梯子,父亲瞽瞍又烧着了仓房。再叫他淘井,不知舜已从井里穿洞出去,还用土石来填井。他弟弟象说:"设法害死舜都是我的功劳。牛羊归父母,粮仓归父母,兵器归我,琴归我,红漆雕弓归我,两个嫂子让她们收拾我的床。'象就到舜的房间里去,不料舜却坐在床上弹琴。象说:'我心里郁闷,就因为想念您哪。'显出一副羞愧的样子。舜说:'这臣子百姓,你协助我管理吧。'不知舜是否清楚象想要杀自己呢?"

孟子说:"怎么会不清楚?不过象忧愁他也忧愁,象高兴他也高兴。"

万章说:"这么说,舜是假高兴了?"

孟子说:"不是。从前有人送了一条活鱼给郑国的子产,子产让管池塘的人养到池塘里去。管池塘的把这条鱼烧熟吃了,回来报告子产说:'刚放下去时它还蜷缩着,稍过了一会儿舒展活泼了,后来它就自由自在地游走了。'子产说:'它得到了它该去的地方!它得到了它该去的地方!'管池塘的出来后,说:'谁说子产聪明?我已经把鱼烧熟吃了,他还说得到了它该去的地方,得到了它该去的地方。'所以对君子可以利用符合其意图的方法去欺骗他,却难以用违背其宗旨的诡计去迷惑他。象表面上是根据敬爱兄长的道理而来的,所以舜也就真诚地相信他而感到高兴,怎么是假高兴呢?"

【原文】

万章问曰:"象日以杀舜为事,立为天子,则放之,何也?"

孟子曰:"封之也,或曰放焉。"

万章曰:"舜流共工①于幽州,放驩兜②于崇山,杀三苗③于三危,殛(jí极)鲧④(gǔn滚)于羽山,四罪而天下咸服,诛不仁也。象至不仁,封之有庳(bì闭)⑤,有庳之人奚罪焉?仁人固如是乎?在他人则诛之,在弟则封之。"

曰:"仁人之于弟也,不藏怒焉,不宿怨焉,亲爱之而已矣。亲之欲其贵也,爱之欲其富也。封之有庳,富贵之也。身为天子,弟为匹夫,可谓亲爱之乎?"

"敢问或曰放者,何谓也?"

曰:"象不得有为于其国,天子使吏治其国,而纳其贡税焉,故谓之放。岂得暴彼民哉?虽然,欲常常而见之,故源源而来。'不及贡,以政接于有庳',此之谓也。"

【注释】

①共工:水官名。
②驩兜:人名,尧舜时的大臣。
③三苗:国名,这里指该国国君。
④鲧:人名,禹的父亲。
⑤有庳:地名。

【译文】

万章问道:"象每天把杀舜当作必干的事情,舜被立为天子后,却只是流放他,这是为什么?"

孟子说:"是封象为诸侯,有人说成是流放。"

万章说:"舜把共工流放到幽州,把驩兜流放到崇山,把三苗杀死在三危山,把鲧杀死在羽山,办了这四个人的罪天下就都归服了,是因为诛杀了不仁的人。象不仁到了极点了,倒封他在有庳,有庳的人有什么罪呢?对别人就予以诛杀,对弟弟却封给他土地,难道仁人该这么做吗?"

孟子说:"仁人对于弟弟,不怀怒,不记怨,只是亲近爱护他而已。亲近他,是希望他尊贵;爱护他,是希望他富有。封他在有庳,就是要使他富有尊贵。自己当上天子,弟弟却还是个普通平民,能说亲近他爱护他吗?"

万章又问:"请问有人说是流放,这话怎么讲?"

孟子说:"象不可能在他的国家里有作为,天子就派官吏去替他治理那个国家,收纳那里的贡品租税,所以有人说是流放。象难道能糟蹋那里的百姓吗?尽管如此,舜还是经常想见到象,所以象经常不断地来见舜。(古书上说:)'不要等到朝贡的日期,就以政事之便接见有庳国君。'就是说的这件事。"

【原文】

咸丘蒙①问曰:"语云:'盛德之士,君不得而臣,父不得而子。'舜南面而立,尧帅诸侯北面而朝之,瞽瞍亦北面而朝之。舜见瞽瞍,其容有蹙。孔子曰:'于斯时也,天下殆哉,岌岌(jí及)乎!'不识此语诚然乎哉?"

孟子曰:"否。此非君子之言,齐东野人之语也。尧老而舜摄也。《尧典》②曰:'二十有八载,放勋乃徂(cú殂)落,百姓如丧考妣(bǐ比),三年,四海遏密八音。'孔子曰:'天无二日,民无二王。'舜既为天子矣,又帅天下诸侯以为尧三年丧,是二天子矣。"

咸丘蒙曰:"舜之不臣尧,则吾既得闻命矣。《诗》云:'普天之下,莫非王土;率土之滨,莫非王臣。'而舜既为天子矣,敢问瞽瞍之非臣,如何?"

曰:"是诗也,非是之谓也;劳于王事,而不得养父母也。曰:'此莫非王事,我独贤劳也。'故说诗者,不以文害辞,不以辞害志。以意逆志,是为得之。如以辞而已矣,《云汉》③之诗曰:'周余黎民,靡有孑遗。'信斯言也,是周无遗民也。孝子之至,莫大乎尊亲;尊亲之至,莫大乎以天下养。为天子父,尊之至也;以天下养,养之至也。《诗》曰:'永言孝思,孝思维则。'此之谓也。《书》曰:'祗(zhī之)载见瞽瞍,夔(kuí魁)夔斋栗,瞽瞍亦允若。'是为父不得而子也。"

【注释】

①咸丘蒙:孟子弟子。
②《尧典》:《尚书》中的一篇。
③《云汉》:《诗经》中的一篇。

【译文】

咸丘蒙问道:"古语说:'道德高尚的人,君王不能把他看做臣子,父亲不能把他看做儿子。'舜面向南做了天子,尧统领诸侯向北面朝拜他,瞽瞍也向北面朝拜他。舜见到瞽瞍,表情不安。孔子说:'在这个时候,天下岌岌可危哪!'不知这话是真是假?"

孟子说"不是真的。这不是君子的话,而是齐东乡下人的话(尧活着时,舜没有做过天子)。实际上是尧年老了就叫舜代理天子的职位罢了。《尧典》里说:'二十八年之后,尧才去世,百官如同死了父母一般,三年当中,天下禁绝了一切音乐。'孔子说:'天上没有两个太阳,人民没有两个天子。'若是舜已经当了天子,又带领天下的诸侯为尧守了三年丧,这便是同时有两个天子了。"

咸丘蒙说:"舜不曾把尧看做臣子,我已听您教诲了。《诗经》上说:'普天之下,没有一处不是国王的领土;境域之内,没有一人不是国王的臣仆。'舜既然当了天子,请问瞽瞍如果不是臣子又怎么讲呢?"

孟子说:"这首诗,不是说的这件事;而是说诗人为王事操劳,以致不能奉养父母。他说,'这些都是王事,偏我一个人这样劳苦。'所以解说诗,不能拘泥字面而误解语句,也不能拘泥语句而误解作者本意。根据自己的心思去推测作者本意,这才算读懂了。如果根据语句就算了,那么《云汉》这首诗说:'周代剩余的百姓,没有一个残存。'相信这句话,就会以为周代没有遗民了。孝子最大的事情,没有超过尊敬父母的。尊敬父母最大的事情,没有超过用整个天下来奉养父母的。瞽瞍是天子的父亲,是最尊贵的;用整个天下奉养他,是最好的奉养。《诗经》上说:'永远讲究孝道,孝道就是法则。'说的就是这个意思。《尚书》中说:'舜恭敬地看望瞽瞍,态度谨慎敬畏,瞽瞍也就和顺了。'这大概就是所谓父亲不能把他看做儿子。"

【原文】

万章曰:"尧以天下与舜,有诸?"

孟子曰："否。天子不能以天下与人。"

"然则舜有天下也，孰与之？"

曰："天与之。"

"天与之者，谆谆然命之乎？"

曰："否。天不言，以行与事示之而已矣。"

曰："以行与事示之者如之何？"

曰："天子能荐人于天，不能使天与之天下；诸侯能荐人于天子，不能使天子与之诸侯；大夫能荐人于诸侯，不能使诸侯与之大夫。昔者尧荐舜于天而天受之，暴之于民而民受之，故曰，天不言，以行与事示之而已矣。"

曰："敢问荐之于天而天受之，暴之于民而民受之，如何？"

曰："使之主祭而百神享之，是天受之；使之主事而事治，百姓安之，是民受之也。天与之，人与之，故曰：天子不能以天下与人。舜相尧二十有八载，非人之所能为也，天也。尧崩，三年之丧毕，舜避尧之子于南河①之南。天下诸侯朝觐（jìn禁）者，不之尧之子而之舜；讼（sòng送）狱者，不之尧之子而之舜；讴（ōu欧）歌者，不讴歌尧之子而讴歌舜，故曰天也。夫然后之中国，践天子位焉。而居尧之宫，逼尧之子，是篡也，非天与也。《太誓》曰：'天视自我民视。天听自我民听'，此之谓也。"

【注释】

①南河：指黄河。因在尧都城的南面，故称南河。

【译文】

万章说："尧把天下交给了舜，有这回事吗？"

孟子说："没有。天子不能把天下交给人。"

万章说："那么舜拥有天下，是谁给他的呢？"

孟子说："天给他的。"

万章又问:"天给他的,是用言辞恳切叮嘱他的吗?"

孟子说:"不是。天不说话,只是用行为和事实向他表示出来罢了。"

万章说:"用行为与事实表示,是怎样的呢?"

孟子说:"天子能向天推荐人,但不能叫天把天下交给他;(正如)诸侯能向天子推荐人,但不能叫天子让他做诸侯;大夫能向诸侯推荐人,但不能叫诸侯让他做大夫。从前尧把舜推荐给天,天接受他了;公布给百姓,百姓接受了他。所以说,天不说话,只用行为和事实表示出来罢了。"

万章说:"请问把他推荐给天而天接受了他,把他公布给百姓而百姓接受了他,是怎么样的呢?"

孟子说:"让他主持祭祀,所有神灵都来享用,这就是天接受他了;让他主持政事,政事治理得好,百姓对他很满意,这就是百姓接受他了。天交给他,人交给他,所以说:天子不能把天下交给人。舜辅助尧一共二十八年,不是人的意志所能决定的,是天意。尧去世,三年丧事完毕之后,舜为避让尧的儿子到南河以南去了。天下诸侯朝见,不到尧的儿子那儿而到舜那儿;打官司的人,不到尧的儿子那儿而到舜那儿;歌功颂德的人,不歌颂尧的儿子而歌颂舜;所以说,这是天意。这样,舜才回到京城,登上了天子职位;如果占据了尧的宫室,逼走尧的儿子,那就是篡夺,不是天给他天子之位了。《太誓》中说:'天所看见的就来自于百姓所看见的,天所听见的就来自于百姓所听见的。'说的就是这个意思。"

【原文】

万章问曰:"人有言:'至于禹而德衰,不传于贤而传于子。'有诸?"

孟子曰:"否,不然也。天与贤,则与贤;天与子,则与子。昔者舜荐禹于天,十有七年,舜崩。三年之丧毕,禹避舜之子于阳城。天下之民从之,若尧崩之后不从尧之子而从舜也。禹荐益①于天,七年,禹崩。三年之丧毕,益避禹之子于箕

山之阴。朝觐讼狱者不之益而之启②，曰：'吾君之子也。'讴歌者不讴歌益而讴歌启，曰：'吾君之子也。'

"丹朱③之不肖，舜之子亦不肖。舜之相尧，禹之相舜也，历年多，施泽于民久。启贤，能敬承继禹之道。益之相禹也，历年少，施泽于民未久。舜、禹、益相去久远，其子之贤不肖，皆天也，非人之所能为也。莫之为而为者，天也；莫之致而至者，命也。

"匹夫而有天下者，德必若舜、禹，而又有天子荐之者，故仲尼不有天下。继世而有天下，天之所废，必若桀、纣者也，故益、伊尹、周公不有天下。伊尹相汤以王于天下，汤崩，太丁④未立，外丙⑤二年，仲壬⑥四年。太甲⑦颠覆汤之典刑，伊尹放之于桐⑧。三年，太甲悔过，自怨自艾（yì 义），于桐处仁迁义；三年，以听伊尹之训己也，复归于亳（bó 薄）⑨。周公之不有天下，犹益之于夏，伊尹之于殷也。孔子曰：'唐、虞禅，夏后、殷、周继，其义一也。'"

【注释】

①益：即伯益，为禹所重用，助禹治水有功，被选为继承人。
②启：禹之子。
③丹朱：尧之子。
④太丁：汤的长子。
⑤外丙：汤之子。
⑥仲壬：汤之子。
⑦太甲：太丁之子。
⑧桐：汤的陵墓所在地。
⑨亳：商朝都城，在今河南省内。

【译文】

万章问道："有人说：'到了禹的时候，道德就衰败了，不把天子位传给贤人却传给儿子。'有这事吗？"

孟子说:"没有,不是这么回事。天要把天子位传给贤人,就传给贤人;天要把天子位传给君王的儿子,就传给君王的儿子。从前舜把禹推荐给天,十七年后,舜去世。三年守丧完毕,禹到阳城去避让舜的儿子。天下的百姓追随他,就像尧死后他们不追随尧的儿子而追随舜一样。禹把益推荐给天,七年之后,禹去世。三年守丧完毕,益到箕山北面避让禹的儿子。朝见、打官司的人不到益那儿却跑到启那儿,说:'他是我们君王的儿子。'歌功颂德的人不歌颂益却歌颂启,说:'他是我们君王的儿子。'

"尧的儿子丹朱不贤能,舜的儿子也不贤能。舜辅佐尧,禹辅佐舜,经历的年份多,给百姓施恩惠的时间长。启很贤明,能虔诚地继承禹的传统。益辅佐禹,经历的年份少,给百姓施恩惠的时间短。舜、禹、益三人相距时间的长与不长,他们的儿子贤与不贤,都是天安排的,不是人所能决定的。没有谁去做却自然做到了,是天意;没有谁去招请却自然来到了,是命运。

"一个平民百姓却拥有天下,一定有像舜和禹一样的道德,而且还要有天子的推荐,所以孔子就没能拥有天下。世袭拥有天下,天要废弃他们,一定是像桀、纣那样残暴,所以益、伊尹、周公(由于没有碰上桀、纣那样该废弃的暴君)也没能拥有天下。伊尹辅佐汤征服了天下。汤死后,太丁还没有被立为天子就死了,外丙当了两年天子,仲壬当了四年天子。太甲即位之后破坏了汤的法典,伊尹就把他放逐到桐去。三年后,太甲悔过了。他懊恨自己的错误,自己加以改正,在桐那地方讲求仁义;又过了三年,因为完全听取了伊尹对他的训导,就重新回到亳都当天子。周公没能拥有天下,犹如益在夏朝、伊尹在商朝没能拥有天下一样。孔子说:'唐尧、虞舜实行禅让制,夏、商、周三代实行世袭制,其中道理都是一样的。'"

【原文】

万章问曰:"人有言:'伊尹以割烹要汤。'有诸?"

孟子曰:"否,不然。伊尹耕于有莘(shēn 身)①之野,而乐尧舜之道焉。非其义也,非其道也,禄之以天下,弗顾也;系马千驷,弗视也。非其义也,非其道也,一介(同"芥")不以与人,一介不以取诸人。汤使人以币聘之,嚣(áo熬)嚣然曰:'我何以汤之聘币为哉?我岂若处畎亩之中,由是以乐尧舜之道哉?'汤三使往聘之,既而幡(fān翻)然改曰:'与我处畎亩之中,由是以乐尧舜之道,吾岂若使是君为尧舜之君哉?吾岂若使是民为尧舜之民哉?吾岂若于吾身亲见之哉?天之生此民也,使先知觉后知,使先觉觉后觉也。予,天民之先觉者也;予将以斯道觉斯民也。非予觉之,而谁也?'思天下之民匹夫匹妇有不被尧舜之泽者,若己推而内(同"纳")之沟中。其自任以天下之重如此,故就汤而说(shuì税)之以伐夏救民。

"吾未闻枉己而正人者也,况辱己以正天下者乎?圣人之行不同也,或远或近,或去或不去,归洁其身而已矣。吾闻其以尧舜之道要汤,未闻以割烹也。《伊训》②曰:'天诛造攻自牧宫③,朕载自亳。'"

【注释】

①有莘:古国名。
②《伊训》:《尚书》篇名,文中载伊尹的训辞。
③牧宫:夏桀的宫室名,文中代指夏桀。

【译文】

万章问道:"有人说:'伊尹通过当厨子切肉做菜以求得汤的赏识',有这回事吗?"

孟子说:"没有,不是这么回事。伊尹在有莘国的田野上耕作,而喜好尧舜之道。如果不合道义,即使把天下给他当俸禄,他也不屑一顾;即使拴着四千匹马,他也不看一眼。如果不合道义,即使最小的东西也不给别人,即使最小的东西也不要别人的。汤派人带着礼品去聘请他,他却毫不在乎地说:'我要汤的聘礼干什么?哪里比得上我这样处在田野间,因此能以尧舜之道为乐呢?'汤多次派人再去聘请他,他终于完全改变了主意,说:'我与其处在田野间,因此以尧舜之道自得其乐,何不促使这个君王成为尧舜一样的君王呢?何不使这里的百姓成为尧舜时代一样的百姓呢?何不让我亲眼看到尧舜盛世再现呢?天创造人类,让先认识事物的人唤醒后认识事物的人,让先认清事理的人唤醒后认清事理的人。我,是上天创造的人当中先认清事理的人;我要用这尧舜之道唤醒现在的百姓。我不唤醒他们,还有谁呢?'伊尹心想,天下的人民,只要有一个男人或者一个女人没有受到像尧舜所施的恩惠,就好比是自己把他们推进深沟里去一样。他就这样把天下的重担挑在自己的肩上,所以到汤那里劝说汤攻伐夏桀来解救百姓。

"我没有听说过自己不正直却能矫正别人的,更不用说屈辱自己来使天下走正道了。圣人的举动本是不相同的,有的疏远君王,有的接近君王,有的离开君王,有的不离开君王,总之是要使自身清清白白罢了。我只听说过伊尹用尧舜之道要求汤,却没有听说通过切肉做菜来求得赏识。《伊训》中说:上天讨伐夏桀,开始是来自夏桀自身,我只是从亳都开始谋划。'"

【原文】

万章问曰:"或谓孔子于卫主痈疽(jū居)①,于齐主侍人瘠(jí即)环②,有诸乎?"

孟子曰:"否,不然也。好事者为之也。于卫主颜雠由③。弥子④之妻与子路之妻,兄弟也。弥子谓子路曰:'孔子主我,卫卿可得也。'子路以告。孔子曰:'有命。'孔子进以礼,退以义,得之不得曰'有命'。而主痈疽与侍人瘠环,是无义无命也。孔子不悦于鲁、卫,遭宋桓司马⑤将要而杀之,微服而过宋。是时孔子当厄(è饿),主司城贞子⑥,为陈侯周⑦臣,吾闻观近臣,以其所为主;观远臣,以其所主。若孔子主痈疽与侍人瘠环,何以为孔子?"

【注释】

①痈疽：人名，即雍渠，卫灵公宠信的宦官（后世叫太监）。古人把与宦官的交往看做是丑事。
②瘠环：人名，齐国宦官。
③颜雠由：卫国贤大夫。
④弥子：卫灵公的宠臣弥子瑕。
⑤桓司马：宋国大夫桓魋（tuí 颓），司马是官名。
⑥司城贞子：陈国贤大夫。
⑦陈侯周：陈国之侯，名周。

【译文】

万章问道："有人说孔子在卫国时住在痈疽家，在齐国时住在太监瘠环家，有这回事吗？"

孟子说："没有，不是这么回事。那是喜欢生事的人造的谣。在卫国时，是住在颜雠由家。弥子的妻子与子路的妻子是姐妹。弥子对子路说：'孔子如果住在我家，就可以得到卫国卿相的地位。'子路把这话告诉了孔子，孔子说：'命运决定一切。'孔子依礼规进，据道义退，能不能得到官位都说是命运决定一切。如果他住在痈疽或宦官瘠环的家里，那就既不讲道义，也不顾命运了。孔子不乐意在鲁国和卫国待下去，又碰到宋国的桓司马打算拦截杀害他，只好乔装打扮经过宋国。这时孔子的命运正处在困境中，就住在司城贞子家，当陈侯周的臣子。我听说，观察朝廷近臣，要根据他所接待的客人；观察外来远臣，要根据他所寄居的主人。如果孔子把痈疽和宦官瘠环作为主人，怎么能做孔子呢？"

【原文】

万章问曰："或曰：'百里奚①自鬻（yù 育）于秦养牲者，五羊之皮，食牛，以要秦穆公②。'信乎？"

孟子说："否，不然。好事者为之也。百里奚，虞③人也。晋人以垂棘④之璧与屈⑤产之乘，假道于虞以伐虢（guó 国）⑥。

宫之奇⁷谏，百里奚不谏。知虞公之不可谏而去，之秦，年已七十矣，曾不知以食牛干秦穆公之为汙（污）也，可谓智乎？不可谏而不谏，可谓不智乎？知虞公之将亡而先去之，不可谓不智也。时举于秦，知穆公之可与有行也而相之，可谓不智乎？相秦而显其君于天下，可传于后世，不贤而能之乎？自鬻以成其君，乡党自好者不为，而谓贤者为之乎？"

【注释】

①百里奚：原为虞国之臣，后为秦国大夫。
②秦穆公：春秋时秦国国君。
③虞：春秋时的一个国家，为晋所灭。
④垂棘：晋国地名，今已无法稽考。
⑤屈：地名，不详所在。
⑥虢：春秋时一个小国。
⑦宫之奇：虞国大夫。

【译文】

万章问道："有人说：'百里奚以五张羊皮的代价把自己卖给秦国养牲口的人，替他做养牛的活儿，以便向秦穆公要求当官。'这话当真？"

孟子说："不，不是这么回事儿。这是喜欢生事的人捏造的。百里奚，是虞国人。晋国人用垂棘产的璧玉和屈地产的名马为代价，向虞国借路去攻打虢国。宫之奇劝谏虞国国君，百里奚却不劝谏。他知道虞公不可劝谏就离去了，到了秦国，年纪已经七十了，居然不明白以养牛人身份向秦穆公求取禄位是耻辱的，这能说是聪明吗？但他预知不可劝谏就不谏，这能说是不聪明吗？知道虞公将要灭亡就自己先离开了他，这又不能说是不聪明？当他在秦国被举用时，知道穆公可以跟他有作为就辅佐他，这能说是不聪明吗？辅佐秦国结果使他的国君闻名天下，可以传到后世，不贤能的话能办到这事儿吗？卖掉自己来成全他的君王，洁身自爱的一般乡里人也不会干这蠢事，难道说贤能的人会干这事吗？"

万 章（下）

【原文】

孟子曰："伯夷，目不视恶色，耳不听恶声。非其君不事，非其民不使。治则进，乱则退。横政之所出，横民之所止，不忍居也。思与乡人处，如以朝衣朝冠坐于涂炭也。当纣之时，居北海之滨，以待天下之清也。故闻伯夷之风者，顽夫廉，懦夫有立志。

"伊尹曰：'何事非君？何使非民？'治亦进，乱亦进。曰：'天之生斯民也，使先知觉后知，使先觉觉后觉。予，天民之先觉者也；予将以此道觉此民也。'思天下之民匹夫匹妇有不与被尧舜之泽者，如己推而内之沟中，其自任以天下之重也。

"柳下惠，不羞汙君，不辞小官。进不隐贤，必以其道；遗佚而不怨，厄穷而不悯。与乡人处，由由然不忍去也。'尔为尔，我为我，虽袒裼裸裎于我侧，尔焉能浼我哉？'故闻柳下惠之风者，鄙夫宽，薄夫敦。

"孔子之去齐，接淅（xī 西）而行；去鲁，曰：'迟迟吾行也。去父母国之道也。'可以速而速，可以久而久，可以处而处，可以仕而仕，孔子也。"

孟子曰："伯夷，圣之清者也；伊尹，圣之任者也；柳下惠，圣之和者也；孔子，圣之时者也。孔子之谓集大成。集大成者，金声而玉振之也。金声也者，始条理也；玉振之也者，终条理也。始条理者，智之事也；终条理者，圣之事也。智，譬则巧也；圣，譬则力也。由射于百步之外也，其至，尔力也；其中，非尔力也。"

【译文】

孟子说:"伯夷,眼睛不看邪恶的颜色,耳朵不听邪恶的声音。不是自己认可的君王不服事,不是自己认可的百姓不使唤。天下太平就当官,天下混乱就隐退。施行暴政的国家,住有蛮民的地方,他都不忍心去居住。他认为,与乡俗的人打交道,就好比穿戴着上朝用的衣帽坐在污浊的烂泥和炭灰上一样。在纣的时候,他住在北海海滨,等待天下的清明。所以听到伯夷风节的人,贪婪的人也会变得廉洁起来,懦弱的人也会产生自立的志向。

"伊尹说:'哪一个君王不可服事?哪一个百姓不可使唤?'他天下太平时当官,混乱时也当官。他说:'上天降生这些百姓,让先认识事物的人唤醒后认识事物的人,让先认清事理的人唤醒后认清事理的人。我,是上天创造的人当中先认清事理的人,我将要用尧舜之道唤醒这些百姓。'他心想,天下的人民中只要有一个男人或一个女人没有受到像尧舜所施予的恩惠,就好比是自己把他们推进深沟里去一样,他就是这样把天下的重担挑在自己的肩上。

"柳下惠,不因为服事做坏事的国君而觉得羞耻,也不因为职务低微而感到卑贱。被举荐当了官,不隐藏自己的才干,但一定按自己的原则办事;不能被举荐当官也不怨恨,处境困苦也不忧愁。与乡俗的人相处,怡然自得以至舍不得离开。他说'你是你,我是我,即使你在我身边赤身裸体,但哪能就玷污了我呢?'所以听到柳下惠风节的人,心地狭隘的人也变得宽广起来,浅薄的人也变得敦厚起来。

"孔子离开齐国,等不及煮饭,带了淘过的米就走;离开鲁国,却说:'我们慢慢走吧,这是离开祖国的态度。'可以马上走就马上走,可以长久干就长久干,可以不当官就不当官,可以当官就当官,这就是孔子。"

孟子又说:"伯夷是圣人中清高的人,伊尹是圣人中负责的人,柳下惠是圣人中随和的人,孔子是圣人中识时务的人。孔子叫做集大成。所谓集大成,犹如奏乐最先撞钟而最后敲击玉磬收尾。钟声,就是旋律条理的开始;磬声,就是旋律条理的终结。条理的开始，靠智在起作用；终结条理，得靠圣起作用。智，好比技巧；圣，好比力量。犹如在百步之外射箭，射到，是你的力量；射中，就不是你的力量。"

【原文】

北宫锜（qí 奇）①问曰："周室班爵禄也，如之何？"

孟子曰："其详不可得闻也，诸侯恶其害己也。而皆去其籍；然而轲也尝闻其略也。天子一位，公一位，侯一位，伯一位，子、男同一位，凡五等也。君一位，卿一位，大夫一位，上士一位，中士一位，下士一位，凡六等。天子之制，地方千里，公侯皆方百里，伯七十里，子、男五十里，凡四等。不能五十里，不达于天子，附于诸侯，曰附庸。天子之卿受地视侯，大夫受地视伯，元士受地视子、男。大国地方百里，君十卿禄，卿禄四大夫，大夫倍上士，上士倍中士，中士倍下士，下士与庶人在官者同禄，禄足以代其耕也。次国地方七十里，君十卿禄，卿禄三大夫，大夫倍上士，上士倍中士，中士倍下士，下士与庶人在官者同禄，禄足以代其耕也。小国地方五十里，君十卿禄，卿禄二大夫，大夫倍上士，上士倍中士，中士倍下士，下士与庶人在官者同禄，禄足以代其耕也。耕者之所获，一夫百亩。百亩之粪，上农夫食九人，上次食八人，中食七人，中次食六人，下食五人。庶人在官者，其禄以是为差。"

【注释】

①北宫锜：卫国人，姓北宫，名锜。

【译文】

北宫锜问道："周朝规定的官爵和俸禄等级制度是怎样的呢？"

孟子说："详细的情况已不可能了解了，诸侯怕这些制度对自己有坏处，就都把这些文献毁去了；但是我也曾听说过大略的情况。天子一级，公一级，侯一级，伯一级，子、男同一级，共分五个等级。君一级，卿一级，大夫一级，上士一级，中士一级，下士一级，共分六个等级。天子的领地，方圆千里；公、侯都是方圆百里，伯七十里，子、男五十里，共分四个等级。领地不够五十里的，不直接与天子联系，附属于诸侯，叫做附庸。天子的卿相授给领地比照侯，大夫授给领地比照伯，元士授领地比照子、男。大国领地方圆百里，国君的俸禄十倍于卿，卿的俸禄四倍于大夫，大夫是上士的一倍，上士是中士的一倍，中士是下士的一倍，下士与在官府当差的百姓相同，所得的俸禄要足够抵过他们耕种收入。次一等的国家领地方圆七十里，国君的俸禄是卿的十倍，卿的俸禄亦是大夫的三倍，大夫是上士的一倍，上士是中士的一倍，中士是下士的一倍，下士与在官府当差的百姓相同，俸禄要足够抵过他们耕种收入。小国的领地方圆五十里，国君的俸禄是卿的十倍，卿的俸禄是大夫的一倍，大夫是上士的一倍，上士是中士的一倍，中士是下士的一倍，下士与在官府当差的百姓相同，俸禄要足够抵过他们耕种收入。耕种的人所分到的田地，每个男子一百亩。百亩田地施肥耕种，上等农夫可养活九人，次一等的养活八人，中等的养活七人，再次的养活六人，下等的养活五人。百姓在官府当差的，他们的俸禄以这五个等级为比照。"

【原文】

万章问曰："敢问友。"

孟子曰："不挟长，不挟贵，不挟兄弟而友。友也者，友其德也，不可以有挟也。孟献子①，百乘之家也，有友五人焉：乐正裘②，牧仲③，其三人，则予忘之矣。献子之与此五人者友也，无献子之家者也。此五人者，亦有献子之家，则不与之友矣。

"非惟百乘之家为然也，虽小国之君亦有之。费（bì必）惠公④曰：'吾于子思，则师之矣；吾于颜般⑤，则友之矣；王顺⑥、长息则事我者也。'

"非惟小国之君为然也,虽大国之君亦有之。晋平公⑦于亥唐⑧也,入云则入,坐云则坐,食云则食。虽疏食菜羹,未尝不饱,盖不敢不饱也。然终于此而已矣。弗与共天位也,弗与治天职也,弗与食天禄也,士之尊贤者也,非王公尊贤也。

"舜尚见帝,帝馆甥于贰室,亦飨舜,迭为宾主,是天子而友匹夫也。用下敬上,谓之贵贵;用上敬下,谓之尊贤。贵贵、尊贤,其义一也。"

【注释】

① 孟献子:鲁国大夫。
② 乐正裘:当时士人。
③ 牧仲:当时士人。
④ 费惠公:春秋时小国费国国君。
⑤ 颜般:当时士人,又作颜敢。
⑥ 王顺:当时人,又作王慎。
⑦ 晋平公:春秋晋国之君。
⑧ 亥唐:晋国隐居的贤人。

【译文】

万章问道:"请问结交朋友的原则。"

孟子说:"交朋友不能倚仗自己年长,不能倚仗身分尊贵,也不能倚仗兄弟的势力。交朋友,就是为对方的道德而交,不可以有什么倚仗。孟献子,是个拥有百辆兵车的大夫,他有朋友五人:乐正裘,牧仲,其他三人,我已忘记了。孟献子与这五个人交朋友,心里并没有想着自己是大夫。这五个人,如果想着献子是个大夫,也就不跟他交朋友了。

"不仅拥有百辆兵车的大夫这样交友,即使小国的国君亦有这样交朋友的。费惠公说:'我对子思,把他当老师;我对颜般,把他当朋友;至于王顺和长息呢,就是服事我的人了。'

"不仅小国的国君这样交友,即使大国的国君也有这样交朋友的。晋平公对亥唐，亥唐说进就进，说坐就坐，说吃就吃，即使粗茶淡饭，也吃得很饱，因为不敢不吃饱。但是也就只做到这一点罢了。晋平公不跟他共居官位，不跟他共理政事，不跟他共享俸禄。这是士人尊重贤者，而不是王公尊重贤者所应持的态度。

"舜曾有一次去见尧，尧让这位女婿住在副宫里，还请舜吃饭，平时轮流当主人宾客，这是作为天子而与平民百姓交朋友。以下敬上，叫作尊敬高贵的人；以上敬下，叫做尊敬贤能的人。尊敬贵人和尊敬贤人，道理都是一样的。"

【原文】

万章曰："敢问交际何心也？"

孟子曰："恭也。"

曰："'却之却之为不恭'，何哉？"

曰："尊者赐之，曰：'其所取之者义乎不义乎？'而后受之，以是为不恭，故弗却字也。"

曰："请无以辞却之，以心却之，曰：'其取诸民之不义也'，而以他辞无受，不可乎？"

曰："其交也以道，其接也以礼，斯孔子受之矣。"

万章曰："今有御人于国门之外者，其交也以道，其馈也以礼，斯可受御与？"

曰："不可。《康诰》①曰：'杀越人于货，闵不畏死，凡民罔不譈（duì 对）。'是不待教而诛者也，殷受夏，周受殷，所不辞也。于今为烈，如之何其受之？"

曰："今之诸侯取之于民也，犹御也。苟善其礼际矣，斯君子受之，敢问何说也？"

曰："子以为有王者作，将比今之诸侯而诛之乎？其教之不改而后诛之乎？夫谓非其有而取之者盗也，充类至义之尽也。孔子之仕于鲁也，鲁人猎较（jué 角）②，孔子亦猎较。猎较犹可，而况受其赐乎？"

曰:"然则孔子之仕也,非事道与?"

曰:"事道也。"

"事道奚猎较也?"

曰:"孔子先簿正祭器,不以四方之食供簿正。"

曰:奚不去也?"

曰:"为之兆也。兆足以行矣,而不行,而后去,是以未尝有所终三年淹也。孔子有见行可之仕,有际可之仕,有公养之仕。于季桓子③,见行可之仕也;于卫灵公,际可之仕也;于卫孝公,公养之仕也。"

【注释】

①《康诰》:《尚书》篇名。

②猎较:古代风俗,打猎时争夺猎物,以所得用于祭祀。下文的"簿正祭器",是指用文书规定祭器的数目,不用四方难以为继的物品来充当祭品,这样来废止"猎较"的陋习。

③季桓子:即鲁大夫季孙斯。

【译文】

万章问道:"请问用什么样的心意进行交际?"

孟子说:"恭敬。"

万章说:"'一再拒绝人家的礼物,是不恭敬的'为什么要这样说呢?"

孟子说:"尊贵者送来东西,心里想,'他取得这东西,是合乎义的呢,还是不义的?'然后才接受,这样就是不恭敬的,所以不推却。"

万章说:"我想如果不用言辞推却,而在心里拒绝,心里说:'他这东西是从百姓那里拿来的不义之财,'却用其他借口推却不接受,不行吗?"

孟子说:"他按规矩与我交往,依礼节与我接触,这样的话,孔子也会接受礼物了。"

万章说:"如果有一个在国都城郊拦路抢劫的人,他按规矩同我交往,依礼节送给我东西,这样也可以接受他抢来的东西吗?"

孟子说:"不可以。《康诰》中说:'杀人抢东西,强横不怕死,百姓没有不痛恨的。'这种人是用不着等到教育就可以诛杀的。殷商继承了夏朝的这种法律,周朝继承了殷商的这种法律,每个朝代都没有变更。在今天,抢劫杀人之事更为厉害,怎么能接受这种人送的东西呢?"

万章说:"现在的诸侯搜刮百姓,犹如拦路抢劫。如果他们很有礼节地把东西送给别人,这样君子也会接受,请问这怎么解释?"

孟子说:"你认为如果有圣王兴起,会把今天这些诸侯同等看待全都诛杀呢?还是先教育他们,如不悔改再杀?把本来不是归自己所有却取为己有说成抢劫,这不过是比照同类事物提到最高原则上来说的。孔子在鲁国当官时,鲁国人争夺猎物,孔子也争夺猎物。争夺猎物都可以,何况接受诸侯们的礼物呢?"

万章说:"那么孔子当官,不是为了推行自己的政治主张吗?"

孟子说:"是为了推行自己的政治主张。"

万章说:"推行自己的政治主张为什么要争夺猎物呢?"

孟子说:"孔子先用文书规定祭物数量,不用各处的食物充当规定好的祭物(这样来逐步改变为了祭祀争夺猎物的旧风俗)。"

万章说:"孔子为什么不辞官离去呢?"

孟子说:"他是为了推行主张作一尝试。尝试的结果证明他能够推行,而国君却不肯推行,这样才辞官离去,所以不曾在一个国家整整停留过三年。孔子当官,有因为可以推行政治主张的,有因为国君以礼相待的,有因为国君供养贤人的。对季桓子,是因为可以推行政治主张;对卫灵公,是因为以礼相待,对卫孝公,是因为供养贤人。"

【原文】

孟子曰:"仕非为贫也,而有时乎为贫;娶妻非为养也,而有时乎为养。为贫者,辞尊居卑,辞富居贫。辞尊居卑,辞富居贫，恶乎宜乎？抱关击柝（tuò拓）。孔子尝为委吏矣，曰：'会计当而已矣。'尝为乘田矣，曰：'牛羊茁壮长而已矣。'位卑而言高，罪也；立乎人之本朝，而道不行，耻也。"

【译文】

孟子说："做官不是因为贫困，但有时也因为贫困；娶妻不是为了侍养父母，但有时也是为了侍养父母。因为贫困做官，应当不做大官做小官，不要高薪要低薪。不做大官做小官，不要高薪要低薪，担任什么职务才合适呢？当守门打更的小官就行。孔子曾当过管仓库的小官，他说：'收支帐目清楚罢了。'也曾当过管牲畜的小官，说：'牛羊茁壮长大罢了。'官位低却大发高论，是罪过；在人家的朝廷上当大官，却不能推行正确的政治主张，这是耻辱。"

【原文】

万章曰："士之不托诸侯，何也？"

孟子曰："不敢也。诸侯失国，而后托于诸侯，礼也；士之托于诸侯，非礼也。"

万章曰："君馈之粟，则受之乎？"

曰："受之。"

"受之何义也？"

曰："君之于氓（méng萌）也，固周之。"

曰："周之则受，赐之则不受，何也？"

曰："不敢也。"

曰："敢问其不敢何也？"

曰："抱关击柝者，皆有常职以食于上。无常职而赐于上者，以为不恭也。"

曰："君馈之，则受之，不识可常继乎？"

曰："缪公①之于子思也，亟问，亟馈鼎肉。子思不悦。于卒也，摽（biāo标）使者出诸大门之外，北面稽首再拜而不受，曰：'今而后知君之犬马畜伋。'盖自是台无馈也。悦贤不能举，又不能养也，可谓悦贤乎？"

曰："敢问国君欲养君子，如何斯可谓养矣？"

曰："以君命将之，再拜稽首而受。其后廪人继粟，庖人继肉，不以君命将之。子思以为鼎肉，使己仆仆尔亟拜也，非养君子之道也。尧之于舜也，使其子九男事之，二女女焉，百官牛羊仓廪备，以养舜于畎亩之中，后举而加诸上位。故曰：王公之尊贤者也。"

【注释】

①缪公：指鲁缪（穆）公。

【译文】

万章说："士人不肯做诸侯的门客，是为什么？"

孟子说："是不敢。失国的诸侯寄居在别的诸侯处，是符合礼规的；士人做诸侯的门客，不合礼规。"

万章说："国君送给他粮食，接受吗？"

孟子说："接受。"

"接受是出于什么道理呢？"

孟子说："国君对于别国来的民众，本来就可以周济。"

万章说："周济他就接受，赏赐他就不接受，为什么呢？"

孟子说："是因为不敢。"

万章说："请问为什么不敢？"

孟子说："守门打更的人，都有一定的职责，因此接受上面的俸禄。没有一定的职责却受上面的赏赐，人们认为是不恭敬的。"

万章说："国君送给他东西，就能接受，不知是否可以经常这样做？"

孟子说："鲁穆公对于子思，经常问候，经常送给肉食。子思不高兴。最后，子思挥了挥手把派来的人赶出大门外，向着北面又是磕头又是作揖不肯接受，说：'从今以后我才知道国君把我孔伋当成犬马一样来养。'大约从这时开始鲁君就不再送东西给子思了。欢迎贤人却不能任用，又不能供养，能说是欢迎贤人吗？"

万章说："请问国君想要供养君子，怎样才能叫做供养？"

孟子说："要以国君命令的形式送给他，他作揖磕头才接受。这以后，管粮库的官不断送粮食，管膳食的官不断送肉食，都不以国君命令的形式。子思认为为了肉食，让自己捣蒜似的屡屡打躬作揖，不是供养君子的态度。尧对于舜，派自己的九个儿子服事舜，把自己的两个女儿嫁给她，百官、牛羊、仓库全都给他备齐，用来供养在田野中的舜，后来又任用他，让他当大官。所以说：这是王公尊敬贤人的典范。"

【原文】

万章曰："敢问不见诸侯，何义也？"

孟子曰："在国曰市井之臣，在野曰草莽之臣，皆谓庶人。庶人不传质（同"贽"）为臣，不敢见于诸侯，礼也。"

万章曰："庶人，召之役，则往役；君欲见之，召之，则不往见之，何也？"

曰："往役，义也；往见，不义也。且君之欲见之也，何为也哉？"

曰："为其多闻也，为其贤也。"

曰："为其多闻也，则天子不召师，而况诸侯乎？为其贤也，则吾未闻欲见贤而召之也。缪公亟见于子思，曰：'古千乘之国以友士，何如？'子思不悦，曰：'古之人有言曰，事之云乎，岂曰友之云乎？'子思之不悦也，岂不曰：'以位，则子，君也；我，臣也，何敢与君友也？以德则子事我者也，奚可以与我友？'千乘之君求与之友而不可得也，而况可召与？

"齐景公田，招虞人以旌，不至，将杀之。志士不忘在沟壑，勇士不忘丧其元。孔子奚取焉？取非其招不往也。"

曰："敢问招虞人何以？"

曰："以皮冠。庶人以旃（zhān沾），士以旂，大夫以旌。

以大夫之招招虞人，虞人死不敢往；以士之招招庶人，庶人岂敢往哉？况乎以不贤人之招招贤人乎？欲见贤人而不以其道，犹欲其入而闭之门也。夫义，路也；礼，门也。惟君子能由是路，出入是门也。《诗》云：'周道如底，其直如矢；君子所履，小人所视。'"

万章曰："孔子，君命召，不俟驾而行；然则孔子非与？"

曰："孔子当仕有官职，而以其官召之也。"

【译文】

万章说："请问士人不肯去见诸侯，是什么道理？"

孟子说："没有职位的士人在都城的叫做市井之臣，在乡村的叫做草芥之臣，都叫做百姓。百姓不曾送见面礼而成为臣属，不敢去见诸侯，这是礼规。"

万章说："作为百姓，召唤他当差服役，就去当差服役；国君要见他，召唤他，却不去谒见国君，是为什么？"

孟子说："去服役，是义务；去谒见，不是义务。而且国君想见他，是因为什么呢？"

万章说："因为他博闻多见，因为他贤能。"

孟子说："如果因为他博闻多见，（就该拜他为师）那么连天子也不能召见老师，何况诸侯呢？如果因为他贤能，那么我没有听说过想同贤人会面却去召见他的。鲁穆公屡次去见子思，说：'古时候拥有千辆兵车的国君与士人交朋友，是怎样的呢？'子思不高兴，说：'古人有句话，说的是拜士人为师服事他，哪里说与士人交朋友呢？'子思不高兴的意思，难道不是说：'论职位，那么您是国君，我是臣子。我怎么敢与国君交朋友呢？论德行，那么就是您服事我了，怎么可以与我交朋友呢？'拥有千辆兵车的大国国君要求与他交朋友尚且不行，何况召见呢？齐景公打猎，用旌旗召见园林主管，主管不去，齐景公要杀他。有志气的人随时准备弃尸山沟，有勇气的人随时准备掉脑袋。孔子这样赞扬主管取他哪一点呢？就是取他在不合礼规的召唤下拒不应召这一点。"

万章说:"请问该用什么来召唤园林主管呢?"

孟子说:"用皮帽子。召唤百姓用红色赤柄的旗,召唤士用画龙系铃的旗,召唤大夫用饰有五彩羽毛的旗。用召唤大夫的旗子招园林主管,主管死也不敢去;以召唤士人的旗子召唤百姓,百姓难道敢去吗?何况用召唤不贤之人的礼节召唤贤人呢?想见贤人却不按规矩,犹如要他进来却把他关在门外。义,是路;礼,是门。只有君子能够沿着这条路走,从这道门进出。《诗经》上说:'大路平如磨刀石,大路笔直像箭杆,君子在这路上走,小人注视这条路。'"

万章说:"孔子,如果国君下令召见,连马车都等不及套好就走。那么孔子做得不对吗?"

孟子说:"孔子当时在做官,有职务,国君是按他担任的官职召见他。"

【原文】

孟子谓万章曰:"一乡之善士,斯友一乡之善士;一国之善士,斯友一国之善士;天下之善士,斯友天下之善士。以友天下之善士为未足,又尚论古之人。颂其诗,读其书,不知其人,可乎?是以论其世也。是尚友也。"

【译文】

孟子对万章说:"一个乡里品德高尚的人,就与另一个乡里品德高尚的人交朋友;一个国家品德高尚的人,就与另一个国家品德高尚的人交朋友;天下品德高尚的人,就与天下品德高尚的人交朋友。认为与天下品德高尚的人交朋友还不够,就又追溯讨论古人。吟诵古人的诗歌,研究古人的著作,不了解他们的为人,行吗?所以还要讨论他们所处的时代。这是上溯历史与古人交朋友。"

【原文】

齐宣王问卿。孟子曰:"王何卿之问也?"

王曰:"卿不同乎?"

曰:"不同。有贵戚之卿,有异姓之卿。"
王曰:"请问贵戚之卿。"
曰:"君有大过则谏,反复之而不听,则易位。"
王勃然变乎色。
曰:"王勿异也。王问臣,臣不敢不以正对。"
王色定,然后请问异姓之卿。
曰:"君有过则谏,反复之而不听,则去。"

【译文】

齐宣王问卿的职责。孟子说"大王问什么样的卿?"

宣王说:"卿不一样吗?"

孟子说:"不一样。有和王室同宗的卿,有和王室异姓的卿。"

宣王说:"就请问与王室同宗的卿吧。"

孟子说:"国君如果有重大过失,他就要劝谏,反复劝多次不听取,就把国君废掉,另立一位。"

宣王一下子变了脸色。

孟子说:"大王不要惊怪。您问我,我不敢不用老实话回答。"

宣王脸色平和下来,然后又问异姓的卿。

孟子说:"国君一有过失就劝谏,反复劝多次不听取,就辞职离开。"

告　子（上）

【原文】

告子曰："性，犹杞（qǐ起）柳①也；义，犹杯棬（quān圈）②也。以人性为仁义，犹以杞柳为杯棬。"

孟子曰："子能顺杞柳之性而以为杯棬乎？将戕（qiāng枪）贼杞柳而后以为杯棬也？如将贼杞柳而以为杯棬，则亦将戕贼人以为仁义与？率天下之人而祸仁义者，必子之言夫！"

【注释】

①杞柳：木名，枝条可编制筐篮。
②杯棬：器名。先用枝条编成杯盘形，再以漆加工制作成杯盘。

【译文】

告子说："人性，犹如杞柳；仁义，犹如杯盘。把人性改造为仁义，犹如把杞柳制作成杯盘。"

孟子说："你是顺着杞柳的本性来把它制作成杯盘呢？还是要伤害杞柳的本性再把它制作成杯盘呢？如果要伤害杞柳的本性才能把它制作成杯盘，那么也要伤害人的本性才能改造为仁义吗？率领天下的人来危害仁义的，一定就是你的这种论调。"

【原文】

告子曰："性犹湍（tuán团）水也，决诸东方则东流，决诸西方则西流。人性之无分于善不善也，犹水之无分于东西也。"

孟子曰："水信无分于东西，无分于上下乎？人性之善也，犹水之就下也。人无有不善，水无有不下。今夫水，搏而跃之，可使过颡（sǎng嗓）；激而行之，可使在山。是岂水之性哉？其势则然也。人之可使为不善，其性亦犹是也。"

【译文】

告子说："人性犹如急流的水，在东面开个缺口就向东流，在西边开个缺口就向西流。人性没有善与不善的分别，犹如水没有东与西的分别。"

孟子说："水的确没有东与西的分别。但是没有上下的分别吗？人性的善良，犹如水向低处流。人没有不善良的，水没有不向下流的。当然如果拍水使它溅起来，可以高过额头；阻遏水势使它倒流，可以引到山上。这哪里是水的本性呢？是形势造成这样的。人可以使他做不善的事，他的本性的变化也像这水一样。"

【原文】

告子曰："生之谓性。"

孟子曰："生之谓性也，犹白之谓白与？"

曰："然。"

"白羽之白也，犹白雪之白；白雪之白，犹白玉之白与？"

曰："然。"

"然则犬之性，犹牛之性；牛之性，犹人之性与？"

【译文】

告子说："天生的就叫做本性。"

孟子说："天生的就叫做本性，犹如所有的白色都叫做白吗？"

告子说："是的。"

"白羽毛的白，犹如白雪的白，白雪的白，犹如白玉的白吗？"

告子说："是的。"

"那么狗的本性，犹如牛的本性，牛的本性，犹如人的本性吗？"

【原文】

告子曰："食色，性也。仁，内也，非外也；义，外也，非内也。"

孟子曰："何以谓仁内义外也？"

曰："彼长而我长之，非有长于我也；犹彼白而我白之，从其白于外也，故谓之外也。"

曰："异于白马之白也，无以异于白人之白也；不识长马之长也，无以异于长人之长与？且谓长者义乎？长之者义乎？"

曰："吾弟则爱之，秦人之弟则不爱也，是以我为悦者也，故谓之内。长楚人之长，亦长吾之长，是以长为悦者也，故谓之外也。"

曰："耆（同"嗜"）秦人之炙（zhì 志），无以异于耆吾炙。夫物则亦有然者也，然则耆炙亦有外与？"

【译文】

告子说："饮食男女，是本性。仁，是内在的东西，不是外在的东西；义，是外在的东西，不是内在的东西。"

孟子说："凭什么说仁是内在的东西，义是外在的东西呢？"

告子说："对方年长我就尊敬他，并不是我内心早就存有尊敬之意；犹如对象是白的我就承认它白，是根据它表现出来的白，所以说它是外在的。"

孟子说："白马的白与白人的白是没有什么区别，但不知道同情老马与尊敬老人是否也没有什么区别呢？而且您说义是在年长者一方呢？还是在尊敬年长者一方呢？（显然是后者，说明义是内在的）"

告子说："是我自己的弟弟就爱护他，是秦国人的弟弟就不爱护他，这是因为自己的关系才高兴这样做的，所以说仁是内在的；尊敬楚国的年长的人，也尊敬我自家的年长的人，这是因为年长的关系而高兴这样做的，所以说义是外在的。"

孟子说："爱吃秦国人的烤肉与爱吃自己的烤肉没有什么区别。事物也有这样的情况，那么爱吃烤肉的心理也有外在的吗？"

【原文】

孟季子①问公都子曰:"何以谓义内也?"

曰:"行吾敬,故谓之内也。"

"乡人长于伯兄一岁,则谁敬?"

曰:"敬兄。"

"酌则谁先?"

曰:"先酌乡人。"

"所敬在此,所长在彼,果在外,非由内也。"

公都子不能答,以告孟子。孟子曰:"敬叔父乎?敬弟乎?彼将曰'敬叔父'。曰:'弟为尸②,则谁敬?'彼将曰:'敬弟'。子曰:'恶在其敬叔父也?'彼将曰:'在位故也'。子亦曰:'在位故也。庸敬在兄,斯须之敬在乡人。'"

季子闻之曰:"敬叔父则敬,敬弟则敬,果在外,非由内也。"

公都子曰:"冬日则饮汤,夏日则饮水,然则饮食亦在外也?"

【注释】

①孟季子:生平不详,大约是孟子的堂弟。
②尸:古代祭祀时代表死者受祭的活人。

【译文】

孟季子问公都子说:"凭什么说义是内在的?"

公都子说:"表达的是我内心的恭敬,所以说它是内在的。"

孟季子问:"同乡人比大哥大一岁,那该尊敬谁?"

公都子说:"尊敬大哥。"

"如果敬酒那先给谁敬?"

公都子说:"先给同乡人敬酒。"

"你心里尊敬的是自己的大哥,而行动上表现的是尊敬同乡人,可见义果然是外在的,不是出自内心的。"

公都子不能回答，把这些告诉了孟子。孟子说："（你可以问他：）是尊敬叔父呢？还是尊敬弟弟？他会说：'尊敬叔父'。你再问他：'弟弟如果做受祭代理人，那应该尊敬谁？'他会说：'尊敬弟弟'。你说：'那你刚才怎么说尊敬叔父呢？'他会说：'这是因为现在弟弟处在受祭地位的缘故。'你也说：'我说尊敬同乡人是因为他处在宾客地位的缘故。平时的尊敬在大哥，暂时的尊敬在同乡人。'"

季子听了这番话后，说"尊敬叔父是尊敬，尊敬弟弟也是尊敬（只是出于不同情况），可见义确实还是外在的。不是出自内心的。"

公都子说："冬天就喝热水，夏天就喝凉水，那么饮食也是外在的吗？"

【原文】

公都子曰："告子曰：'性无善无不善也，'或曰，'性可以为善，可以为不善；是故文武兴，则民好善；幽厉兴，则民好暴。'或曰，'有性善，有性不善，是故以尧为君而有象；以瞽瞍为父而有舜；以纣为兄之子且以为君，而有微子启、王子比干。'今曰'性善'，然则彼皆非与？"

孟子曰："乃若其情，则可以为善矣，乃所谓善也。若夫为不善，非才之罪也。恻隐之心，人皆有之；羞恶之心，人皆有之；恭敬之心，人皆有之；是非之心，人皆有之。恻隐之心，仁也；羞恶之心，义也；恭敬之心，礼也；是非之心，智也。仁义礼智，非由外铄（shuò 硕）我也，我固有之也，弗思耳矣。故曰：'求则得之，舍则失之。'或相倍蓰而无算者，不能尽其才者也。《诗》曰：'天生蒸民，有物有则。民之秉彝，好是懿（yì 义）德。'孔子曰：'为此诗者，其知道乎！故有物必有则；民之秉彝也，故好是懿德。'"

【译文】

公都子说："告子说：'人性没有什么善与不善。'有人说，'人性可以使它善，也可以使它不善；所以周文王、武王兴起，百姓就喜欢从善；周幽王、厉王出现，百姓就喜欢暴戾。'还有人说：'有善的人性，也有不善的人性，所以，以尧这样的圣人为君王，却有象这样的恶人做他的臣子；以瞽瞍这样的恶人为父亲，却有舜这样好的人做他的儿子；有纣这样的坏人为侄儿，而且当了君王，却有微子启、王子比干这样的好人做他的叔父和大臣。'现在您说'人性善'，那么他们说的都不对吗？"

孟子说："从素质来看，那是可以使他们善良的，这就是我所说的性善。至于有不善的人，那不是素质的原因。同情之心，人人都有；羞耻之心，人人都有；恭敬之心，人人都有；是非之心，人人都有。同情之心，是仁；羞耻之心，是义；恭敬之心，是礼；是非之心，是智。仁义礼智，并不是从外部灌输进来的东西，而是我自己本来就有的，只不过没有意识到罢了。所以说：'探求就得到它，放弃就失去它。'人与人有的相差一倍五倍甚至无数倍的，这是没有发挥人性善的素质的缘故。《诗经》上说：'上天降生众百姓，万物本来有法则。百姓掌握这常道，自然喜爱好品德。'孔子说：'作这首诗的人，看来很懂得事物的规律啊！有万物就一定有法则，百姓掌握了常道，所以就喜爱这种美德了。'"

【原文】

孟子曰："富岁，子弟多赖（同"懒"）；凶岁，子弟多暴，非天之降才尔殊也，其所以陷溺其心者然也。今夫麰（móu谋）麦，播种而耰（yōu忧）之，其地同，树之时又同，浡然而生，至于日至之时，皆熟矣。虽有不同，则地有肥硗（qiāo敲）、雨露之养，人事之不齐也。故凡同类者，举相似也，何独至于人而疑之？圣人，与我同类者。故龙子曰：'不知足而为屦，我知其不为蒉（kuì愧）也。'屦之相似，天下之足同也。

"口之于味，有同耆（同"嗜"）也；易牙①先得我口之所耆者也。如使口之于味也，其性与人殊，若犬马之与我不同类也，则天下何耆皆从易牙之于味也？至于味，天下期于易牙，是天下之口相似也。惟耳亦然。至于声，天下期于师旷，是天下之耳相似也。惟目亦然。至于子都②，天下莫不知其姣也。不知子都之姣者，无目者也。故曰：口之于味也，有同耆焉；耳之于声也，有同听焉；目之于色也，有同美焉。至于心，独无所同然乎？心之所同然者何也？谓理也，义也。圣人先得我心之所同然耳。故理义之悦我心，犹刍豢（huàn 唤）之悦我口。"

【注释】

①易牙：春秋时齐桓公的宠臣，擅长调味。
②子都：古代著名的美男子。

【译文】

孟子说："丰年，年轻人大多懒惰；荒年，年轻人大多强暴；这不是上天赋予的素质有这样的不同，而是由于使他们思想堕落的外部环境使之有这样的不同。比如大麦，播种后，又耙地覆土，如果土质相同，种植的时间也相同，麦苗就蓬勃生长，到了夏至，都会成熟了。即使有不同，那是土质有肥沃和贫瘠、雨露供给有多少、人为管理不一样的原因。所以凡是同类的东西，都是相似的，为什么说到人偏要怀疑呢？圣人跟我们也是同类。所以龙子说：'就是不了解脚的大小编草鞋，我也知道他绝对不会编成盛土的草筐。'鞋子相近，是因为天下的脚大体是同样的。

"嘴巴对于味道，有相同的嗜好；易牙先掌握我们所嗜好的口味。如果嘴巴对于味道，本来的性能人人不同，就像狗、马跟我们不同类一样，那么为什么天下人嗜好的都依从易牙的口味呢？说到口味，天下的人都期望所调的味像易牙那样，这是因为天下的嘴巴都差不多。就是耳朵也是这样。说到声音，天下的人都期望所奏的乐像师旷那样，这是因为天下的耳朵都差不多。就是眼睛也是这样。看到子都，天下的人都说他美。不认为子都美的，是没有眼睛的人。所以说：嘴巴对于味道，有共同的嗜好；耳朵对于声音，有共同的听觉；眼睛对于容貌，有共同的美感。说到心，就偏偏没有什么一致肯定的吗？心一致肯定的是什么呢？是理，是义。圣人不过比我们先获得了大家一致肯定的东西罢了。所以理义使我心里欢悦，犹如猪狗牛羊肉使我嘴巴舒服一样。"

【原文】

孟子曰："牛山①之木尝美矣，以其郊于大国也，斧斤伐之，可为美乎？是其日夜之所息，雨露之所润，非无萌蘖（niè聂）之生焉，牛羊又从而牧之，是以若彼濯濯也。人见其濯濯也，以为未尝有材焉，此岂山之性也哉？虽存乎人者，岂无仁义之心哉？其所以放其良心者，亦犹斧斤之于木也，旦旦而伐之，可以为美乎？其日夜之所息，平旦之气，其好恶与人相近也者几希，则其旦昼之所为，有梏（gù固）亡之矣。梏之反复，则其夜气不足以存；夜气不足以存，则其违禽兽不远矣。人见其禽兽也，而以为未尝有才焉者，是岂人之情也哉？故苟得其养，无物不长；苟失其养，无物不消。孔子曰：'操则存，舍则亡；出入无时，莫知其乡。'惟心之谓与？"

【注释】

①牛山：山名，位于齐国首都临淄的南面。

【译文】

孟子说："牛山的林木曾经很繁茂秀美，因为它在大都市的城郊，很多人用斧子去砍伐，还能繁茂秀美吗？尽管它日夜生长，雨露滋润，并不是没有新条嫩芽长出来，但是接着又有人在那儿放牧牛羊，所以变得那样光秃秃的。人们看见它光秃秃的，就以为它不曾有过大树木，但这难道是山的本来面目吗？就以人身上存在的东西来说，哪会没有仁义之心呢？有人之所以失去善良之心，也正像斧子对于树木一样，天天砍伐，还能美好吗？他日夜养成的善心，天明吸进的清新之气，促成他的好恶与常人相近之处也有少许，但他在第二天白昼的所作所为，又使善心在利欲的束缚下丧失了。反复的束缚和丧失，那他在夜里养成的正气就不能存在；夜里养成的正气不能存在,那他与禽兽就相差不远了。人们看到他几乎像禽兽,就以为不曾有过善良的素质,但这难道是人的本性吗?所以如果能得到培养,没有什么东西不生长;如果不能得到培养,没有什么东西不灭亡。孔子说:'操持它,就存在,放弃它,就消失;进出没有定时,也没有谁知道它的方向。'就是说的人心吧?"

【原文】

孟子说:"无或(同"惑")乎王之不智也。虽有天下易生之物也,一日暴(pù铺,同"曝")之,十日寒之,未有能生者也。吾见亦罕矣,吾退而寒之者至矣,吾如有萌焉何哉?

"今夫弈(yì亿)之为数,小数也;不专心致志,则不得也。弈秋①,通国之善弈者也。使弈秋诲二人弈,其一人专心致志,惟弈秋之为听;一人虽听之,一心以为有鸿鹄(hú胡)将至,思援弓缴(zhuó茁)而射之。虽与之俱学,弗若之矣。为是其智弗若与?曰:非然也。"

【注释】

①弈秋:秋是人名,弈是指他所精通的技艺,而不是他的姓。

【译文】

孟子说:"对齐王的不聪明不必感到疑惑。即使天下最容易生长的植物,晒它一天,冻它十天,也不可能再生长了。我见到齐王的次数也太少了,我一离开,那帮使他昏乱的人就去了,我对他刚萌生的一点善心又能怎么样呢?

"围棋作为技艺,是门小技术,但如果不专心致志,也是学不好的。弈秋,是全国的围棋高手。如果让他教两个人下棋,其中一个专心致志,只听弈秋的讲解;另一个虽然也在听讲,但心里却以为有只天鹅会飞来,想拿起弓箭去射它。尽管他与前一个一道学棋,成绩总不如前一个。是因为他的聪明不如别人吗?回答:不是这样的。"

【原文】

孟子曰:"鱼,我所欲也;熊掌,亦我所欲也。二者不可得兼,舍鱼而取熊掌者也。生,亦我所欲也;义,亦我所欲也。二者不可得兼,舍生而取义者也。生亦我所欲,所欲有甚于生者,故不为苟得也;死亦我所恶,所恶有甚于死者,故患有所不辟(同"避")也。如使人之所欲莫甚于生,则凡可以得生者,何不用也?使人之所恶莫甚于死者,则凡可以辟患者,何不为也?由是则生而有不用也,由是则可以辟患而有不为也。是故所欲有甚于生者,所恶有甚于死者。非独贤者有是心也,人皆有之,贤者能勿丧耳。

"一箪食,一豆羹,得之则生,弗得则死。嘑(同"呼")尔而与之,行道之人弗受;蹴(cù 醋)尔而与之,乞人不屑也。

"万钟则不辨礼义而受之。万钟于我何加焉?为宫室之美、妻妾之奉、所识穷乏者得(同"德")我与?乡(同"向")为身死而不受,今为宫室之美为之;乡为身死而不受,今为妻妾之奉为之;乡为身死而不受,今为所识穷乏者得我而为之。是亦不可以已乎?此之谓失其本心。"

【译文】

孟子说:"鱼,是我想要的;熊掌,也是我想要的。如果两者不能一齐得到,就不要鱼而要熊掌。生命,是我想要的;正义,也是我想要的。如果两者不能一齐得到,就牺牲生命而求取正义。生命是我想要的,而想要的还有超过生命的东西,所以不能苟且偷生;死亡是我憎恶的,而憎恶的还有超过死亡的东西,所以祸患也有不躲避的。如果人们想要的没有超过生命的东西,那么,一切可以求得生存的办法,哪样不用上呢?如果人们憎恶的没有超过死亡的东西,那么,一切可以避祸的办法,哪样不用上呢?采用这个办法便可生存,但有些人却不采用;采用这个办法便可避祸,但有些人却不采用。所以,看起来有比生命更值得追求的东西,有比死亡更令人憎恶的东西，不仅贤者有这种心，人人都有这种心，不过贤者能够不丧失它罢了。

"一筐饭，一碗汤，得到了就活，得不到就死。吆喝着给他，就是过路穷人也不愿要；用脚踢着给他，就是乞丐也不屑要。

"有的人对万钟俸禄就不辨是否合礼义接受了。万钟俸禄对我来说能增添点什么呢？为了住宅的华美、妻妾的侍奉、相识的穷人感激我吗？过去宁死不肯接受的，今天却为了住宅的华美而接受了；过去宁死不肯接受的，今天却为了妻妾的侍奉而接受了；过去宁死不接受的，今天却为了相识的穷人感激我而接受了。这还不可以罢休了吗？这叫做丧失了他的本性。"

【原文】

孟子曰："仁，人心也；义，人路也。舍其路而弗由，放其心而不知求，哀哉！人有鸡犬放，则知求之；有放心，而不知求。学问之道无他，求其放心而已矣。"

【译文】

孟子说："仁，是人的本心；义，是人的必由之路。抛开大路不去走，失掉本心不知去找，太悲哀了！有的人丢了鸡狗，就知道去寻找；丢失了本心，却不知道去寻找。学问的真谛没有别的，就是把丢失的本心找回来罢了。"

【原文】

孟子曰："今有无名之指，屈而不信（而"伸"），非疾痛害事也，如有能信之者，则不远秦楚之路，为指之不若人也。指不若人，则知恶之；心不若人，则不知恶，此之谓不知类也。"

【译文】

孟子说："有个人的无名指，弯曲了伸不直，虽然不是碍事的病痛，但如果有人能使它伸直，他就是走秦国楚国这么远的路也不觉得远，因为他的手指不如别人。手指不如别人，倒知道厌恶；心灵不如别人，却不知道厌恶；这叫做不懂轻重。"

【原文】

孟子曰："拱把之桐梓，人苟欲生之，皆知所以养之者。至于身，而不知所以养之者，岂爱身不若桐梓哉？弗思甚也。"

【译文】

孟子说："一两握粗的桐树梓树，人们如果要使它们生长，都知道怎样培养。对自己，却不知道怎样培养，难道爱自己还不如爱桐树梓树吗？真是太不肯思考了。"

【原文】

孟子曰："人之于身也，兼所爱。兼所爱，则兼所养也。无尺寸之肤不爱焉，则无尺寸之肤不养也。所以考其善不善者，岂有他哉？于己取之而已矣。体有贵贱，有小大。无以小害大，无以贱害贵。养其小者为小人，养其大者为大人。今有场师，舍其梧槚（jià 价），养其樲（èr 二）棘，则为贱场师焉。养其一指而失其肩背，而不知也，则为狼疾人也。饮食之人，则人贱之矣，为其养小以失大也。饮食之人无有失也，则口腹岂适为尺寸之肤哉？"

【译文】

孟子说："人对于身体，每一部分都爱护。都爱护，就都保养。没有一小块肌肤不爱护，就没有一小块肌肤不保养。用来考察保养得好不好，难道还有什么别的办法吗？只是看他注重身体的哪些部分罢了。身体的组成部分有重要的有不重要的，有小的有大的，不要因小的妨害大的，不要因不重要的妨害重要的。保养小的是小人，保养大的是君子。如果有一个园艺师，不培养珍贵的梧桐、梓树，却去培养那些没有用的酸枣、荆棘，那就是一个蹩脚的园艺师。为了保养一个指头而丧失了肩背，还不知道因小失大，那就是一个昏聩的人。讲求吃喝的人，人们就看不起他，因为他保养小的而失去了大的。如果讲求吃喝的人没有丢开品格的修养，那么填口腹难道仅仅为了长那么一点儿肌肤吗？（填口腹关系到生命，修养品格总不能饿着肚皮）"

【原文】

公都子问曰："钧（同"均"）是人也，或为大人，或为小人，何也？"

孟子曰："从其大体为大人，从其小体为小人。"

曰："钧是人也，或从其大体，或从其小体，何也？"

曰："耳目之官不思，而蔽于物。物交物，则引之而已矣。心之官则思，思则得之，不思则不得也。此天之所与我者。先立乎其大者，则其小者不能夺也。此为大人而已矣。"

【译文】

公都子问道："同是人，为什么有的是君子，有的是小人呢。"

孟子说："懂得依从身体重要器官需要的人是君子，只知满足次要器官欲念的人是小人。"

公都子说："同是人，为什么有的人懂得依从重要器官的需要，有的人却只知满足次要器官的欲念呢？"

孟子说："耳朵、眼睛这些器官不会思考，以致被外物所蒙蔽。这些器官仅仅是物，它们一与外物相接触，就只能被外物引诱罢了。心这个器官不会思考，思考了就得到了人的本来善性，不思考就得不到。这是上天赋予我们人类的特有器官。先确立重要器官的作用，那么次要的器官就不会把人的本性夺去，这就成为君子了。"

【原文】

孟子曰："有天爵者，有人爵者。仁义忠信，乐善不倦，此天爵也；公卿大夫，此人爵也。古之人修其天爵，而人爵从之。今之人修其天爵，以要人爵；既得人爵，而弃其天爵，则惑之甚者也，终亦必亡而已矣。"

【译文】

孟子说："有自然爵位，有社会爵位。仁义忠信，乐于从善不倦怠，这是自然爵位；公卿大夫，这是社会爵位。古代的人修养自己的自然爵位，于是社会爵位也就随之而来了。现在的人修养自己的自然爵位，用来求取社会爵位；得到社会爵位之后，就抛弃了自然爵位，那就是糊涂透顶，最终他连社会爵位也一定会失去的。"

【原文】

孟子曰："欲贵者，人之同心也。人人有贵于己者，弗思耳矣。人之所贵者，非良贵也。赵孟①之所贵，赵孟能贱之。《诗》云：'既醉以酒，既饱以德。'言饱乎仁义也，所以不愿人之膏粱之味也；令闻广誉施于身，所以不愿人之文绣也。"

【注释】

①赵孟：春秋时期晋国正卿，名盾，字孟，执掌国家政事大权。他的儿孙都称赵孟，都是权势人物。

【译文】

孟子说："希望尊贵，这是人们共同的心愿，但每个人自己身上都有值得尊贵的东西，只是没有想过罢了。别人给予的尊贵，不是真正的尊贵。赵孟给予尊贵的人，赵孟同样能使他卑贱。《诗经》上说：'酒已经喝醉了，德泽已经饱受了。'说的是仁义之德满肚子，也就不羡慕别人肥肉细米的美味了；自己被到处赞誉，也就不稀罕别人的绣花衣服了。"

【原文】

孟子说："仁之胜不仁也，犹之水胜火。今之为仁者，犹以一杯水救一车薪之火也；不熄，则谓之水不胜火，此又与于不仁之甚者也，亦终必亡而已矣。"

【译文】

孟子说："仁战胜不仁，好比水战胜火。现在行仁的人，好比用一杯水救一车柴的火；火不灭，就说是水战胜不了火，这下子又给不仁的人帮了大忙，到头来他原有的那点仁心也一定会丧失殆尽。"

【原文】

孟子曰："五谷者，种之美者也；苟为不熟，不如荑稗（tí bài 提败）。夫仁，亦在乎熟之而已矣。"

【译文】

孟子说："五谷，是植物里的好品种；如果不能成熟，反而不如稊米和稗子。仁，也在于使它成熟罢了。"

【原文】

孟子曰："羿之教人射，必志于彀（gòu 够）；学者亦必志于彀。大匠诲人必以规矩，学者亦必以规矩。"

【译文】

孟子说："羿教别人射箭，一定要拉满弓；学射的人也一定要拉满弓。手艺高超的木匠教别人一定要用圆规角尺，学木工的人也一定要用圆规角尺。"

告 子（下）

【原文】

任人有问屋庐子①曰："礼与食孰重？"

曰："礼重。"

"色与礼孰重？"

曰："礼重。"

曰："以礼食，则饥而死；不以礼食，则得食，必以礼乎？亲迎，则不得妻；不亲迎，则得妻，必亲迎乎？"

屋庐子不能对，明日之邹以告孟子。孟子曰："于答是也何有？不揣其本而齐其末，方寸之木可使高于岑楼。金重于羽者，岂谓一钩金与一舆羽之谓哉？取食之重者，与礼之轻者而比之，奚翅（同'啻'）食重？取色之重者，与礼之轻者而比之，奚翅色重？往应之曰：'纾（zhěn 诊）兄之臂而夺之食？则得食；不纾，则不得食，则将纾之乎？逾东家墙而搂其处子，则得妻；不搂，则不得妻，则将搂之乎？'"

【注释】

①屋庐子：孟子弟子。

【译文】

有一个任国人问屋庐子说："礼跟食哪样重要？"

屋庐子说："礼重要。"

任国人说："女色跟礼哪样重要？"

屋庐子说："礼重要。"

任国人说："如果按照礼规找食物，就会饿死；不按照礼规找食物，就得到了食物；这样的话，也一定要按照礼吗？如果按礼去迎亲，就娶不到妻子；不去迎亲，就娶到妻子，这样的话，也一定要按照礼吗？"

屋庐子回答不出，第二天到邹国把这个问题告诉了孟子。孟子说："回答这个问题有什么难呢？如果不量度一下根基的高低，而只比较顶端，那么，寸把厚的小土块也可以使它比高楼还高。黄金比羽毛重，难道是说一个小金钩的黄金与一大车羽毛相比吗？拿吃的重要方面与礼的细微方面比，何止于吃的重要？拿女色的重要方面与礼的细微方面比，何止于娶妻重要？你可以去回答他说：'扭折哥哥的手臂，夺取他的食物，就得到了吃的；不扭，就得不到吃的；那么，会去扭吗？翻过东邻的墙去把他家的女子拽住，就得到了妻子；不去拽，就得不到妻子，那么，会去拽吗？"

【原文】

曹交①问曰："人皆可以为尧舜，有诸？"

孟子曰："然。"

"交闻文王十尺，汤九尺，今交九尺四寸以长，食粟而已，如何则可？"

曰："奚有于是？亦为之而已矣。有人于此，力不能胜一匹雏，则为无力人矣；今日举百钧，则为有力人矣。然则举乌获②之任，是亦为乌获而已矣。夫人岂以不胜为患哉？弗为耳。徐行后长者谓之弟（同"悌"），疾行先长者谓之不弟。夫徐行者，岂人所不能哉？所不为也。尧舜之道，孝弟而已矣。子服尧之服，诵尧之言，行尧之行，是尧而已矣；子服桀之服，诵桀之言，行桀之行，是桀而已矣。"

曰："交得见于邹君，可以假馆，愿留而受业于门。"

曰："夫道，若大路然，岂难知哉？人病不求耳。子归而求之，有余师。"

【注释】

①曹交:据说是曹国国君之弟。
②乌获:古代大力士。

【译文】

曹交问道:"人人都可以成为尧舜,有这话吗?"

孟子说:"有的。"

"我听说文王身高十尺,汤九尺,我呢,身高九尺四寸多,但只会吃干饭罢了,该怎么办才好?"

孟子说:"这有什么难呢?只要去做就可以了。如果有一个人,说是他的力气连一只小鸡也拿不起来,那就是没有力气的人了;现在说他能举起3000斤,那就是很有力气的人了。那么,能举起乌获举得起的重量,这也就成了乌获了。人难道怕不能胜任吗?只是不肯去做罢了。慢慢走,跟在长者后面,叫做悌;快步走,抢在长者前面,叫做不悌。慢慢走,难道是人不能做到的吗?是不肯做。尧、舜之道,也就是孝悌罢了。你穿尧的衣服,说尧的话,做尧所做的事,就是尧了。你穿桀的衣服,说桀的话,做桀所做的事,就是桀了。"

曹交说:"我见到邹国国君后,可以向他借个住处,希望留下来在您门下学习。"

孟子说:"那个道,就像大路一样,难道还难认清吗?就怕人们不去寻求罢了。你回去自己寻求吧,老师多得是。"

【原文】

公孙丑问曰:"高子曰:'《小弁》(pán 盘)①,小人之诗也。'"

孟子曰:"何以言之?"

曰:"怨。"

曰:"固哉,高叟之为诗也!有人于此,越人关(同"弯")弓而射之,则己谈笑而道之;无他,疏之也。其兄关弓而射之，则已垂涕泣而道之；无他，戚之也。《小弁》之怨，亲亲也。亲亲，仁也。固矣夫，高叟之为诗也！"

曰："《凯风》②何以不怨？"

曰："《凯风》，亲之过小者也；《小弁》，亲之过大者也。亲之过大而不怨，是愈疏也；亲之过小而怨，是不可矶（jī基）也。愈疏，不孝也；不可矶，亦不孝也。孔子曰：'舜其至孝矣，五十而慕。'"

【注释】

①《小弁》：《诗经·小雅》中的一篇，这是一首被父亲放逐的人抒发心中哀怨的诗。

②《凯风》：《诗经·邶风》中的一篇，这是一首儿子颂母并自责的诗。

【译文】

公孙丑问道："高子说：'《小弁》这首诗是小人作的，'是吗？"

孟子说："凭什么这样说？"

公孙丑说："因为这首诗表达的是怨恨。"

孟子说："高老先生说诗也太死板了！如果这里有个人，越国人拉满弓要射他，他会有说有笑地讲这件事；这没有别的原因，就是因为越国人与他关系疏远。如果他哥哥拉满弓要射他，他就会流着泪说这件事；这没有别的原因，就是因为他哥哥是他的亲人。《小弁》表达的怨恨，正是由于热爱亲人。热爱亲人，是仁的表现。高老先生的说诗也太死板了！"

公孙丑说："那么《凯风》为什么没有流露怨恨之情呢？"

孟子说："《凯风》，是因为母亲的过错小；《小弁》，是因为父亲的过错大。父母的过错大却不怨恨，这是更加疏远父母；父母的过错小却怨恨，这是经受不了一点刺激。更加疏远父母，是不孝；经受不了一点刺激，也是不孝。孔子说：'舜大概是最孝顺的人了，到了五十岁还依恋父母。'"

【原文】

宋牼（kēng 坑）①将至楚，孟子遇于石丘。曰："先生将何之？"

曰："吾闻秦楚构兵，我将见楚王说而罢之。楚王不悦，我将见秦王说而罢之。二王我将有所遇焉。"

曰："牼也请无问其详，愿闻其指。说之将何如？"

曰："我将言其不利也。"

曰："先生之志则大矣，先生之号则不可。先生以利说秦楚之王，秦楚之王悦于利，以罢三军之师，是三军之士乐罢而悦于利也。为人臣者怀利以事其君，为人子者怀利以事其父，为人弟者怀利以事其兄。是君臣、父子、兄弟终去仁义，怀利以相接，然而不亡者，未之有也。先生以仁义说秦楚之王，秦楚之王悦于仁义，而罢三军之师，是三军之士乐罢而悦于仁义也。为人臣者怀仁义以事其君，为人子者怀仁义以事其父，为人弟者怀仁义以事其兄。是君臣、父子、兄弟去利，怀仁义以相接也，然而不王者，未之有也。何必曰利？"

【注释】

①宋牼：战国时有名的学者。

【译文】

宋牼要到楚国去，孟子在石丘遇见了他。孟子说："先生要到什么地方去？"

宋牼说："我听说秦国与楚国要交兵，我准备谒见楚王劝他罢兵。如果楚王不高兴，我准备再谒见秦王劝他罢兵。两个国王，总会有一个会同我意见相合的。"

孟子说："我不想打听详细情况，只希望听听您的主要意思。您打算怎样劝说他们？"

宋牼说："我打算跟他们说说交兵的不利。"

孟子说："先生的意愿是很好的，但先生的提法却不行。先生用利害劝说秦楚两个国王,如果他们由于有利而高兴听你的劝说,因此停止交兵,这就是军队的官兵因为喜欢利才乐于停战。做臣子的从利出发来服事君王,做儿子的从利出发来服事父亲,做弟弟的从利出发来服事哥哥,这就是在君臣、父子、兄弟之间全都不讲仁义,只从利出发来互相对待,这样做却不亡国的,是从没有过的事。先生如果用仁义来劝说秦楚两个国王,如果他们由于仁义而高兴听你的劝说,因此停止交兵,这就是军队的官兵因为喜欢仁义才乐于停战。做臣子的从仁义出发来服事君王,做儿子的从仁义出发来服事父亲,做弟弟的从仁义出发来服事哥哥,这就是在君臣、父子、兄弟之间全都不讲利害,只从仁义出发来互相对待,这样做却不能称王于天下,是从没有过的事。为什么一定要讲利呢?"

【原文】

孟子居邹,季任①为任处守,以币交,受之而不报。处于平陆,储子②为相,以币交,受之而不报。他日,由邹之任,见季子;由平陆之齐,不见储子。屋庐子喜曰:"连③得间矣。"问曰:"夫子之任见季子,之齐不见储子,为其为相与?"

曰:"非也。《书》曰:'享多仪,仪不及物曰不享,惟不役志于享。'为其不成享也。"

屋庐子悦。或问之,屋庐子曰:"季子不得之邹,储子得之平陆。"

【注释】

①季任:任国国君之弟。下文"季子"也是指他。当时任君到邻国去参加朝会,由季任留守国内代行君权。

②储子:齐国卿相。

③连:屋庐子名。

【译文】

孟子住在邹国,季任留守任国,代理国政,用礼物与孟子交往，孟子接受了礼物却不回报。孟子在平陆时，储子担任齐国的卿相，用礼物与孟子交往，孟子接受了却不回报。后来，孟子从邹国到任国，拜望了季子；从平陆到齐国都城，却没有拜望储子。屋庐子高兴地说："我找到岔子了。"就问孟子说："老师到任国，拜望季子；到齐国，却不拜望储子，是因为他仅仅担任卿相吗？"

孟子说："不是。《尚书》中说：'献礼看重的是仪节，如果仪节不到，虽有礼物，也算作没有献礼，因为他的心意并没有用在献礼上。'我不去拜望他，是因为他还算不上献礼。"

屋庐子很高兴。有人问他，他说："季子因脱不开身没能亲自到邹国去，储子能亲自到平陆却不去，只送了礼物去。"

【原文】

淳于髡（kūn 坤）曰："先名实者，为人也；后名实者，自为也。夫子在三卿之中，名实未加于上下而去之，仁者固如此乎？"

孟子曰："居下位，不以贤事不肖者，伯夷也；五就汤，五就桀者，伊尹也；不恶汙（污）君，不辞小官者，柳下惠也。三子者不同道，其趋一也。一者何也？曰，仁也。君子亦仁而已矣，何必同？"

曰："鲁缪公之时，公仪子①为政，子柳、子思为臣，鲁之削也滋甚。若是乎，贤者之无益于国也！"

曰："虞不用百里奚而亡，秦穆公用之而霸。不用贤则亡，削何可得与？"

曰："昔者王豹②处于淇，而河西③善讴；绵驹④处于高唐⑤，而齐右善歌；华周、杞梁⑥之妻，善哭其夫，而变国俗。有诸内，必形诸外。为其事而无其功者，髡未尝睹之也。是故无贤者也，有则髡必识之。"

曰："孔子为鲁司寇，不用，从而祭，燔（fán 凡）肉不至，不税（同"脱"）冕而行。不知者以为为肉也，其知者以为为无礼也。乃孔子则欲以微罪行,不欲为苟去。君子之所为,众人固不识也。"

【注释】

①公仪子：人名，曾为鲁国卿相。
②王豹：卫国人，善于歌唱。
③河西：黄河之西，在当时卫国境内。
④绵驹：齐国人，善于歌唱。
⑤高唐：地名，齐国西部城邑。
⑥华周、杞梁：两人同为齐国之臣，在莒国战死。他们的妻子痛哭至悲。今传孟姜女哭倒长城的故事，即由此演化而来。

【译文】

淳于髡说："看重名声、功业的，是为他人着想；轻视名声、功业的，是为独善自身着想。您位居齐国三卿之一，对君上和下民都没有建立名声和功业，却要离开，仁人本该是这样的吗？"

孟子说："处在卑微的地位，不愿以自己的贤良服侍不贤明的君王，这就是伯夷；五次接受汤的任用，又五次接受桀的任用，这就是伊尹；不嫌弃昏庸的君王，不推却卑微的官职，这就是柳下惠。三位君子处世方法不同，但他们的宗旨是一样的。一样的宗旨是什么呢？可以说，就是仁。君子只要仁就行了，何必要行为相同呢？"

淳于髡说："鲁穆公的时候，公仪子主持国政，子柳和子思当大臣，鲁国的衰弱却更加厉害。贤人对于国家竟是如此无益啊！"

孟子说："虞国不任用百里奚，因而灭亡；秦穆公任用他，因而称霸。不任用贤人就要导致灭亡，仅仅是衰弱怎么办得到呢？"

淳于髡说："从前王豹住在淇水一带，因而河西的人都擅长歌唱；绵驹住在高唐一带，因而齐国西部的人都擅长歌唱；华周、杞梁的妻子为死去的丈夫痛哭，因而改变了国家的风俗。存在于内，一定会表现到外。做了事情却没有功绩的，我不曾见过这样的情形。所以，现在是没有贤人；如果有，那我就一定会知道他。"

孟子说:"孔子当鲁国的司寇,不受信任,跟随鲁君去祭祀,祭肉不送来,他就连祭祀戴的帽子也不脱就离开了。不了解的人以为孔子是为了祭肉,了解的人却认为他是为了鲁国不讲礼规。至于孔子,他是想背一点小小的罪名离开,不想随便辞职。君子的作为,一般人的确不容易理解。"

【原文】

孟子曰:"五霸①者,三王②之罪人也;今之诸侯,五霸之罪人也;今之大夫,今之诸侯之罪人也。

"天子适诸侯曰巡狩,诸侯朝于天子曰述职。春省耕而补不足,秋省敛而助不给。入其疆,土地辟,田野治,养老尊贤,俊杰在位,则有庆,庆以地。入其疆,土地荒芜,遗老失贤,掊(póu抔)克在位,则有让。一不朝,则贬其爵;再不朝,则削其地;三不朝,则六师移之。是故天子讨而不伐,诸侯伐而不讨。五霸者,搂诸侯以伐诸侯者也,故曰:五霸者,三王之罪人也。

"五霸,桓公为盛。葵丘③之会,诸侯束牲、载书而不歃(shà煞)血④。初命曰:'诛不孝,无易树子,无以妾为妻。'再命曰:'尊贤育才,以彰有德。'三命曰:'敬老慈幼,无忘宾旅。'四命曰:'士无世官,官事无摄,取士必得,无专杀大夫。'五命曰:'无曲防,无遏籴(dí敌),无有封而不告。'曰:'凡我同盟之人,既盟之后,言归于好。'今之诸侯,皆犯此五禁,故曰:今之诸侯,五霸之罪人也。

"长君之恶其罪小,逢君之恶其罪大。今之大夫,皆逢君之恶,故曰:今之大夫,今之诸侯之罪人也。"

【注释】

①五霸:春秋时势力强大称霸一时的五个诸侯,通常指齐桓公、晋文公、秦穆公、宋襄公、楚庄王。

②三王：夏禹、商汤、周文王、武王。
③葵丘：地名，春秋时属宋国。
④歃血：盟会时双方口含或唇涂牲畜的血，以表诚意。

【译文】

孟子说："五霸，是对三王有罪的人；现在的诸侯，是对五霸有罪的人；现在的大夫，是对现在的诸侯有罪的人。

"天子到诸侯国巡行叫做巡狩，诸侯朝见天子叫做述职。天子春天视察耕种的情况，补助穷困的农户；秋天视察收获的情况，补助歉收的农户。进了诸侯国境内，如果天子看到土地被开辟利用，农田治理得很好，老人得到赡养，贤才得到尊重，优秀的人在掌管朝政，那么诸侯就受到奖赏，用土地来奖赏。进了诸侯国境内，如果天子看到土地荒芜，老人被遗弃，贤才被埋没，搜刮民财的人在掌管朝政，那么诸侯就受到责备。诸侯一次不朝见天子述职，就要降低他们的爵位；两次不朝见，就要削减他们的封地；三次不朝见，天子就要派军队去改立国君。所以天子只下令声讨而不亲自攻伐，诸侯只奉命攻伐而不出令声讨。五霸，是拉拢一部分诸侯来攻伐另一部分诸侯，所以说：五霸，是对三王有罪的人。

"五霸中，齐桓公最强盛。在葵丘的盟会上，诸侯只是捆绑了祭神的牲口，把盟书放在它身上（齐桓公自信诸侯不敢负约），就没有举行歃血仪式。第一条盟约说：'诛罚不孝的人，不得换立太子，不得立妾为妻。'第二条盟约说：'尊重贤人，培养人才，以表彰有德行的人。'第三条盟约说：'尊敬老人，爱护儿童，不得怠慢来宾和旅客。'第四条盟约说：'士人不得把官职传给后代，公务不得兼代，选拔士人一定要得当，不得擅自杀戮大夫。'第五条盟约说：'不得到处筑堤，不得阻止邻国人来买粮食，不得有封赏而不禀告。'盟书说：'凡是我们参与盟会的人，结盟之后，要恢复和好。'现在的诸侯，都触犯了这五条禁令，所以说：现在的诸侯，是对五霸有罪的人。

"助长国君的恶行的臣子，他们的罪还小一些，对迎合国君恶行的臣子，他们的罪就大了。现在的大夫，都迎合国君做坏事，所以说：现在的大夫，是对现在的诸侯有罪的人。"

【原文】

鲁欲使慎子①为将军。孟子曰："不教民而用之，谓之殃民。殃民者，不容于尧舜之世，一战胜齐，遂有南阳，然且不可……"

慎子勃然不悦曰："此则滑（gǔ骨）釐所不识也。"

曰："吾明告子。天子之地方千里；不千里，不足以待诸侯。诸侯之地方百里，不百里，不足以守宗庙之典籍。周公之封于鲁，为方百里也；地非不足，而俭于百里。太公之封于齐也，亦为方百里也；地非不足也，而俭于百里。今鲁方百里者五，子以为有王者作，则鲁在所损乎？在所益乎？徒取诸彼以与此，然且仁者不为，况于杀人以求之乎？君子之事君也，务引其君以当道，志于仁而已。"

【注释】

①慎子：鲁国臣子，名滑釐。

【译文】

鲁国打算让慎子做将军。孟子说："不教育训练百姓却用他们去打仗，这叫做祸害百姓。祸害百姓的人，在尧舜时代是无容身之地的。即使一仗就把齐国打败，从而占领南阳，这样尚且不可以……"

慎子脸色一变，不高兴地说："这我就不懂了。"

孟子说："我明白地告诉你。天子的土地方圆一千里，没有一千里，就不够接待诸侯来朝见。诸侯的土地方圆一百里，没有一百里，就不足以守住祖宗传下的礼制法度。周公被封在鲁国，是方圆百里；当时并不是土地不够封，但就是不超过百里。太公被封在齐国，也是方圆百里；当时不是土地不够封，但也就是不超过百里。现在鲁国有五个方圆百里的土地，你认为如果有统一天下的圣王兴起，那么鲁国的土地是在被削减之列呢，还是在被增加之列？不动干戈，白白地把别国的土地拿来给自己，仁德的人尚且不会干，何况打仗杀人来取得别国的土地呢？君子服事君王，务求引导君王符合正道，把仁德作为努力目标罢了。"

【原文】

孟子曰："今之事君者皆曰：'我能为君辟土地，充府库。'今之所谓良臣，古之所谓民贼也。君不乡道，不志于仁，而求富之，是富桀也。'我能为君约与国，战必克。'今之所谓良臣，古之所谓民贼也。君不乡道，不志于仁，而求为之强战，是辅桀也。由今之道，无变今之俗，虽与之天下，不能一朝居也。"

【译文】

孟子说："现在那些服事君王的人说：'我能为君王开拓国土，充实仓库。'今天所谓的优秀臣子，正是古代所谓的残害民众的人。君王不向慕道德，无意于仁义，却想使他富裕，这等于是让夏桀富裕。又说：'我能为君王邀结盟国，打仗一定取胜。'今天所谓的优秀臣子，正是古代所谓的残害民众的人。君王不向慕道德，无意于仁义，却想为他努力作战，这等于是帮助夏桀。从现在这条路走下去，不改变现在的风尚，即使把天下给他，也是一天也坐不稳的。"

【原文】

白圭[①]曰："吾欲二十而取一，何如？"

孟子曰："子之道，貉（mò 莫，同"貊"）[②]道也。万室之国，一人陶，则可乎？"

曰："不可，器不足用也。"

曰："夫貉，五谷不生，惟黍生之；无城郭、宫室、宗庙、祭祀之礼，无诸侯币帛饔飧（yōng sūn 佣孙），无百官有司，故二十取一而足也。今居中国，去人伦，无君子，如之何其可也？陶以寡，且不可以为国，况无君子乎？欲轻之于尧舜之道者，大貉小貉也；欲重之于尧舜之道者，大桀小桀也。"

【注释】

①白圭：名丹，字圭。战国时水利专家，曾任魏惠王的大臣。
②貉：北方少数民族名。

【译文】

白圭说："我想把税率定为二十抽一，怎么样？"

孟子说："你的办法是貉人的办法，如果一个国家有一万户人家，只有一个人做陶器，那行吗？"

白圭说："不行，器皿不够用。"

孟子说："貉那个地方，别的谷物都不能生长，只生长黄米；没有城墙、房屋，祠堂和祭祀的礼规，没有各国之间往来送礼请客，也没有各种机构和官员，所以收税二十抽一就够了。现在我们是在中国，如果去掉社会伦常，没有各种官员，那怎么行呢？做陶器的人太少，尚且不能把国家搞好，何况没有官员呢？要把税率定得比尧舜的十抽一标准还轻，这就是大貉小貉的做法；要把税率定得比尧舜的标准还要重的，是大桀小桀的做法。"

【原文】

白圭曰："丹之治水也愈于禹。"

孟子曰："子过矣。禹之治水，水之道也，是故禹以四海为壑。今吾子以邻国为壑。水逆行，谓之洚水。洚水者，洪水也，仁人之所恶也。吾子过矣。"

【译文】

白圭说："我治水的本事胜过禹。"

孟子说："您错了。禹治水，是循水的本性加以疏导，所以禹把四海作为水的去处。而现在您却把邻国作为排水的大水坑。水倒流叫做洚水。洚水，就是洪水，是有仁爱心的人所讨厌的。您错了吧。"

【原文】

孟子曰："君子不亮（同"谅"），恶乎执？"

【译文】

孟子说："君子如果不讲诚信，怎能有操守？"

【原文】

鲁欲使乐正子①为政。孟子曰："吾闻之，喜而不寐。"

公孙丑曰："乐正子强乎？"

曰："否。"

"有知虑乎？"

曰："否。"

"多闻识乎？"

曰："否。"

"然则奚为喜而不寐？"

曰："其为人也好善。"

"好善足乎？"

曰："好善优于天下，而况鲁国乎？夫苟好善，则四海之内，皆将轻千里而来告之以善；夫苟不好善，则人将曰：'訑訑（yí 移），予既已知之矣。'訑訑之声音颜色，距（同"拒"）人于千里之外。士止于千里之外，则谗谄面谀之人至矣。与谗谄面谀之人居，国欲治，可得乎？"

【注释】

①乐正子：孟子弟子。

【译文】

鲁国准备让乐正子治理国政。孟子说："我听到这事儿，高兴得睡不着。"

公孙丑说："乐正子很刚强吗？"

孟子说："不。"

"足智多谋吗？"

孟子说："不。"

"见多识广吗？"

孟子说："不。"

"那您为什么高兴得睡不着？"

孟子说："他的为人喜欢听取有益的话。"

"喜欢听取有益的话就足够了吗？"

孟子说："如果喜欢听取有益的话，就是治理整个天下也绰绰有余，何况一个鲁国呢？如果喜欢听取有益的话，那么天下的人都会不远千里赶来把有益的话告诉他；如果不喜欢听取有益的话，那么人们就会（学他的话）说：'嗯嗯，这个，我早就知道了。'这种嗯嗯的声调神气，把人们都拒之千里之外。有见地的士人被阻止在千里之外，挑拨离间、奉承拍马的人就来了。同挑拨离间、奉承拍马的人混在一起，想治理好国家，能做得到吗？"

【原文】

陈子曰："古之君子何如则仕？"

孟子曰："所就三，所去三。迎之致敬以有礼，言将行其言也，则就之；礼貌未衰，言弗行也，则去之。其次，虽未行其言也，迎之致敬以有礼，则就之；礼貌衰，则去之。其下，朝不食，夕不食，饥饿不能出门户，君闻之，曰：'吾大者不能行其道，又不能从其言也，使饥饿于我土地，吾耻之。'周之，亦可受也，免死而已矣。"

【译文】

陈子说："古代的君子在怎样的情况下才当官？"

孟子说："当官的情况有三种，辞官的情况也有三种。（第一），迎接他时表示敬意并且有礼貌，还说要实行他的建议，就当官；礼貌不打折扣，建议却不实行，就辞官。其次，虽然没有实行他的建议，但迎接他时表示敬意并且有礼貌，就当官。礼貌不周到，就辞官。最下一等的，早晨没有吃的，晚上也没有吃的，饿得连门口也迈不出去，国君听说了，说：'我大的方面不能实行他的主张，又不能听从他的意见，使他在我的国土上挨饿，我对此感到羞愧。'于是就周济他，这也可以接受。当然，不过是为了免于死亡罢了。"

【原文】

孟子曰："舜发于畎亩之中，傅说（yuè悦）①举于版筑②之间，胶鬲（gé格）③举于鱼盐之中，管夷吾④举于士，孙叔敖⑤举于海，百里奚举于市。故天将降大任于斯人也，必先苦其心志，劳其筋骨，饿其体肤，空乏其身，行拂乱其所为，所以动心忍性，曾（同"增"）益其所不能。

"人恒过，然后能改；困于心，衡于虑，而后作；征于色，发于声，而后喻，入则无法家拂（bì同"弼"）士，出则无敌国外患者，国恒亡。然后知生于忧患而死于安乐也。"

【注释】

①傅说：商朝武丁王时的相，原在傅岩地方当泥水匠。
②版筑：版，筑土墙用的夹板。筑，捣土用的杵。
③胶鬲：周文王的大臣，原以贩卖鱼盐为业。
④夷吾：管仲的字。
⑤孙叔敖：楚庄王的大臣，原隐居在海边。

【译文】

孟子说："舜从田野里被起用，傅说从筑墙的工作中被举用，胶鬲从鱼盐商贩中被举用，管仲从狱官手里被释放并举用，孙叔敖从偏僻的海边被举用，百里奚从市场里被举用。所以说上天准备把重任降到这个人身上时，一定要先使他的意志受到困苦的折磨，筋骨受到劳苦的锻炼，肌体受到饥饿的考验，使他资财缺乏身处穷困，办事受挫不能如愿，用这种磨难来惊动他的思想，坚韧他的性格，增强他的能力。

"人常要犯错误，然后才能改正；心意困苦，思路阻塞，才能发愤有所作为；在脸色上表现出来，在言谈中吐露出来，才能被人了解。一个国家，如果内部没有坚持法度的大臣和敢于直谏的贤士，外部没有敌对的国家和外来的忧患，常常容易灭亡。从这里可以知道生存从忧患中来、灭亡从安乐中来的道理。"

【原文】

孟子曰："教亦多术矣，予不屑之教诲也者，是亦教诲之而已矣。"

【译文】

孟子说："教育也有许多方式方法，我不屑教诲他，这也是对他的一种教诲呢。"

尽 心（上）

【原文】

孟子曰："尽其心者，知其性也。知其性，则知天矣。存其心，养其性，所以事天也。夭寿不贰，修身以俟之，所以立命也。"

【译文】

孟子说："尽量扩张善良的本心，就是懂得人的本性。懂得人的本性，就懂得天命了。保持人的本心，培养人的本性，是为了按照天命行事。无论短命长寿，都不三心二意，一心修炼自己等待天命安排，这是安排自己一生的办法。"

【原文】

孟子曰："莫非命也，顺受其正。是故知命者，不立于岩墙之下。尽其道而死者，正命也；桎梏死者，非正命也。"

【译文】

孟子说："没有什么不是命中注定，但顺天理而行，接受的就是正常的命运。所以懂得命运的人不站在就要倒塌的墙壁下面。尽修身之道而死的人，接受的是正常的命运；犯了罪带着镣铐而死的人，接受的不是正常的命运。"

【原文】

孟子曰："求则得之，舍则失之，是求有益于得也，求在我者也。求之有道，得之有命，是求无益于得也，求在外者也。"

【译文】

孟子说:"探求就会获得,放弃就会失去,这种探求有益于获得,因为探求的对象是自身存在的本性。探求有一定的准则,能否获得由命运安排,这种探求无益于获得,因为探求的对象是自身以外的事物。"

【原文】

孟子曰:"万物皆备于我矣。反身而诚,乐莫大焉。强恕而行,求仁莫近焉。"

【译文】

孟子说:"一切事物的当然之理都在自身的天性中具备了。如果反躬自问是真心实意照天性去做的,就是最大的快乐。努力实行将心比心的恕道,求得仁德的道路没有比这更近的了。"

【原文】

孟子曰:"行之而不著焉,习矣而不察焉,终身由之而不知其道者,众也。"

【译文】

孟子说:"正在实行却不明白为什么要这样做,已经习惯了却还不深知为什么会这样,一辈子都在这条路上走却不知道这是一条什么路,这种人是普通的人。"

【原文】

孟子曰:"人不可以无耻。无耻之耻,无耻矣。"

【译文】

孟子说:"人不可以没有羞耻心。把没有羞耻心看做羞耻,那就没有可羞耻的事了。"

【原文】

孟子曰:"耻之于人大矣。为机变之巧者,无所用耻焉。不耻不若人,何若人有?"

【译文】

孟子说:"羞耻心对于人来说太重要了。玩弄机巧变诈手法的人,是没有地方用得着羞耻心的。不以比不上别人为耻,怎么能比得上别人呢?"

【原文】

孟子曰:"古之贤王好善而忘势,古之贤士何独不然?乐其道而忘人之势,故王公不致敬尽礼,则不得亟见之。见且由不得亟,而况得而臣之乎?"

【译文】

孟子说:"古代的贤君喜爱善言善行而忘掉了自己的权势地位,古代的贤士又何尝不是这样?乐于走自己的路而忘掉了别人的权势地位,所以王公如果不表示敬意尽到礼貌,就不能经常见到他。见面尚且不能经常,何况要他来做自己的臣子呢?"

【原文】

孟子谓宋句(gōu 同"勾")践①曰:"子好游乎?吾语子游。人知之,亦嚣嚣(áo 熬);人不知,亦嚣嚣。"

曰:"何如斯可以嚣嚣矣?"

曰:"尊德乐义,则可以嚣嚣矣。故士穷不失义,达不离道。穷不失义,故士得己焉;达不离道,故民不失望焉。古之人,得志,泽加于民;不得志,修身见于世。穷则独善其身,达则兼善天下。"

【注释】

①宋句践:人名,生平不详。

【译文】

孟子对宋勾践说:"你喜欢游说吗?我告诉你游说的态度。别人理解自己,也自得其乐;别人不理解自己,也自得其乐。"

宋勾践说:"怎样才能够自得其乐呢?"

孟子说:"尊重德、乐于义,就可以自得其乐了。所以士人困厄时不失掉义,显贵时不背离道。困厄时不失掉义,所以士人悠然自得;显贵时不背离道,所以百姓不会失望。古代的人,得志了,就把恩泽施给百姓;不得志,就修炼自身并在社会上表现出来。困厄时,就独自修炼保全好自己;显贵了,就使天下人都得到好处。"

【原文】

孟子曰:"待文王而后兴者,凡民也。若夫豪杰之士,虽无文王犹兴。"

【译文】

孟子说:"待到文王出来才奋发的,是普通百姓。至于优秀的士人,即使没有文王,照样会奋发。"

【原文】

孟子曰:"附之以韩魏之家①,如其自视欿(kǎn 坎)然,则过人远矣。"

【注释】

①韩魏之家:大夫的领地称为家。春秋时晋国有六大家族,世代都是晋卿,其中包括了韩魏二氏,都极富有。

【译文】

孟子说:"给他增加韩魏两家的财富,如果他并不自满(自知仁义之道不足),那他就远远超过一般人了。"

【原文】

孟子曰:"以佚（yì义）道使民,虽劳不怨。以生道杀民,虽死不怨杀者。"

【译文】

孟子说:"根据使百姓安逸的原则来役使百姓,百姓即使劳苦,也不怨恨,根据使百姓生存的原则来杀死某个百姓,这人虽被杀死,却不怨恨杀他的人。"

【原文】

孟子曰:"霸者之民欢虞（同"娱"）如也,王者之民皞皞（hào浩）如也。杀之而不怨,利之而不庸,民日迁善而不知为之者。夫君子所过者化,所存者神,上下与天地同流,岂曰小补之哉?"

【译文】

孟子说:"霸主的百姓（受到恩惠）欣喜快乐,圣王的百姓（沐浴德化）心情舒畅。圣王的百姓,要他性命不怨恨,给他好处也不归功于谁,一天天地改恶从善,却不知道谁在推动他这样做。圣人经过的地方,人心都被感化,停留的地方,作用更是神妙,上与天、下与地一起运转,怎么能说只是小小的补益呢?"

【原文】

孟子曰:"仁言,不知仁声之入人深也;善政,不如善教之得民也。善政民畏之,善教民爱之;善政得民财,善教得民心。"

【译文】

孟子说:"仁德的言论不如仁德的音乐更能深入人心,良好的政治不如良好的教育更能获得民心。良好的政治百姓敬畏它,良好的教育百姓喜爱它;良好的政治获得了百姓的财富,良好的教育获得了百姓的拥护。"

【原文】

孟子曰："人之所不学而能者,其良能也;所不虑而知者,其良知也。孩提之童无不知爱其亲者,及其长也,无不知敬其兄也。亲亲,仁也;敬长,义也。无他,达之天下也。"

【译文】

孟子说："人不用学习就能做的,是天赋的为善能力;不用思考就能懂得的,是天赋的道德观念。刚会笑还抱在手上的孩童没有不懂得爱他的父母的,等到他长大,没有不懂得尊敬他的兄长的。爱父母,就是仁;敬兄长,就是义;没有别的,只因为这是通行天下的品德。"

【原文】

孟子曰："舜之居深山之中,与木石居,与鹿豕游,其所以异于深山之野人者几希。及其闻一善言,见一善行,若决江河,沛然莫之能御也。"

【译文】

孟子说："舜住在深山里,跟树木、岩石相处,跟鹿和猪打交道,他与深山里的山民不同的地方很少。等到他听到一句好的言论,看见一种好的行为(就采纳推行),好似长江、黄河开了口,浩浩荡荡没有谁能抵挡得了。"

【原文】

孟子曰："无为其所不为,无欲其所不欲;如此而已矣。"

【译文】

孟子说："不做自己不愿做的事,不想要自己不该要的东西,这样就行了。"

【原文】

孟子曰:"人之有德慧术知者,恒存乎疢(chèn 趁)疾。独孤臣孽子,其操心也危,其虑患也深,故达。"

【译文】

孟子说:"人有品德、智慧、本领和知识,常常在于有灾患的缘故。只有失势的远臣子和失宠的庶子,他们保持着不安的心思,对灾患的忧虑很深,所以通达事理。"

【原文】

孟子曰:"有事君人者,事是君则为容悦者也;有安社稷臣者,以安社稷为悦者也;有天民①者,达可行于天下而后行之者也;有大人②者,正己而物正者也。"

【注释】

①天民:指不在位的贤者。因明天理,顺天性,故称天民。
②大人:指在位的圣人。

【译文】

孟子说:"有的人是服事君主的人,他们服事这些君主,一味逢迎讨得欢心;有的人是安定国家的大臣,他们以安定国家为快乐;有的人是天民,他们要到主张能通行天下时,然后才去实行;有的人是大人,他们端正自身的同时,万物也随着得到端正。"

【原文】

孟子曰:"君子有三乐,而王天下不与存焉。父母俱存,兄弟无故,一乐也;仰不愧于天,俯不怍(zuò 作)于人,二乐也;得天下英才而教育之,三乐也。君子有三乐,而王天下不与存焉。"

【译文】

孟子说："君子有三种乐趣，但用仁德统一天下不包括在内。父母都健在，兄弟也安康，这是第一种乐趣；上无愧于天，下无愧于人，这是第二种乐趣；得到天下的优秀人才教育他们，这是第三种乐趣。君子有三种乐趣，但用仁德统一天下不包括在内。"

【原文】

孟子曰："广土众民，君子欲之，所乐不存焉；中天下而立，定四海之民，君子乐之，所性不存焉。君子所性，虽大行不加焉，虽穷居不损焉，分定故也。君子所性，仁义礼智根于心，其生色也睟（suì 碎）然，见于面，盎于背，施于四体，四体不言而喻。"

【译文】

孟子说："有广大的土地和众多的人民，是君子的意愿，但乐趣不在这里；处在天下的中央，安定天下的百姓，是君子的乐趣，但本性不在这里。君子的本性，即使他的主张在天下广泛推行也不会增加，即使他穷困闲居也不会减少，这是由于他的本分已定的缘故。君子的本性，仁义礼智都扎根在他的心中，它发出的光彩，清和润泽，表现在颜面上，显现在肩背上，延及四肢，四肢不会说话，别人却一目了然。"

【原文】

孟子曰："伯夷辟纣，居北海之滨，闻文王作，兴曰：'盍归乎来，吾闻西伯善养老者。'太公辟纣，居东海之滨，闻文王作，兴曰：'盍归乎来，吾闻西伯善养老者。'天下有善养老，则仁人以为己归矣。五亩之宅，树墙下以桑，匹妇蚕之，则老者足以衣帛矣。五母鸡，二母彘，无失其时，老者足以无失肉矣。百亩之田，匹夫耕之，八口之家足以无饥矣。所谓西伯善养老者，制其田里，教之树畜，导其妻子，使养其老。五十非帛不暖，七十非肉不饱。不暖不饱，谓之冻馁。文王之民无冻馁之老者，此之谓也。"

【译文】

孟子说："伯夷躲避商纣，隐居在北海边，听到文王兴起，就满怀激情地说：'为什么不去归附呢？我听说西伯是个精心赡养老人的人。'太公躲避商纣，隐居在东海边，听到文王兴起，就满怀激情地说：'为什么不去归附呢！我听说西伯是个精心赡养老人的人。'天下如果有精心赡养老人的人，仁德的人就把他当作自己的归宿了。五亩大的宅基，在墙下种上桑树，让妇女养蚕，老人就能够有丝绵穿了。五只母鸡，二只母猪，不要耽误繁殖期，老人就能够有肉吃了。一百亩农田，让男人耕作，八个人的家庭就能够不挨饿了。说西伯精心赡养老人，就是说他制定了土地住宅制度，教百姓种植畜牧，开导百姓的妻儿使他们赡养老人。五十岁的人，不穿丝绵就不暖；七十岁的人，不吃肉食就不饱。不暖不饱，叫做受冻挨饿。文王的百姓没有受冻挨饿的老人，就是指这种情况。"

【原文】

孟子曰："易其田畴，薄其税敛，民可使富也。食之以时，用之以礼，财不可胜用也。民非水火不生活，昏暮叩人之门户求水火，无弗与者，至足矣。圣人治天下，使有菽粟如水火。菽粟如水火，而民焉有不仁者乎？"

【译文】

孟子说："种好田地，减轻税收，百姓是可以让他们富起来的。按时食用，依礼消费，钱财就不会用光。百姓没有水与火就不能生存，晚上敲别人的门要水要火，没有不给的，因为水与火很多。圣人治理天下，要使粮食如同水火一样多。粮食像水火一样多，那么百姓哪会有不仁爱的呢?"

【原文】

孟子曰:"孔子登东山①而小鲁,登泰山而小天下。故观于海者难为水,游于圣人之门者难为言。观水有术,必观其澜。日月有明,容光必照焉。流水之为物也,不盈科不行;君子之志于道也,不成章不达。"

【注释】

①东山:蒙山,位于鲁国的东部。

【译文】

孟子说:"孔子登上了东山,就觉得鲁国小了;登上了泰山,就觉得天下也不大了。所以见过大海的人就觉得一般的水难以算得上水了,在圣人门下游学过的人就觉得一般的言论难以算得上言论了。观赏水有窍门,一定要观赏它的波澜。太阳月亮都有光辉,很小的缝隙都要照射过去。流水这东西,不灌满小坑洼就不能向前流动;君子追求正道,不到一定的阶段就不能通达事理。"

【原文】

孟子曰:"鸡鸣而起,孳孳为善者,舜之徒也;鸡鸣而起,孳孳为利者,蹠①(zhí 直)之徒也。欲知舜与蹠之分,无他,利与善之间也。"

【注释】

①蹠:一般作"跖",相传为春秋时的大盗。

【译文】

孟子说:"鸡一叫就起来,努力行善的人,是舜一类人;鸡一叫就起来,拼命谋利的人,是蹠一类人。要知道舜与蹠的区分,没有别的，只是利与善的差别罢了。"

【原文】

孟子曰："杨子取为我，拔一毛而利天下，不为也。墨子兼爱，摩顶放踵利天下，为之。子莫①执中。执中为近之。执中无权，犹执一也。所恶执一者，为其贼道也，举一而废百也。"

【注释】

①子莫：鲁国贤人。

【译文】

孟子说："杨子主张为自己，拔一根毛发对天下有利，他也不干。墨子主张兼爱，哪怕从头顶到脚跟都磨伤，只要对天下有利，他也干。子莫采取折中。采取折中是近于正确的。但如果采取折中却没有灵活性，就与固执一端一样了。人们嫌弃固执一端的原因，在于它损害了仁义之道，仅仅抓住了一端而放弃了其余。"

【原文】

孟子曰："饥者甘食，渴者甘饮，是未得饮食之正也，饥渴害之也。岂惟口腹有饥渴之害？人心亦皆有害。人能无以饥渴之害为心害，则不及人不为忧矣。"

【译文】

孟子说："饥饿的人吃什么都很有味道，口渴的人喝什么都非常甜美。这些人都没尝到饮料食物的真正滋味，因为饥渴损害了品味的能力。难道只有嘴巴肚子有饥渴之害吗？人心也有这种损害。人如果能做到不受饥饿之害一样的心害，那么就是不及别人也不会忧虑了。"

【原文】

孟子曰："柳下惠不以三公易其介。"

【译文】

孟子说:"柳下惠不因为三公的高官就改变他独特的节操。"

【原文】

孟子曰:"有为者辟若掘井,掘井九轫(rèn 刃同"仞")而不及泉,犹为弃井也。"

【译文】

孟子说:"做一件事情譬如掘井,掘了六七丈深还没掘到地下水,依然是一口废井。"

【原文】

孟子曰:"尧舜,性之也;汤武,身之也;五霸,假之也。久假而不归,恶知其非有也?"

【译文】

孟子说:"尧舜行仁义,是本性促使;商汤、周武王行仁义,是身体力行;五霸行仁义,是借用仁义。长久借用却不归还,人们怎知道他不是真有仁义呢?"

【原文】

公孙丑曰:"伊尹曰:'予不狎(xiá 侠)于不顺。'放太甲于桐,民大悦。太甲贤,又反之,民大悦。贤者之为人臣也,其君不贤,则固可放与?"

孟子曰:"有伊尹之志,则可;无伊尹之志,则篡也。"

【译文】

公孙丑说:"伊尹说:'我不愿亲近不依正道行事的人。'所以他把太甲流放到桐邑,百姓非常高兴。太甲变好了,又把他迎回来,百姓也非常高兴。贤人做臣下,他的君王不贤明,就应该放逐吗。"

孟子说："有伊尹那样的公心，就可以；没有伊尹那样的公心，就是篡权了。"

【原文】

公孙丑曰："《诗》曰：'不素餐兮'。君子不耕而食，何也？"

孟子曰："君子居是国也，其君用之，则安富尊荣；其子弟从之，则孝悌忠信。'不素餐兮'，孰大于是？"

【译文】

公孙丑说："《诗经》上说：'不白吃饭呀'。但君子不耕种却吃饭，这怎么讲呢？"

孟子说："君子居住在一个国家，这个国家的君主任用了他，就会安定富足、尊贵荣耀，年轻后辈跟他学习，就会孝父母、敬兄长、忠贞、诚实。'不白吃饭'还有什么比这样做更好呢？"

【原文】

王子垫①问曰："士何事？"

孟子曰："尚志。"

曰："何谓尚志？"

曰："仁义而已矣。杀一无罪非仁也，非其有而取之非义也。居恶在？仁是也；路恶在？义是也。居仁由义，大人之事备矣。"

【注释】

①王子垫：齐王之子，名垫。

【译文】

王子垫问道："士人应该从事什么？"

孟子说："要使志向高尚。"

王子垫说："怎样才算志向高尚？"

孟子说："做到仁义罢了。杀死无罪的人就是不仁，不是自己所有的东西却去拿来就是不义。住处在哪里？仁就是；道路在哪里？义就是。居住在仁当中，沿着义行走，德行高尚的人该做的事就全齐备了。"

【原文】

孟子曰："仲子①，不义与之齐国而弗受，人皆信之，是舍箪食豆羹之义也。人莫大焉亡亲戚君臣上下。以其小者信其大者，奚可哉？"

【注释】

①仲子，即陈仲子，他认为哥哥的俸禄是不义的，因此避兄离母，另住他所。

【译文】

孟子说："仲子，如果不合道理地把齐国送给他，他也不肯接受，人们都相信他廉洁，但这种义只是不接收一箪饭一碗汤的小义。人的罪过，没有比不要父兄、君臣、上下这些关系更大的了，（仲子就是这样的人）凭着他小的方面就相信他大的方面，怎么行呢？"

【原文】

桃应①问曰："舜为天子，皋陶为士，瞽瞍杀人，则如之何？"
孟子曰："执之而已矣。"
"然则舜不禁与？"
曰："夫舜恶得而禁之？夫有所受之也。"
"然则舜如之何？"
曰："舜视弃天下犹弃敝屣（xǐ 喜）也。窃负而逃，遵海滨而处，终身䜣（xīn 同"欣"）然，乐而忘天下。"

【注释】

①桃应：孟子弟子。

【译文】

桃应问道："舜是天子，皋陶是法官，如果瞽瞍杀了人，那对他怎么办？"

孟子说："把他逮捕起来罢了。"

"那舜不阻止吗？"

孟子说："舜怎能阻止他呢？逮捕是有法律依据的。"

"那舜怎么办呢？"

孟子说："舜把抛弃天下看做抛弃破草鞋一般。舜会偷偷地背着父亲瞽瞍逃走，沿着海边住下，一辈子快快活活，快活得忘记了天下。"

【原文】

孟子自范①之齐，望见齐王之子，喟（kuì愧）然叹曰："居移气，养移体，大哉居乎！夫非尽人之子与？"

孟子曰："王子宫室、车马、衣服多与人同，而王子若彼者，其居使之然也；况居天下之广居②者乎？鲁君之宋，呼于垤（dié迭）泽③之门。守者曰：'此非吾君也，何其声之似我君也？'此无他，居相似也。"

【注释】

①范：齐国城邑名。
②广居：指仁。孟子常以广居喻仁。
③垤泽：宋国城门名。

【译文】

孟子从范邑到齐国，远远看见齐王的儿子，长叹一声说："环境改变了气度，供养改变了体质，环境真重要啊！他不也就是人的儿孟子又说:"王子的房屋、车马和衣服大都与别人一样,而王子的气度、体质是那样不一般,这是环境使得他这样的;何况处在'仁'这个天下最宽广的住所里的人呢?鲁国国君到宋国去,在垤泽城门外呼喊。守门的人说:'这不是我们的国君,可是他的声气为什么跟我们国君那么相像呢?'这没有别的原因,只因为环境相像罢了。"

【原文】

孟子曰:"食而弗爱,豕交之也;爱而不敬,兽畜之也。恭敬者,币之未将者也。恭敬而无实,君子不可虚拘。"

【译文】

孟子说:"(对贤人)养而不爱,等于养猪;爱而不敬,等于养狗马。恭敬之心,是礼物还没有奉送时就具备了的。表面恭敬却没有实际的恭敬心,君子不应该被虚假的情谊所笼络。"

【原文】

孟子曰:"形色,天性也。惟圣人然后可以践形。"

【译文】

孟子说:"形体和容貌,是天然的特性。只有圣人才能通过外形来体现人的天赋的品质。"

【原文】

齐宣王欲短丧。公孙丑曰:"为期(jī鸡)之丧,犹愈于已乎?"

孟子曰:"是犹或紾(zhěn枕)其兄之臂,子谓之姑徐徐云尔,亦教之孝悌而已矣。"

王子有其母死者,其傅为之请数月之丧①。公孙丑曰:"若此者何如也?"

曰:"是欲终之而不可得也。虽加一日愈于已,谓夫莫之禁而弗为者也。"

【注释】

①请数月之丧:按礼规应为死去的父母守孝三年。王子的生母不是国王嫡妻,因此只能请求守几个月的孝。

【译文】

齐宣王想缩短守孝的时间。公孙丑说:"守一年的孝,还是要比不守孝好些吧?"

孟子说:"说这样的话好比有人扭他哥哥的胳膊,你对他说暂且轻轻地扭吧;只有教他孝父母敬兄长的道理才行呢。"

有个王子死了母亲,他的师傅替他请求守孝几个月。公孙丑说:"像这样的事怎么样?"

孟子说:"这是王子想守完三年孝却办不到。(我以前说的)哪怕多守一天孝也比不守好,指的是那些没有谁阻止他却不守孝的人。"

【原文】

孟子曰:"君子之所以教者五:有如时雨化之者,有成德者,有达财(同"材")者,有答问者,有私淑艾者。此五者,君子之所以教也。"

【译文】

孟子说:"君子用来教育的方式有五种:有像及时雨滋润禾苗的,有促使品德完美的,有促使才能通达的,有解答疑问的,有让(不能登门受业的)人私自取法的。这五条,是君子用来教育的方式。"

【原文】

公孙丑曰:"道则高矣,美矣,宜若登天然,似不可及也。

何不使彼为可几（同"冀"）及而日孳孳也？"

孟子曰："大匠不为拙工改废绳墨，羿不为拙射变其彀率（gòu lǜ 够律）。君子引而不发，跃如也。中道而立，能者从之。"

【译文】

公孙丑说："道倒是很高，也很好，但似乎像登天一样，好像不可达到。为什么不使它成为能够有希望达到而让人们每天努力用功呢？"

孟子说："高明的木匠不会因为拙劣的工人改变或者废弃正确的规矩，羿不会因为拙劣的射手改变拉弓的规格。君子（教育人好像教射箭），拉满弓弦却不发箭，只作跃跃欲射的姿态。他们在路上合适的地方站着，有能力的人就会跟上。"

【原文】

孟子曰："天下有道，以道殉身；天下无道，以身殉道。未闻以道殉乎人者也。"

【译文】

孟子说："天下清明，道义随着君子得志而得以实行；天下黑暗，君子坚守道义而为之牺牲。没有听说过牺牲道义来迁就俗人的。"

【原文】

公都子曰："滕更①之在门也，若在所礼，而不答，何也？"

孟子曰："挟贵而问，挟贤而问，挟长而问，挟有勋劳而问，挟故而问，皆所不答也。滕更有二焉。"

【注释】

①滕更：滕国国君的弟弟，曾向孟子求学。

【译文】

公都子说:"滕更在您门下时,好像属于应该以礼相待之列,但您却不回答他,为什么呢?"

孟子说:"仗着有地位来请教,仗着有才干来请教,仗着年岁大来请教,仗着有功劳来请教,仗着有老交情来请教,都是我不予回答的。滕更(在这五条中)占了两条。"

【原文】

孟子曰:"于不可已而已者,无所不已。于所厚者薄,无所不薄也。其进锐者,其退速。"

【译文】

孟子说:"对不该罢休的事却罢休了,就没有什么事会不罢休了。对该优厚相待的人却刻薄相待,就没有谁不遭刻薄相待了。那前进太迅猛的人,后退得也快。"

【原文】

孟子曰:"君子之于物也,爱之而弗仁;于民也,仁之而弗亲。亲亲而仁民,仁民而爱物。"

【译文】

孟子说:"君子对于万物,爱惜它们,却不施予仁德;对于百姓,施予仁德,却不作为亲人来爱。君子爱自己的亲人,从而施仁德给百姓;施仁德给百姓,从而爱惜万物。"

【原文】

孟子曰:"知者无不知也,当务之为急;仁者无不爱也,急亲贤之为务。尧舜之知而不遍物,急先务也;尧舜之仁不遍爱人,急亲贤也。不能三年之丧,而缌(sī 思)、小功①之察;放饭流歠(chuò 戳),而问无齿决②,是之谓不知务。"

【注释】

①缌、小功：古代守孝者按死去亲属的亲疏，分孝服为五种，即斩衰、齐衰、大功、小功、缌麻。小功服丧五个月。缌即缌麻，服丧三个月。这两种是孝服中较轻的。

②齿决：用牙啃断。古代礼制规定，湿肉用牙啃断，干肉用手折断，在长者面前用牙啃断干肉是不太礼貌的举动。但比起在长者面前大口吃喝这极不礼貌的举动来，又算不了什么。

【译文】

孟子说："聪明的人无所不知，但把当前必须做的事看得最紧急；有仁德的人无所不爱，但把爱贤人看成最要紧的事。尧舜的智慧并不能完全了解一切事物，因为他们急于了解先要做的事；尧舜的仁爱并不能遍及一切人，因为他们急于亲近贤人。有人不能做到守三年的丧，却对缌麻、小功这样几个月的丧礼仔细讲究；自己在长辈面前大口吃饭，大口喝汤，却责问别人不该用牙齿咬断干肉，这叫做不懂事情的轻重缓急。"

尽 心（下）

【原文】

孟子曰："不仁哉，梁惠王也！仁者以其所爱及其所不爱，不仁者以其所不爱及其所爱。"

公孙丑问曰："何谓也？"

"梁惠王以土地之故，糜烂其民而战之。大败，将复之，恐不能胜，故驱其所爱子弟以殉之。是之谓以其所不爱及其所爱也。"

【译文】

孟子说："太不仁了，梁惠王！有仁德的人把他施给所爱者的恩惠加以推广，施及他所不爱的人；无仁德的人却把他加给不爱者的祸患扩展开去，连累到他所爱的人。"

公孙丑问道："这话怎么说？"

孟子说："梁惠王为了扩张土地的缘故，让他的百姓去打仗，使他们血肉糜烂。惨败之后，又想再打一仗。怕不能取胜，因此又驱使他所喜爱的子弟去为打仗而死，这就叫做把他加给不爱者的祸患连累到他所喜爱的人。"

【原文】

孟子曰："春秋无义战。彼善于此，则有之矣。征者，上伐下也，敌国不相征也。"

【译文】

孟子说："春秋时代没有正义战争。那一国比这一国好一些，倒是有的。但征讨，是上级讨伐下级，地位势力对等的国家是不能互相征讨的。"

【原文】

孟子曰:"尽信《书》,则不如无《书》。吾于《武成》①,取二三策而已矣,仁人无敌于天下,以至仁伐至不仁,而何其血之流杵也?"

【注释】

①《武成》:《尚书》篇目,记载武王伐纣的事。

【译文】

孟子说:"完全相信《尚书》,那就不如没有《尚书》。我对《武成》这一篇,只取它两三页的意思罢了。仁德的人在天下是没有敌手的,凭武王这样极仁爱的人讨伐纣那样极暴虐的人,怎么会流血很多以至把大盾都漂起来了呢?"

【原文】

孟子曰:"有人曰,'我善为陈(同"阵"),我善为战。'大罪也。国君好仁,天下无敌焉。南面而征,北狄怨;东面而征,西夷怨,曰:'奚为后我?'武王之伐殷也,革车三百辆,虎贲三千人。王曰:'无畏!宁尔也,非敌百姓也。'若崩厥:角稽首。征之为言正也,各欲正己也,焉用战?"

【译文】

孟子说:"有人说:'我善于布阵,我善于作战。'这是大罪过。国君喜爱仁德,天下就没有对手。(商汤)向南征伐,北方部族就埋怨;向东征伐,西方部族就埋怨,都说:'为什么不先到我们这里?'周武王讨伐殷纣,兵车三百辆,勇士三千人。武王说:'不要怕,我是为了使你们安宁而来的,不是来与你们百姓作对的。'殷纣的百姓不住地磕头,额角碰地的声响像山崩一样。征的意思就是正，如果各人都想端正自己，哪里用得着打仗呢？"

【原文】

孟子说："梓匠轮舆能与人规矩，不能使人巧。"

【译文】

孟子说："梓匠和造车工能把制作的规矩教给别人，但不能保证使别人手艺高明。"

【原文】

孟子曰："舜之饭糗（qiǔ）茹草也，若将终身焉。及其为天子也，被袗（zhě诊）衣，鼓琴，二女果（wǒ我，同婐），若固有之。"

【译文】

孟子说："舜啃干粮吃野菜时，好像一辈子都这样了。等到他当了天子，穿着华贵的衣服，弹着琴，尧的两个女儿侍奉他，又好像他本来就有这样富贵。"

【原文】

孟子曰："吾今而后知杀人亲之重也：杀人之父，人亦杀其父；杀人之兄，人亦杀其兄。然则非自杀之也，一间耳。"

【译文】

孟子说："我今天才知道杀害别人的亲人后果的严重：杀死别人的父亲，别人也会杀死他的父亲；杀死别人的哥哥，别人也会杀死他的哥哥。那么，虽说父亲和哥哥不是自己杀死的，但也就只差一点点。"

【原文】

孟子说："古之为关也，将以御暴；今之为关也，将以为暴。"

【译文】

孟子说:"古代设置关卡,目的是用来抵御残暴;今天设置关卡,目的是用来施行残暴。"

【原文】

孟子曰:"身不行道,不行于妻子;使人不以道,不能行于妻子。"

【译文】

孟子说:"自身不履行道,那么道就连在妻子身上都行不通;使唤别人不按照道,那么连妻子都不能使唤。"

【原文】

孟子曰:"周于利者,凶年不能杀;周于德者,邪世不能乱。"

【译文】

孟子说:"富于财利的人,荒年也不受窘;富于仁德的人,乱世也不迷惑。"

【原文】

孟子曰:"好名之人,能让千乘之国;苟非其人,箪食豆羹见于色。"

【译文】

孟子说:"喜好不朽之名的人能把拥有千辆兵车的国君位子让出去;但如果他本不是把富贵看得轻淡的人,就是要他让一筐饭,一碗汤,他脸上也会显露出舍不得的表情。"

【原文】

孟子曰:"不信仁贤,则国空虚;无礼义,则上下乱;无政事，则财用不足。"

【译文】

孟子说："不信任仁德贤能的人，国家就会空虚；没有礼义，上下关系就会混乱；没有政事，财富费用就会不足。"

【原文】

孟子曰："不仁而得国者，有之矣；不仁而得天下者，未之有也。"

【译文】

孟子说："不仁爱却得到一个国家的，有这样的事；不仁爱却得到整个天下的，没有过这样的事。"

【原文】

孟子曰："民为贵，社稷①次之，君为轻。是故得乎丘民而为天子，得乎天子为诸侯，得乎诸侯为大夫。诸侯危社稷，则变置。牺牲既成，粢盛既洁，祭祀以时，然而旱干水溢，则变置社稷。"

【注释】

①社稷：土神和谷神。古代君主都祭社稷，因此以社稷作为国家政权的标志。

【译文】

孟子说："百姓最重要，国家是第二位的，君主最不重要。所以得到广大百姓的拥护就能做天子，得到天子的欢心当诸侯，得到诸侯的欢心当大夫。诸侯危害国家，那就改立。祭祀用的牲畜肥壮了，祭品干净了，按时祭祀，这样却还是遭受旱灾水灾的话，那就改立土谷之神。"

【原文】

孟子曰:"圣人,百世之师也,伯夷、柳下惠是也。故闻伯夷之风者,顽夫廉,懦夫有立志;闻柳下惠之风者,薄夫敦,鄙夫宽。奋乎百世之上,百世之下,闻者莫不兴起也。非圣人而能若是乎?而况于亲炙之者乎?"

【译文】

孟子说:"圣人,是百代人的老师,伯夷、柳下惠就是这样的圣人。所以听到伯夷风节的人,贪婪的人也会变得廉洁起来,懦弱的人也会产生自立的志向;听到柳下惠风节的人,浅薄轻浮的人也会变得敦厚起来,心地狭隘的人也会变得宽广起来。圣人们在百代前奋发而为,百代之后,听到的人没有不感动奋发的。如果不是圣人,能有如此的影响吗?(百代后的人尚且感动奋发)何况亲身受到圣人熏陶的人呢?"

【原文】

孟子曰:"仁也者,人也。合而言之,道也。"

【译文】

孟子说:"仁的含义就是人。仁与人合起来讲,就是道。"

【原文】

孟子曰:"孔子之去鲁,曰:'迟迟吾行也,去父母国之道也。'去齐,接淅而行,去他国之道也。"

【译文】

孟子说:"孔子离开鲁国时,说:'我们慢慢走吧,这是离开祖国的态度。'他离开齐国时,等不及煮饭,带了淘好的米就走。这是离开别国的态度。"

【原文】

君子曰:"君子之厄于陈蔡之间①,无上下之交也。"

【注释】

①君子之厄于陈蔡之间:君子,指孔子。据《史记·孔子世家》记载,孔子在陈国、蔡国之间时,楚国派人聘请他。陈蔡两国的大夫怕孔子前往会谴责他们的罪行,就派了一批服劳役的人在野外把孔子包围住。孔子走不成,粮食也断绝了。

【译文】

孟子说:"孔子在陈国和蔡国之间受围困,是由于跟两国的君臣都没有交往的缘故。"

【原文】

貉(mò 莫)稽①曰:"稽大不理于口。"

孟子曰:"无伤也。士憎兹多口。《诗》云:'忧心悄悄,愠(yùn 运)于群小。'孔子也。'肆不殄(tiǎn 舔)厥愠,亦不殒(yǔn 允)厥问。'文王也。"

【注释】

①貉稽:人名,当时一个做官的人。

【译文】

貉稽说:"我对别人的毁谤不胜分辨。"

孟子说:"没关系。士人都讨厌这种多费口舌去分辨。《诗经》上说:'忧愁重重压心头,一群小人把我恨。'孔子就是这样的。(《诗经》又说:)'别人怒气虽未消,自己声誉并无伤。'这就是指文王。"

【原文】

孟子曰:"贤者以其昭昭使人昭昭,今以其昏昏使人昭昭。"

【译文】

孟子说:"贤人凭自己明白的思维使别人明白,现在的人凭自己模模糊糊的认识却想使别人明明白白。"

【原文】

孟子谓高子曰:"山径之蹊(xī 西)间,介然用之而成路;为间不用,则茅塞之矣。今茅塞子之心矣。"

【译文】

孟子对高子说:"山岭上的鸟兽小道,坚持不断去走它就成了路;隔一阵子不走,就让茅草给堵塞住了。现在茅草也把你的心塞住了。"

【原文】

高子曰:"禹之声,尚文王之声。"

孟子曰:"何以言之?"

曰:"以追(duī 堆)蠡(lí 离)。"

曰:"是奚足哉?城门之轨,两马之力与?"

【译文】

高子说:"禹的音乐,高于文王的音乐。"

孟子说:"凭什么这样说?"

高子说:"因为禹传下的乐钟悬钮都被磨损得快断了。"

孟子说:"这怎么能足以证明呢?城门下的车辙很深,难道只是几匹马的力量吗?(这是因年深日久车马经过得多所造成的。禹的钟钮快断,也是由于年代久远。)"

【原文】

齐饥。陈臻曰:"国人皆以夫子将复为发棠[①],殆不可复。"

孟子曰:"是为冯妇[②]也。晋人有冯妇者,善搏虎,卒为善士。则之野,有众逐虎。虎负嵎(yú鱼)莫之敢撄(yīng英)。望见冯妇,趋而迎之。冯妇攘臂下车。众皆悦之,其为士者笑之。"

【注释】

①棠:齐国邑名。
②冯妇:人名,姓冯名妇。

【译文】

齐国闹饥荒。陈臻对孟子说:"国内的人都以为您要再次劝齐王打开棠邑的粮仓救济百姓了,恐怕不能再这样做吧。"

孟子说:"再这样做就成了冯妇了。晋国有个叫冯妇的人,善于与老虎搏斗,后来成了善人(不再打虎了),有一次他到野外去,有许多人正在追一只老虎。老虎背靠着山弯儿,没有人敢去碰它。大家远远看到冯妇回来了,就快步前去迎接。冯妇捋袖伸臂下了车。大家都很高兴,但其中那些士人却在讥笑他。"

【原文】

孟子曰:"口之于味也,目之于色也,耳之于声也,鼻之于臭(xiù秀)也,四肢之于安佚也,性也,有命焉,君子不谓性也。仁之于父子也,义之于君臣也,礼之于宾主也,知之于贤者也,圣人之于天道也,命也,有性焉,君子不谓命也。"

【译文】

孟子说:"嘴巴对于好吃的滋味,眼睛对于好看的颜色,耳朵对于好听的声音,鼻子对于好闻的气息,四肢对于安逸舒适,都有需求的本性,但得由命运来安排,君子也就不认为是本性决定的(因而不去强求),仁对于父子,义对于君臣,礼对于宾主,智慧对于贤者,圣人对于天理,能否各得其宜,都属于命运问题,但又是本性决定的,君子也就不认为是命运安排的(因而努力顺着本性去做)。"

【原文】

浩生不害①问曰:"乐正子何人也。"

孟子曰:"善人也,信人也。"

"何谓善?何谓信?"

曰:"可欲之谓善,有诸己之谓信,充实之谓美,充实而有光辉之谓大,大而化之之谓圣,圣而不可知之之谓神。乐正子,二之中,四之下也。"

【注释】

①浩生不害:齐国人,姓浩生,名不害。

【译文】

浩生不害问道:"乐正子是怎样的人?"

孟子说:"是善人,是信人。"

"什么叫做善?什么叫做信?"

孟子说:"值得喜欢叫做善,善确实存在于他身上叫做信,善充满在他身上叫做美,善充满人身而且发出光辉叫做大,发扬光大善性来化育万物的叫做圣,具有圣知无所不通到了使人不可测度境界的叫做神。乐正子,合于前两条,而尚未达到后四条。"

【原文】

孟子曰:"逃墨必归于杨,逃杨必归于儒。归,斯受之而已矣。今之与杨、墨辩者,如追放豚,既入其苙(lì),又从而招之。"

【译文】

孟子说:"离开墨家的人一定会归到杨朱那一派,离开杨朱那一派的人一定会归到儒家。来归服,就接受他们算了。今天与杨、墨两家辩论的人,好比追赶逃掉的小猪一样,已经把它赶进猪圈了,还要把它的脚捆住。"

【原文】

孟子曰:"有布缕之征,粟米之征,力役之征。君子用其一,缓其二。用其二而民有殍(piǎo 瞟),用其三而父子离。"

【译文】

孟子说:"(国家的征赋法,)有征收布帛的,有征收粮食的,还有征发人力的。君子采用其中一种,暂时不用另两种。同时用两种,百姓就有饿死的;同时用三种,父子就要离散。"

【原文】

孟子曰:"诸侯之宝三:土地、人民、政事。宝珠玉者,殃必及身。"

【译文】

孟子说:"诸侯的宝贝有三件:土地、百姓和政治。把珠玉当作宝贝的,灾祸一定会落到他身上。"

【原文】

盆成括①仕于齐,孟子曰:"死矣盆成括!"

盆成括见杀。门人问曰:"夫子何以知其将见杀?"

曰:"其为人也小有才,未闻君子之大道也,则足以杀其躯而已矣。"

【注释】

①盆成括:姓盆成,名括。

【译文】

盆成括在齐国当了官,孟子说:"盆成括就要死了!"

盆成括被杀。学生问道:"老师怎么知道他要被杀呢?"

孟子说:"他这个人稍有点才气,但不懂得君子做人的大道理。

那就足以招致杀身大祸了。"

【原文】

孟子之滕，馆于上宫。有业屦于牖上，馆人求之弗得。或问之曰："若是乎从者之廋（sōu 搜）也？"

曰："子以是为窃屦来与？"

曰："殆非也。夫子之设科也，往者不追，求者不拒。苟以是心至，斯受之而已矣。"

【译文】

孟子到滕国，住在宾馆楼上。有一双织了一半的草鞋在窗台上不见了，宾馆人员找了一阵没找到。有人问孟子说："跟随您的人就像这样藏别人的东西吗？"

孟子说："你认为这些人是为了偷草鞋而来的吗？"

那人说："恐怕不是的。您开设课程，对学生是去者不追。来者不拒。如果他们怀着学习的愿望来，就接受他们了，（人品不齐也就在所难免了。）"

【原文】

孟子曰："人皆有所不忍，达之于其所忍，仁也；人皆有所不为，达之于其所为，义也。人能充无欲害人之心，而仁不可胜用也；人能充无穿逾之心，而义不可胜用也；人能充无受尔汝①之实，无所往而不为义也。士未可以言而言，是以言餂（tiǎn 舔）之也；可以言而不言，是以不言餂之也，是皆穿逾之类也。"

【注释】

①尔汝：古代上级对下级、长辈对小辈的称呼，引申为轻贱之称。

【译文】

孟子说："人都有不忍心做的事，把这种不忍之心扩充到他忍心做的事上，就是仁；人都有不愿意做的事，把这种不愿意扩充到他愿意做的事上，就是义。人如果能扩充不想害人的心，仁就用不尽了；如果能扩充不穿壁翻墙的心，义就用不完了；只要能扩充不甘受轻视的心理，（先做到自强不息，）就无论到哪儿都不会不合于义了。一个士人，不该跟人说话却要说，这是用言语引诱来取利；该跟人说话却不说，这是以沉默引诱来取利，这些都是穿壁翻墙之类的偷窃行为。"

【原文】

孟子曰："言近而指（同"旨"）远者，善言也；守约而施博者，善道也。君子之言也，不下带①而道存焉；君子之守，修其身而天下平。人病舍其田而芸（同"耘"）人之田，所求于人者重，而所以自任者轻。"

【注释】

①不下带：带是腰带。不下带，指范围近在眼睛可见之处。

【译文】

孟子说："言语浅近但含义深远，这是妙语；操守简约但影响博大，这是高明的方法。君子说的话，不过是讲眼前的近事，但却把大道理包括在里边了；君子的操守，修养自身（从而影响别人）天下也就随着太平了。人就怕放下自己的田不耘却去耘别人的田，要求别人的很重，而自己承担的却很轻。"

【原文】

孟子曰："尧舜，性者也；汤武，反之也。动容周旋中礼者，盛德之至也。哭死而哀，非为生者也。经德不回，非以干禄也。言语必信，非以正行也。君子行法以俟命而已矣。"

【译文】

孟子说："尧与舜，是按本性行事的人；商汤与武王，是通过修养返归本性而行事的人。举止容貌、行礼仪节无不合于礼规的,是最高美德的表现。哭死者而悲哀,不是为了给活着的人看的。按道德行事而不走邪路,不是为了谋求俸禄。说话算数,不是为了图行为方正的名声。君子按法度而行,等待命运安排罢了。"

【原文】

孟子曰:"说大人,则藐之,勿视其巍巍然。堂高数仞,榱(cuī 崔)题数尺,我得志弗为也。食前方丈,侍妾数百人,我得志弗为也。般乐饮酒,驱骋田猎,后车千乘,我得志弗为也。在彼者,皆我所不为也;在我者,皆古之制也,吾何畏彼哉?"

【译文】

孟子说:"向诸侯游说,就要藐视他,不要把他高高在上的样子放在眼里。殿堂的台阶几丈高,屋檐的椽子头几尺厚,我如得志,不这样做。食物摆在面前多到一丈见方,侍奉的姬妾有几百人,我如得志,不这样做。作乐饮酒,跑马打猎,跟着千辆马车,我如得志,不这样做。他那些事,我都不做;我所做的,都是符合古代制度的,我为什么要怕他呢?"

【原文】

孟子曰:"养心莫善于寡欲。其为人也寡欲,虽有不存焉者,寡矣;其为人也多欲,虽有存焉者,寡矣。"

【译文】

孟子说:"修养心性最好的办法是节制欲望。他做人如果节制欲望,那即使失去了某些善性,也不会多;他做人如果欲望很多,那即使具有某些善性,也是很少的。"

【原文】

曾皙嗜羊枣,而曾子不忍食羊枣①。公孙丑问曰:"脍(kuài

快）炙与羊枣孰美？"

孟子曰："脍炙哉！"

公孙丑曰："然则曾子何为食脍炙而不食羊枣？"

曰："脍炙所同也，羊枣所独也。讳名不讳姓，姓所同也，名所独也。"

【注释】

①曾子不忍食羊枣：曾晳死后，曾子一吃羊枣就会想起父亲曾晳，所以不忍心吃。羊枣，枣名。

【译文】

曾晳爱吃羊枣，因此曾子不忍心吃羊枣。公孙丑问孟子说："肉末、熏肉与羊枣哪个好吃？"

孟子说："肉末、熏肉呀！"

公孙丑又问："那曾子为什么吃肉末、熏肉却不吃羊枣呢？"

孟子说："肉末、熏肉是大家都喜欢吃的，羊枣只是个别人喜欢吃的。好比人们避讳尊长的名却不避讳尊长的姓，因为姓是大家相同的，名只是个别人独有的。"

【原文】

万章问曰："孔子在陈曰：'盍归乎来！吾党之小子狂简进取，不忘其初。'孔子在陈，何思鲁之狂士？"

孟子曰："孔子'不得中道而与之，必也狂狷（juàn 眷）乎！狂者进取，狷者有所不为也。'孔子岂不欲中道哉？不可必得，故思其次也。"

"敢问何如斯可谓狂矣？"

曰："如琴张、曾晳、牧皮①者，孔子之所谓狂矣。"

"何以谓之狂也？"

曰："其志嘐（xiāo 肖）嘐然，曰：'古之人，古之人'。夷考其行而不掩焉者也。狂者又不可得，欲得不屑不洁之士而与之，是獧也，是又其次也。孔子曰：'过我门而不入我室，我不憾焉者，其惟乡原乎！乡原（同"愿"），德之贼也。'"

曰："何如斯可谓之乡原矣？"

曰："'何以是嘐嘐也？言不顾行，行不顾言，则曰："古之人，古之人。"'行何为踽（jǔ举）踽凉凉？生斯世也，为斯世也，善斯可矣。'阉然媚于世也者，是乡原也。"

万子曰："一乡皆称原人焉，无所往而不为原人，孔子以为德之贼，何哉？"

曰："非之无举也，刺之无刺也；同乎流俗，合乎污世；居之似忠信，行之似廉洁，众皆悦之，自以为是，而不可与入尧舜之道，故曰德之贼也。孔子曰：'恶似而非者：恶莠（yǒu友），恐其乱苗也；恶佞（nìng泞），恐其乱义也；恶利口，恐其乱信也；恶郑声，恐其乱乐也；恶紫，恐其乱朱也；恶乡原，恐其乱德也。'君子反经而已矣。经正，则庶民兴；庶民兴，斯无邪慝（tè特）矣。"

【注释】

①琴张、牧皮：两人大约是孔子弟子，事迹无法详考。

【译文】

万章问道："孔子在陈国时说：'为什么不回去呢！我家乡的学生志向远大而于事脱略，能力求上进，而且不忘记他们最初的志向。'孔子在陈国，为什么想念鲁国的狂放激进的人呢？"

孟子说："孔子说：'找不到不偏不倚合于中道的人与他交往，一定会与狂放激进的人和洁身自好的人交往吧！狂放激进的人努力进取，洁身自好的人有所不为。'孔子难道不想同合于中道的人交往吗？既然不能一定找到，所以就想念次一等的了。"

"请问怎么样的人才可叫做狂放激进呢？"

孟子说："像琴张、曾皙和牧皮这样的人，就是孔子所说的狂放激进的人了。"

"为什么说他们狂放激进呢?"

孟子说:"他们志向也大口气也大,总说着'古人啊古人',但考察他们的行为,却不能与言语相符合。这种狂放激进的人如果还找不到,就想找不屑干脏脏事的人交往,这就是洁身自好的人,这又要次一等了。孔子说:'经过我的门口却不走进我屋里来,而我并不遗憾的人,那只有貌似忠厚内藏私心的乡愿吧。乡愿,是伤害道德的坏人。'"

万章说:"怎么样的人才可以叫他乡愿呢?"

孟子说:"(乡愿指责狂放激进的人说)'怎么这样夸夸其谈呀?说的话也不管能否做到,做事也不管说过的大话,就会说'古人啊古人'。又指责洁身自好的人说:'为什么这样孤孤单单,自甘寂寞呢?生在这个世上,就得做适应这个世界的人,让大家都说好,这就行了。'曲意逢迎,只顾讨好世俗,这些人就是乡愿。"

万章说:"整个乡里都说这是厚道人,无论到哪里,都把这些人当厚道人看待,孔子却认为他们伤害道德,为什么呢?"

孟子说:"这种人,要批评他又举不出什么过错来,要指摘他又无可指摘,与世俗同流合污,平时似乎忠诚老实,做事似乎很廉洁,大家都喜欢他,他自己也以为很对,但是与尧舜之道格格不入,所以说是伤害道德的坏人。孔子说:'憎恶那些表面相像而实际上完全不同的东西:憎恶狗尾草,因为怕它冒充禾苗;憎恶歪才,因为怕它冒充义理;憎恶利嘴,因为怕它冒充诚信;憎恶郑国淫荡的音乐,因为怕它冒充正统的音乐;憎恶紫色,因为怕它冒充红色;憎恶乡愿,因为怕他们冒充有美德。'君子使事物返归常道就行了。常道端正了,百姓就会振作奋发;百姓振作奋发,就没有邪恶了。"

【原文】

孟子曰:"由尧舜至于汤,五百有余岁,若禹、皋陶则见而知之;若汤则闻而知之。由汤至于文王,五百有余岁,若伊尹、莱朱①则见而知之;若文王则闻而知之。由文王至于孔子,五百有余岁,若太公望、散宜生②则见而知之;若孔子则闻而知之。由孔子而来至于今，百有余岁，去圣人之世若此其未远也，近圣人之居若此其甚也，然而无有乎尔，则亦无有乎尔。"

【注释】

①莱朱：商汤的贤臣。
②散宜生：周文王的贤臣。

【译文】

孟子说："从尧舜到汤有五百多年，像禹和皋陶这些人，倒是亲眼看见而了解尧舜之道的，但像汤，就只是根据传闻了解了。从汤到文王，又是五百多年，像伊尹、莱朱这些人，倒是亲眼看见而了解汤治天下之道的。但像文王，就只是根据传闻了解了。从文王到孔子，也是五百多年，像太公望、散宜生这些人，倒是亲眼看见而了解文王治天下之道的，但像孔子，就只是根据传闻了解了。从孔子以来到今天，只有一百多年，离圣人的时代是这样的近，距圣人的故乡又是这样的近，但是还没有继承的人，那么，以后也就没有继承的人了。"